D1666846

Charlotte Rougemont

. . dann leben sie noch heute

Erlebnisse und Erfahrungen
beim Märchenerzählen

7., verbesserte und erweiterte Auflage

Aschendorff Münster

Die 1. bis 6. Auflage des Werkes
sind erschienen als Band 6 der Reihe
»Schriften der Gesellschaft zur Pflege
des Märchengutes der europäischen Völker«

Aschendorffsche Buchdruckerei, Münster Westfalen, 1982

ISBN 3-402-03471-9

Inhalt

Vorwort zur 7. Auflage

Ist es nötig, zur 7. Auflage dieses ebenso liebenswerten wie erfolgreichen Buchs ein Vorwort zu schreiben? Nötig gewiß nicht, aber wünschbar und nützlich vielleicht doch. Die Märchenforschung ist in den zwanzig Jahren, die seit dem ersten Erscheinen verflossen sind, nicht stehengeblieben. Sie hat sich, in Europa wie in Amerika, immer stärker der Erzählerforschung zugewendet, der sogenannten Kontext- und Performanzforschung. Im Mittelpunkt der Aufmerksamkeit stehen nicht mehr nur die Märchen selber, sondern der ganze Lebenszusammenhang ("Kontext"), in dem sie stehen: die Persönlichkeiten der Erzähler, ihr Beruf, ihr Wissen und ihre Interessen, ihre Stellung und ihr Ansehen in der Familie, im Dorf, in der Stadt, ihre spezielle Eigenart und Erzählweise. Aber auch die Hörerschaft, ihre Zusammensetzung, ihre Ansprüche und Reaktionen werden registriert und charakterisiert, auch sie gehören zum "Kontext", zum Lebensraum der Märchen, und natürlich ebenso die Anlässe und Gelegenheiten zum Erzählen und der Erzählvorgang selber, die sogenannte "Performanz" (von englisch performance, "Aufführung": auch Mimik, Gestik, Herumlaufen und eventuelles Hantieren des Erzählers mit Requisiten interessieren).

All dies, man kann es auch Biographik oder Biologie des Märchens nennen, wird in unseren Tagen mit einem früher nie gekannten Eifer und in beträchtlicher Breite erforscht. Da ist man denn erstaunt und erfreut festzustellen, daß Charlotte Rougemont in dem 1961 erstmals erschienenen, hier fast unverändert wieder vorgelegtem Buch selbständig, spontan eben den Weg beschritten hat, den die Erzählforschung unserer Tage propagiert. Aber sie geht diesen Weg auf ihre eigene Weise. Während die moderne Erzähl- und Erzählerforschung sich vor allem auf die sogenannten Volkserzähler konzentriert, auf Laien, die mündlich Überliefertes oder selber Geformtes erzählen, spricht Charlotte Rougemont in aller Unbefangenheit von den eigenen Erfahrungen, und diese Erfahrungen beziehen sich vor allem auf Grimmsche Märchen, die von Frau Rougemont wortgetreu nach dem gedruckten Text erzählt werden. Damit trifft sie ungesucht gerade das, was heute die eigentliche Märchenwirklichkeit ist. Die „Kinder- und Hausmärchen" der Brüder Grimm, in viele Sprachen übersetzt, sind seit Jahrzehnten das bekannteste Märchenbuch; wenn von Volksmärchen die Rede ist, denkt man meist an Grimmsche Märchen. Wenn es auch interessant ist, von Erzählvorgängen in Randgebieten zu hören, wo so etwas wie mündliche Überlieferung von Generation zu Generation allenfalls noch lebendig ist, so ist es doch mindestens so wichtig zu erfahren, wie die weit verbreiteten Buchmärchen von den Hörern, seien es Erwachsene oder Kinder, aufgenommen werden. Perrault, Grimm, Afanasjev haben durch ihre ins Buch gebannten Märchen die Welt des Volksmärchens für die europäische und amerikanische Bevölkerung und zum Teil sogar darüber hinaus bewahrt. Diese Märchenbücher sind nicht bloße Herbarien, noch weniger Museen, sie bergen lebendige Keime, die sich immer wieder entfalten. Die Buchmärchen gehören zum gemeinsamen Kulturbesitz; wer sie erzählt, vorliest, hört oder liest, hat damit teil am Wissen und Erleben ungezählter anderer. Es kommt nicht von ungefähr, daß in Reklame und Politik auf berühmte Märchen, auf „Aschenputtel" etwa, auf „Dornröschen", „Hans im Glück" oder „Tischlein deck dich" nur angespielt zu werden braucht: Man wird sogleich verstanden.

Daß Frau Rougemont auch weniger bekannte Grimmsche und fremdländische Märchen in ihr Repertoire aufgenommen hat, ist sehr sinnvoll. Das Märchen selber vermählt Vertrautes, Alltägliches mit Außergewöhnlichem, Fremdartigem; daß wir neben liebgewordenen Volksmärchen auch nie gehörte, aus einer fremden Welt stammende und damit andere Seiten und Möglichkeiten des Menschseins kennen lernen wollen, ist nur natürlich. Bei den erstgenannten Geschichten hören wir vielleicht, wie jene Verwundeten, von denen Frau Rougemont berichtet (S. 13), die Stimme der Großmutter oder des Vaters als Unterton mitklingen; die fremden Märchen aber stoßen ein Tor auf zu Neuem. Und wenn wir lesen, daß es Schulkindern einen stärkeren, tieferen, einen bleibenden Eindruck machen kann, wenn „einmal ein fremder, von außen kommender Mensch ihnen erzählt und nicht" der eigene Lehrer (S. 97), so spiegelt auch das eine Wahrheit, um die das Märchen selber weiß: Der Fremde, der von außen kommt, befreit die Stadt von dem Drachen oder holt die geraubte Königstochter aus der Ferne zurück oder erlöst Aschenputtel; oder er wird gar, nur weil er der erste vorbeikommende Fremde ist, zum Nachfolger des verstorbenen Stadtkönigs gemacht. Der Mensch bedarf äußerer Anstöße, äußerer Hilfen, der unbekannte Dritte kann oft mehr bewirken als die Allernächsten.

Frau Rougemont kam nicht nur aus Eigenem dazu, Märchenerzählerin zu werden, die Begegnung mit der Erzählerin Vilma Mönckeberg öffnete ihr das Tor. Weitere „Zufälle" führten dazu, daß sie die Märchen, die sie sich, von der Mönckebergschen Erzählkunst fasziniert, erarbeitet hatte, gerade solchen Menschen erzählen durfte, die offen für sie waren: Spital- und Lazarettpatienten. Unter dem Eindruck der Erfahrungen, die Charlotte Rougemont dabei machte, entschloß sie sich später, das Märchenerzählen zu ihrem Hauptberuf zu machen. Von all dem und von viel anderem erzählt sie in diesem Buch. Daß es zuerst Erwachsene, daß es Kranke waren, denen sie Märchen erzählte, denen sie in schwerer Zeit mit

Märchen helfen konnte, war ein Glücksfall. Zu der natürlichen und künstlerischen Freude am Volksmärchen, die in ihr lebendig war, trat damit die Gewißheit, daß Märchen auch Lebenshilfe sein können. Es prägte die Persönlichkeit und die Erzählweise von Frau Rougemont, daß sie nicht von einem Lehrberuf, sondern von medizinisch-therapeutischer Tätigkeit aus zur Märchenerzählerin wurde. Sie erzählt ruhig, eher episch als dramatisch, ohne viel Gesten und ohne virtuose Tierstimmenimitationen, welche die Aufmerksamkeit der Zuhörer auf Einzelheiten ablenken, statt ihnen zu helfen, das Erzählganze in sich aufzunehmen. Hingegen unterhält sie sich recht gern zwanglos mit ihren großen oder kleinen Zuhörern, vor oder nach dem Erzählen oder zwischen zwei Erzählungen. Man spürt bei ihrem Erzählen und beim Lesen ihres Buchs beides: die große Liebe zu den Märchen und die Anteilnahme an den Menschen, die diese Märchen hören, aber auch an jenen, die sie nicht aufnehmen wollen oder können. Es gehört zu den Vorzügen des Buchs, daß die Autorin nicht nur von Erfolgen berichtet, sondern auch vom Mißlingen und von nur halbem Gelingen. Auch bei solchen Berichten verläßt der Humor sie nicht, der Humor, der an so vielen Stellen ihres Buchs zur Geltung kommt und der uns manchen köstlichen Ausspruch aus Kindermund überliefert. Charlotte Rougemonts Humor paart sich mit Ernst und Bescheidenheit. Das ist ein Dreiklang, der nicht nur den Menschen, sondern auch die Erzählerin Charlotte Rougemont charakterisiert.

Frau Rougemont hat, ohne es anzustreben, mit ihrem Rechenschaftsbericht zwei heute modische Strömungen vorweggenommen: die Kontext- und Performanzforschung einerseits, das autobiographische Erzählen andererseits. Aber sie hat, im Gegensatz zu manchen andern, nie vergessen, daß das Erzählte, in ihrem Falle also das Märchen, nach wie vor das Wichtigste bleibt, daß nicht dem Drum und Dran, sondern den Erzählgebilden selber die Hauptaufmerksamkeit der Erzähler wie der Forscher gebührt. Wenn in Forschern und Erzählern das liebevolle Interesse für die Volksmärchen so wach bleibt wie hier in diesem Buche, „dann leben sie noch heute" und werden auch morgen leben.

Zürich, im Frühjahr 1982   Prof. Dr. Max Lüthi

Vorwort zur 1. Auflage

Es gibt unter den Müttern, Großmüttern, aber auch Vätern und Großvätern, unter den Lehrern und Lehrerinnen, Jugendleiterinnen und Kindergärtnerinnen, kurz Erziehern aller Art in unserer Zeit sicherlich viele, die in ihrem natürlich umgrenzten und unauffälligen Aufgabenbereich ihren Kindern, Enkeln und Zöglingen Märchen zu erzählen wissen. Vielen anderen aber ist die Freude und Fähigkeit, die unerschöpfliche Weisheit des Märchens in sich aufzunehmen und weiterzugeben, unter der zeitraubenden Beanspruchung durch die Kommunikationsmittel des technischen Zeitalters, deren Einfluß auch die Jugend in steigendem Maße unterliegt, verkümmert oder verlorengegangen.

Ihnen zur Wiederentdeckung eines im Grunde unverlierbaren und unter allen Zeitumständen beglückenden Schatzes zu verhelfen, ist das Bestreben einiger weniger Menschen, die das beispielhafte Erzählen von Märchen zu ihrer Lebensaufgabe gemacht haben. Da es auf diesem Gebiet keine weithin sichtbaren Lorbeeren zu ernten gibt, widmen sich einer solchen Aufgabe nur Menschen, die sich durch eine innere Stimme zu ihr berufen wissen. Zu ihnen gehört Charlotte Rougemont, deren Lebenserinnerungen wir hier vorlegen. Wir erfahren aus ihnen, wie es geschah, daß sie Märchenerzählerin wurde, und welch vielfältige und wertvolle Begegnungen, Erlebnisse und Offenbarungen ihr in einem langjährigen Dienst an der Verlebendigung des Märchengutes zuteil wurden. Sie erzählt das alles in der schlichten und anschaulichen Weise, die das Märchen lehrt, und wir lesen zwischen den Zeilen, daß ein Leben in diesem Dienst viel opferbereite Hingabe und manche Entsagung fordert. Daß es andererseits der Erzählerin auch viel inneres Glück und reichen

Dank von unzähligen ihrer Zuhörer, Erwachsenen wie Kindern, eingetragen hat, das wissen wir zuverlässig.

Charlotte Rougemont schrieb ihre Erinnerungen auf meine Anregung. Ich fühle mich daher verpflichtet, ihr an dieser Stelle dafür zu danken, daß sie meinem Wunsche nachgekommen ist. Ich tue es in der zuversichtlichen Hoffnung, daß die Leserinnen und Leser dieses Büchleins sich meinem Dank anschließen werden. Mögen sie sich vor allem aber durch diese Erinnerungen und Erfahrungen eines reich erfüllten Lebens, das der Verbreitung des Märchengutes der Völker gewidmet war und ist, anregen und ermutigen lassen, sich selber dieses kostbaren Gutes anzunehmen, selber Märchen zu erzählen, wie es Charlotte Rougemont ein Leben hindurch getan hat.

Dem Herrn Kultusminister des Landes Schleswig-Holstein und Herrn Ewald Schmidt di Simoni, Hambach, habe ich für die freundliche finanzielle Förderung bei der Drucklegung dieses Bandes herzlich zu danken.

Kiel, im Sommer 1961 — Dr. Dr. Ernst Kracht

Einleitung

„Märchen sind Träume von einer heimatlichen Welt,
nach der wir uns sehnen, in die wir mit unserem
eigentlichen innersten Wesen gehören."

(Novalis)

Fünfundzwanzig Jahre liegt der Augenblick zurück, als
ich zum ersten Mal ein Märchen erzählte, nicht ahnend
damals, daß dieses erste Erzählen der Anfang eines langen
Weges sein sollte, auf dem ich heute noch fortwandere,
und wenn ich auch nicht weiß, wohin mich dieser Weg in
der Zukunft noch führen wird — eines scheint mir sicher
nach diesen 25 Jahren: Es war richtig und notwendig, daß
ich ihn ging.

Zum Zurückblicken fehlten mir bis jetzt Zeit und Ruhe.
Ich war zufrieden zu wissen, daß alles Wesentliche — zum
mindesten der letzten 10/12 Jahre — in Tagebuchnotizen
festlag, allermeist auf Heimfahrten oder sonst spät in der
Nacht im Telegrammstil niedergeschrieben. Mir lag vor
allem daran, möglichst unmittelbar unter dem Eindruck
des Erlebten, das Bild im Auge und den Klang noch im
Ohr, das mir wichtig Erscheinende festzuhalten.

Jetzt habe ich Zeit und blicke zurück und komme aus
dem Verwundern nicht heraus: Bist du das wirklich, die
das alles erlebt hat? Und dabei sehe ich mich vor die
Aufgabe gestellt, ein Bild auch für andere Menschen zu
zeichnen von dem, was ich mit Märchenerzählen erlebt
habe.

Kann es ein objektives Bild werden? Bis zu einem
gewissen Grade wird es subjektiv bleiben. Bewußt werde
ich nichts verfärben, weder nach der hellen noch nach der
dunklen Seite hin.

Noch viel mehr Kopfzerbrechen macht mir die Auswahl des Mitzuteilenden. Im Rahmen eines Buches kann
ich nur einen winzigen Ausschnitt geben aus der Fülle des

tatsächlich Erlebten. Wiederum: Allzu kurz fassen kann ich mich nicht — die Situation, die Stimmung, scheinbare Nebendinge, sie gehören dazu, wenn ein anschauliches Bild für den Leser entstehen soll.

Schön wär's, man könnte den ganzen Inhalt der Tagebücher umschmelzen, ihn verwandeln in einen Kristall und diesen dann im Sonnenlicht langsam und immer wieder drehen und wenden — die Zuschauenden würden schon nicht müde werden, die unzähligen, immer wechselnden Farbenspiele zu bewundern.

Aber wie das Farbwunder eines im Licht sich drehenden Kristalls in Worten ausdrücken? Ich selber sehe die tausenderlei Farben und weiß doch, daß ich sie nicht oder nur mangelhaft in sprachliche Formulierungen einfangen kann.

„Es war einmal — ich weiß nicht wo — jenseits von siebenmalsieben Königreichen und noch weiter, auch jenseits des Operenzmeeres, auf der zusammengefallenen Seite eines zusammengefallenen Ofens, in der siebenundsiebzigsten Falte eines Altweiberrockes ein weißer Floh, in dessen mittelster Mitte war eine glänzende königliche Stadt, in der Stadt aber wohnte ein König, und von diesem König will ich euch nun erzählen . . .“

Beginne ich mit diesen Worten eine Märchenstunde, kann ich gewiß sein, sofort die Lacher auf meiner Seite zu haben und — was noch viel mehr wert ist, eine mir wohlgesinnte, vergnügt und behaglich in Sesseln, auf Stühlen oder auf dem Fußboden sich zurechtsetzende Zuhörerschaft: „Noch mal Tante! O bitte, sag' das gleich noch mal!“

Mit noch größerem Vergnügen als beim ersten Mal wird dann die Wiederholung angehört. Ich decke allerdings die Karten sogleich auf und bekenne, daß dieser lustige Märchenbeginn aus den Balkanländern stammt und daß ich ihn hier nur ausgeliehen habe, damit meine kleinen und großen Zuhörer ganz genau im Bilde darüber sind, wo das Märchenland liegt, von dem ich erzählen will; und damit diejenigen, die lächerlich finden, sich in ein solches Land mit mir zu begeben, schleunigst den Raum verlassen.

Man denke nun aber nicht, daß es immer eines Spaßes bedarf, um einen Kreis Menschen willig und freundlich gesinnt zu machen, sich ein Märchen anzuhören. Mir selbst ist es am liebsten, wenn ich gleich beginnen kann mit dem uns Deutschen vertrauten, unübertrefflich einfachen „Es war einmal ein König . . ." oder „Es war einmal eine Königin . . ." oder „Es war einmal ein armes kleines Mädchen . . ."

Der eben noch tobende und durcheinanderschreiende Kinderhaufe vor mir ist mit einem Schlage still, wenn diese Worte, langsam und ruhig gesprochen, aufklingen. Ein junges Mädel, eine angehende Kindergärtnerin, sagte mir: „Ich kann gar nicht beschreiben, wie schön das ist, wenn Sie so anfangen zu erzählen. Allein dieses ‚Es war einmal . . .', also das geht mit jedesmal durch und durch."

Ein Gefühl von Ruhe und Geborgenheit, die Ahnung von einer noch heilen Welt — ob man nun glaubt, daß es sie gab oder nicht gab — geht aus von jedem echten Märchen; und glücklich *die* Kinder, die aus dem Munde eines Menschen, den sie lieben und dem sie vertrauen, heute noch Märchen erzählt bekommen! Leider werden diese glücklichen Kinder immer weniger; und doch — wie recht hat der Dichter Ernst Bertram mit seinem schönen Wort: „Du mußt das Kind selig machen, wenn du den Alten trösten willst. Den Alten kannst du nicht mehr trösten."

Wenn nur mehr Menschen, mehr Erwachsene von heute, wüßten, wie selig man ein Kind machen kann, wenn man ihm ein Märchen erzählt oder ihm ein Märchen vorliest! Und nicht nur für den Augenblick macht man das Kind glücklich — wer vermöchte die Wirkungsdauer eines in der Kindheit gehörten Märchens abzuschätzen!

Mit der Leiterin eines großen Mädchenheimes saß ich nach einem Märchenabend noch ein Weilchen zusammen. Wir waren beide glücklich, denn die eben vergangene Märchenstunde hatte unter einem guten Stern gestanden. Still und aufmerksam hatten die Mädchen dagesessen — keine einzige, auch nur vorübergehende Flüstereкke im gefüllten großen Saal; atemlos gespannt hatten sie zugehört.

„Wissen Sie, wie ich zu meiner Liebe zum Märchen gekommen bin?" fragte mich die Heimleiterin, als wir allein waren. „Ich will es Ihnen erzählen. Ich stamme, wie Sie ja wissen, von der Westküste Schleswig-Holsteins. Als kleines Mädchen, ich mag vier oder höchstens fünf Jahre alt gewesen sein, da war ich einmal allein zu Besuch bei meiner Großmutter, deren Haus auf einer Warft im weiten, flachen Marschlande lag. Ich sehe mich da oben noch stehen, draußen, oben am grünen Warftabhang, winzig klein und verloren im riesigen Rund des tellerflachen Landes. Ich muß da hinausgelaufen sein, um Ausschau zu halten. Vergeblich spähte ich umher und suchte nach allen Seiten den Horizont ab nach einer Spur von etwas Vertrautem, nach meinem Zuhause. Und da auf einmal war ich nicht mehr allein, war neben mir meine Großmutter, groß und schützend, im weiten, dunklen Rock. Ihr liebes, gütiges Gesicht neigt sich tief zu mir herunter; sie spricht mit mir, und sofort sind da Trost, Wärme und Geborgenheit. Gewiß hat sie gewußt, was mir fehlte. Was sie zu mir sagte, weiß ich nicht mehr. Sie nahm mich an der Hand und führte die heimwehkranke kleine Enkelin ins Haus. Und dann erzählte sie mir eine Geschichte, ein Märchen. Ich weiß nicht mehr, wie es hieß. Jedenfalls war von einem verlorengegangenen Schatz darin die Rede, von einem goldenen Ring. Nach vielen Jahren wurde der Ring auf dem Acker wiedergefunden, beim Umgraben der Erdschollen. Die Großmutter muß das wohl sehr lebendig geschildert haben, denn ich sehe, was sie erzählte, noch heute in Gedanken so deutlich vor mir, als wenn ich es wirklich erlebt hätte. Da lag der Goldring, blitzblank und zum Greifen nahe auf dem soeben mit dem Spaten aus dem Boden gehobenen schwarzen Erdbrocken."

„Wie Bilder eines Traumes", so fuhr die Erzählerin fort, „die plötzlich in großer Schärfe aufstrahlen — so sind ja Erinnerungsbilder aus früher Kindheit; wie Bergspitzen aus einem Nebelmeer ragen sie heraus aus dem, was um sie herum für immer in das Dunkel der Vergessenheit versank. Solche Bilder bleiben in voller Schärfe dem Herzen eingeprägt, ja, sie nehmen im Alter an Leuchtkraft eher noch zu als ab. Sinnt man ihnen in späteren Lebensjahren nach, meint man sogar hinter ihnen eine heimliche Bedeutung zu erkennen, die früher verborgen blieb, und fragt sich: waren sie nicht eigentlich richtungweisend, wesenbestimmend für dein ganzes Leben? Von dieser Art war wohl auch mein frühes Kindheitserlebnis, das ich Ihnen vorhin schilderte. Jedenfalls hat sich seit der Zeit, seit dieser Befreiung, dieser Erlösung aus erstem großen Schmerz durch das plötzliche Erscheinen der Großmutter, die dann das Märchen vom wiedergefundenen Goldring erzählte, in mir eine tiefe Liebe zum Märchen gebildet, und sie ist mir geblieben bis heute."

Goethes Mutter, die alte weise Frau Aja, hat einmal eine ganze Trauergesellschaft in ihrem Hause, die ihr allzu tief in Trübsal und Tränen zu versinken drohte, mit einem Märchen wieder aufgerichtet. Eine alte Frankfurterin, die das als siebenjähriges Kind miterlebt hat, berichtet darüber: „Den Tod des Onkels (Goethes Schwager Schlosser) weiß ich mir noch zu erinnern. Da standen wir mit seiner Schwiegermutter, der Frau Rat Goethe, seiner Frau und Kindern, alle um den Sarg herum und weinten bitterlich, bis auf einmal sich die alte Frau Rat Goethe die Tränen abwischte und zu uns sagte: „Nun ist's genug, nun kommt mit herein, ich will euch ein Märchen erzählen."

In diesem Buch möchte ich meine eigenen Erlebnisse und Erfahrungen mit Märchenerzählen niederschreiben und damit den Erwachsenen eindringlich vor Augen führen, was sie Kindern vorenthalten, wenn sie ihnen keine Märchen mehr erzählen oder vorlesen. Allgemeiner Brauch wie in alten Zeiten wird es wohl nicht wieder werden, das weiß ich selbst. Aber mancher mag doch nachdenklich werden, mag sich anregen lassen, in der Tiefe seines Gedächtnisses zu suchen und zu graben, um möglicherweise eines schönen Tages den verlorenen Schatz, den Goldring — ein Märchen wiederzufinden, es Kindern weiterzuschenken und sie damit glücklich zu machen. Jeder, der sich die Mühe macht, der sich zu solchem Tun die Ruhe und die Zeit nimmt, kann gewiß sein, daß hier nach Goethes Wort „ein großes Kapital geräuschlos unberechenbare Zinsen spendet".

Es sind aber nicht nur die Kinder, die der Märchen bedürfen, sondern oft auch gerade die Erwachsenen; denn Märchen sind ursprünglich nicht Kindergeschichten. Nach dem, was ich im Laufe von 20 und mehr Jahren erlebt habe, bin ich überzeugt, daß dieser Schatz an Lebensweisheiten in alten Bildern auch für die Erwachsenen heute noch heilende und führende Kraft besitzt. Früher, so muß ich bekennen, hätte ich es auch nicht für möglich gehalten.

Der erste Teil meiner Märchenerinnerungen wird vornehmlich Erlebnisse und Erfahrungen mit Märchenerzählen vor Erwachsenen zum Inhalt haben, denn bei ihnen habe ich – bedingt durch meinen früheren Beruf – angefangen zu erzählen. Ich wünschte also, daß ich mit meinen Aufzeichnungen nicht nur den Kindern wieder mehr Märchen erzählende Erwachsene gewönne, sondern daß auch diese Erwachsenen selbst sich der alten Märchen aufs neue erfreuten und der Kräfte, die ihrer Schönheit und Weisheit innewohnen, wieder teilhaftig würden. „Ja, ja — eigentlich schade, wir sind da ganz von abgekommen." Nachdenklich und ein wenig traurig hat sich schon manche Mutter und Großmutter nach einer Märchenstunde so geäußert. Es kränkt mich heute nicht mehr, wenn ungläubig und spöttisch gelacht wird über mein Ansinnen, Jugendlichen und Erwachsenen, auch alten Menschen, Märchen zu erzählen. Ein Altersheim lehnte geschlossen und empört ab: „Märchen? Unerhört! Wir sind doch keine kleinen Kinder!" — Die Leitung einer Oberschule für Knaben und Mädchen beschied mich kurz und bündig: „Pädagogisch und psychologisch nicht zumutbar!" An einer anderen Stelle, wo ich mich ebenfalls erbot, Märchen zu erzählen, und darauf hinwies, daß solches Erzählen doch auch Pflege alten, wertvollen Kulturgutes bedeute, lachte man mir gar schallend ins Gesicht: „Kulturgut? Ach du lieber Himmel! Da sollen Sie mal den Kasper hören! Der redet in denselben Tönen. Und dann — seien Sie doch ehrlich, gute Frau! Sie wollen doch verdienen!"

Die Liste solcher ablehnenden Aussprüche könnte ich beliebig verlängern. Meine eigene Schuld war es, daß dergleichen mich kränken und mutlos machen konnte; Unerfahrenheit und Unsicherheit ließen mich anfangs schwerer und nachhaltiger darunter leiden, als es nötig gewesen wäre. Um so dankbarer war ich für alles, was

mir Mut machte und Aufschwung gab, den eingeschlage-
nen Weg weiterzugehen. So z. B. erfreute mich ganz
ungemein, was eine mir befreundete Krankenschwester
erzählte: Ihr Chefarzt, ein Chirurg von Weltruf, wurde
von einer älteren Patientin flehentlich gebeten: „Ach, Herr
Professor, ich bitte Sie, verschreiben Sie mir doch ein
Schlafmittel! Ich kann und kann nachts nicht schlafen."
Darauf die Antwort des berühmten Mannes: „Ach was,
Schlafmittel! Lesen Sie ein Märchen, das tut's auch." Und
zur Schwester sagte er hernach: „Tatsächlich! Das war
vorhin kein Spaß. Wenn ich nicht schlafen kann, dann
lese ich immer Märchen. Meine Frau schenkt mir nach
und nach immer mehr Märchenbücher, und eine große
Sammlung aus allen Weltteilen ist so bereits zusammenge-
kommen."

Nun, Märchen als Beruhigungs- und Schlafmittel sind
nicht jedermanns Sache. Aber nach dem, was ich selbst
erlebt habe mit Märchenerzählen vor überarbeiteten,
erschöpften und kranken Menschen wundere ich mich
nicht über diese Selbsthilfe des großen Chirurgen, der im
Lesen von Märchen sein Mittel fand, um nach schwerem,
spannungsreichem Tagewerk Ruhe zu finden.

Ruhe finden — mehr Ruhe haben! Von Verwandten,
Freunden und Bekannten, von allen Seiten tönt mir das
entgegen, und ich selbst komme mir oft als das allerruhe-
loseste Wesen vor. Soweit das dauernde Reise- und Wan-
derleben und alles was damit zusammenhängt, es zuläßt,
bemühe ich mich und erkämpfe mir immer wieder die
schmale Plattform der inneren Ruhe, von der aus ich es
verantworten kann, Märchen zu erzählen. Immer wieder
halte ich mir vor, daß nur ein in sich selber ruhiger
Erzähler einem Märchen gerecht werden kann.

Wie glücklich und dankbar bin ich, daß ich meine
Erinnerungen an den Umgang mit Märchen hier in

Wilsede, im Landrat-Ecker-Haus, inmitten der Lüneburger Heide niederschreiben darf.

Wo in der Welt gibt es denn heute noch einen Arbeitsplatz wie den, an dem ich hier sitze? Die Stimmung der Landschaft jetzt im Februar, die Ruhe, die Vogellaute, das Treiben der bunten Hühner im Grase, das Hähnekrähen, eine Kinderstimme dann und wann, das Stück Fichtenwald mit den hohen, kahlen Stämmen, durch die der grauweiße Himmel scheint, die Heidekaten mit ihren großen bergenden Dächern, der Rauch, der aus ihnen aufsteigt — das wundervolle Schweigen! Kein Gebrause einer Großstadt in der Ferne. Man horcht unwillkürlich danach — aber nein, es ist wirklich vollkommen still. Wie gut das tut!

Das Landschaftsbild hier vor mir und um mich herum in seiner Ruhe und stillen Schönheit *und* die Welt der alten Volksmärchen — wie ähnlich sind sie einander! Auch die Märchen strömen gute, heilende Kräfte aus, wollte man sich nur von Zeit zu Zeit ihnen wieder zuwenden.

Wie Märchen auf Menschen unserer Zeit, persönlich von Mund zu Mund erzählt, wirken — davon will ich jetzt erzählen. Wenn überhaupt, so kommt oft erst nach Jahren oder gar nach Jahrzehnten ein Echo davon zu mir. Das Immer-wieder-Weiterwandern von einem Zuhörerkreis zum anderen, oft ohne sofort einen Widerhall erlebt zu haben, hat mich früher oft bedrückt, bis das gute Wort eines Dorfschulmeisters mir eines Tages das Törichte solcher unnützen Grübelei vor Augen führte. In einer kleinen Dorfschule in Angeln hatte ich Märchen erzählt. Etwas müde und abwesend trat ich hinterher aus der Pforte des Schulgartens und wollte auf der Landstraße weiterwandern ins nächste Dorf. Da kam der Schulleiter, von dem ich mich schon verabschiedet hatte, raschen Schrittes noch einmal aus seiner Tür und sagte mit großer

Wärme und Eindringlichkeit: „Ich möchte Ihnen noch eins mit auf den Weg geben: Verlieren Sie niemals bei Ihrem Tun den Mut! In meiner Schule sind Sie immer willkommen, das wissen Sie, so ablehnend ich anfangs auch dem Besuch einer „Märchentante" gegenüberstand. Wir haben uns ja vorhin darüber ausgesprochen. Aber bitte: Gehen Sie auch nie aus einer anderen Schule, aus einer anderen Märchenstunde fort ohne die Gewißheit, zum mindesten einem der Kinder etwas Unvergeßliches, etwas Schönes — vielleicht fürs ganze Leben — geschenkt zu haben. Möglicherweise sieht es für Sie zuweilen so aus, als sei da gar kein Eindruck hinterblieben, als habe kein einziger Funke gezündet; aber dann denken Sie immer an dies *eine* Kind, das ganz gewiß allemal darunter gewesen ist. Und dann dürfen Sie nicht mutlos werden; denn dann hat es sich doch gelohnt!" Die ernsten, fast streng und beschwörend gesprochenen Worte habe ich nie vergessen. Ich freue mich über jedes früher oder später mich erreichende Echo aus dem Munde meiner Zuhörer; aber ich wandere nicht mehr mutlos weiter, wenn ich kein Zeichen der unmittelbaren Wirkung erhalten habe.

Mein Weg zur Märchenerzählerin als Beruf

Wie bin ich nun zum Märchenerzählen gekommen? Ja — vornehmen kann man es sich wohl kaum. Man wird dahin geführt — man weiß nicht wie.

Oft werde ich nach einer Märchenstunde gefragt: „Sagen Sie mal, wo lernt man das?! Gibt es eine Schule, eine Ausbildung dafür? Ich hätte wohl Lust dazu. Das muß ja ein ganz wunderschöner Beruf sein!" Ein kleiner Junge empfand auf seine Weise Ähnliches, als er erfüllt von einer Märchenstunde nach Hause kam und eifrig erklärte: „O Vati, das war schön! Das will ich auch! Ich will auch Märchentante werden!" Ein anderer Junge fragte nach einer Märchenstunde in der Schule seine Mutter, die zugleich seine Lehrerin war: „Mutti, mit dem Märchenerzählen, wie ist das damit? Kann man da in die Lehre gehen?"

Märchenerzählen ist für unsere heutige Zeit kein günstiger Beruf. Wer ihn erwählt, muß wissen, daß er die Zeit gegen sich hat. Die Bezauberung durch die Technik erweckt die Vorstellung, daß ein über Rundfunk, Fernsehen, Film, Platten vermitteltes Märchen dieselbe oder annähernd dieselbe Wirkungskraft zu entfalten vermag wie ein von Mensch zu Mensch, von Mund zu Mund erzähltes Märchen.

Die Frage nun, wie man Märchenerzählerin wird, ist mit zwei, drei Worten nicht zu beantworten, denn wo damit beginnen? Wann fing es bei mir eigentlich an? Für mich selber hat sich alles so selbstverständlich eins aus dem anderen entwickelt, daß Märchenerzählerin von Beruf zu sein mir nicht ungewöhnlich erscheint. „Wie bitte? Was sind Sie? Märchenerzählerin? Gibt's denn das überhaupt als Beruf? Davon habe ich noch nie etwas gehört."

Ich kenne das nun schon, dieses ungläubige Staunen, und es ist mir auch verständlich. Gern erkläre ich meinen wißbegierigen Fragern, wie ich dazu gekommen bin, einen so wunderlichen und im System unserer abgestempelten Arbeitsmöglichkeiten gar nicht existierenden Beruf zu erwählen. Ich will es hier eingehender darlegen, als es im kurzen Gespräch bei der Unruhe des Aufbruchs nach einer Märchenstunde möglich ist. Meine Wege zu dem geliebten Beruf sind zahlreich und verschlungen; man kann sie nicht rasch wie mit einem Zeichenstift als Orientierungsskizze hinwerfen auf ein Blatt Papier. Auf jener eingebildeten Wegekarte nämlich gäbe es abgelegene Pfade, die ich nur zu gut kenne, aber doch nie und nimmer darauf einzeichnen würde; so wie Quellen mancher Flüsse schwer aufzufinden sind oder wie das Kästchen im Märchen vom „Goldenen Schlüssel" auch besser geschlossen bleibt, besitzen wir doch alle insgeheim ein solches verschlossenes Kästchen, und bleibt es auch verschlossen für immer — unser Leben speist sich doch aus ihm.

Vorgenommen habe ich mir den Beruf einer Märchenerzählerin jedenfalls nicht; und mit einem besonders guten Gedächtnis, wie manche meinen, bin ich auch nicht ausgestattet.

So weit meine Erinnerung zurückreicht, habe ich mich in der Welt der Märchen, insbesondere der Volksmärchen, mit Selbstverständlichkeit wie zu Hause gefühlt. Ich hatte in der Tat zwei Elternhäuser und wohnte glücklich und zufrieden in allen beiden, im sichtbaren auf der Uhlenhorst in Hamburg, wie im unsichtbaren der Märchen. Betrüblich war nur, daß im Bücherschrank die Grimmschen Märchen fehlten! Eine Bekannte meiner Mutter, eine Engländerin, Autorität auf pädagogischem Gebiet damals, riet meiner Mutter, mir doch ja keine

Märchenbücher in die Hand zu geben und mir auch keine Märchen zu erzählen; ich sei an sich schon allzu phantasievoll, und da wäre es vom Übel, diese Anlage auch noch zu pflegen. Nun, streng durchgeführt wurde die anempfohlene Verbannung der Märchen aus meinem Gesichtskreis Gott sei Dank nicht. Das wäre gewiß auch nie im Sinne meiner Mutter gewesen. Sie war nur darauf bedacht, ohne daß ich es merkte, sachte ein wenig zu bremsen, was auch das Richtige für mich gewesen sein wird. Nur eben — die Grimmschen Märchen erzählt oder vorgelesen zu bekommen, wie schön wäre das gewesen! Eine Ausnahme gab es aber doch, eine kleine, kostbare. Das Grimmsche Märchen von den „Sieben Geißlein" wußte meine Mutter auf eine entzückende Weise zu erzählen, und wenn ich mich recht erinnere, hielt sie sich dabei möglichst eng an den Grimmschen Wortlaut. Immer wieder erzählte sie uns Geschwistern dieses eine Märchen. Aber nie — das weiß ich gewiß — haben wir das als langweilige Wiederholung empfunden, sondern im Gegenteil jedesmal als neues, wunderbares Erlebnis genossen. Daß uns der Ausgang des Märchens bekannt war, minderte nicht im geringsten die Spannung, erhöhte vielmehr noch das Vergnügen. Ich meine noch heute den Tonfall ihrer Stimme zu hören, wenn sie erzählte. Das ist übrigens eine Erfahrung, die mir immer wieder mit fast den gleichen Worten von den Verwundeten in den Lazaretten und auch heute noch von vielen älteren und alten Erwachsenen bestätigt wurde und wird. Ohne daß ich sie danach frage, sagen sie mir nach einer Märchenstunde: „Ich höre noch die Stimme meiner Großmutter — meines Vaters — meiner Mutter, die mir dieses Märchen erzählte — ganz deutlich höre ich sie!"

Fragt man da nicht unwillkürlich: Würden jemals moderne Tonbandgeräte, Radio oder Schallplatte es vermögen, den besonderen Klang einer geliebten, längst verhallten Stimme ebenso gut oder besser festzuhalten als die Erinnerung an ein in der Kindheit gehörtes Märchen, das sich gerade mit dieser Stimme tief einprägte, mit ihr so fest verwuchs, daß augenblicklich die erzählende Stimme von einst mit aufklingt, wenn uns im späteren Leben dasselbe Märchen wieder begegnet und mit dieser Stimme das Wesen des geliebten Menschen?

Das Glück, eine Märchen erzählende oder Märchen vorlesende Großmutter zu besitzen, hatte ich nicht. Was unsere Kinderfräulein uns erzählten, war derart kümmerlich und wurde noch dazu in einem so weinerlichen, süßlichen Tonfall erzählt, daß ich den Gehalt nicht erfaßte. Nur eine alte, zärtlich geliebte Tante — von der heute fast ausgestorbenen Gattung der Familientanten, Elise Scheele, „Lisi" von uns Kindern genannt — las meinem Bruder und mir Märchen und Geschichten vor und — griechische Sagen, Strümpfe dabei strickend. Sobald das letzte Wort des dicken Buches ausgesprochen worden war, schlug mein Bruder, wie ein Luchs aufpassend, es auf der ersten Seite wieder auf, und die ganze Herrlichkeit ging ohne Pause von vorne wieder an. Lisi las langsam, sehr ruhig, in gleichmäßigem Tonfall — ein schlichteres, „kunstloseres" Vorlesen konnte es nicht geben. Aber — sie war dabei! Sie hatte selbst Freude am Vorlesen, am Stoff, an der Handlung. Sie nahm ernst, was sie las, und nie auch nur einen Augenblick verfiel sie in eine Sprechweise, die man mit „tantenhaft" bezeichnen könnte.

Märchen und Sagen gehörten für uns zusammen. Der Wesensunterschied zwischen Volksmärchen und Sage, der so groß ist, daß man beide in einem Atem eigentlich nicht nennen kann und darf — für uns Kinder bestand er nicht, uns kümmerte er nicht. Wie es gerade kam, wanderten wir zwischen den beiden Reichen hin und her, die Grenze nicht beachtend, die sie voneinander scheidet, wohl aber schon damals spürend, daß den Raum des Märchens eine andere Luft erfüllt als die, die der Sage eignet. Noch heute

— muß ich bekennen — geht mir's durcheinander; und zwischen die Volksmärchen, die ich erzähle, stiehlt sich ab und an auch eine Sage, ein Schwank, eine Geschichte, ein Kunstmärchen. Wenn die Kinder bei meinem Kommen zuweilen rufen: „Sie kommt! Die ‚Geschichtenfrau‘ kommt!", so haben sie damit gar nicht so unrecht.

Daß in der Schule ein Märchen erzählt wurde, habe ich nie erlebt. Ich wäre selig gewesen und hätte es ganz gewiß nicht vergessen. Wenn jetzt während einer Märchenstunde einem kleinen Mädel die hellen Tränen über die Backen laufen, oder wenn ein Junge, der sich unbeobachtet glaubt, sachte den Kopf auf die Tischplatte legt und sehr verstohlen nach seinem Taschentuch angelt, um sich damit keineswegs nur die Nase zu putzen — dann denke ich daran, wie ähnlich es mir als Kind erging, wenn unversehens Freude und Schmerz in der Sprache der Dichtung, durch ein erzähltes oder vorgelesenes Märchen, mein Herz trafen und erzittern ließen.

Soviel zur Beantwortung der Frage, was mir in meiner Kindheit Märchen bedeuteten. Aber ob diese Antwort ausreicht als Erklärung für die seltsame, unbezwingliche Anziehungskraft, die diese uralten Gebilde der Poesie auf mich ausüben, auf mich ebenso, wie auf viele Menschen vergangener und auch noch heutiger Tage? Mir will scheinen, sie reicht nicht aus. In der Vorrede zu einer Märchensammlung sagt der Dichter Paul Alverdes: „. . . Es kommt beim Lesen dieser Märchen noch ein Erinnern von ganz anderer Art über uns als nur das Wiedererwachen der eigenen Kindheit und der Umstände, unter denen wir sie damals hörten oder lasen. Wir sprechen uns nur einmal einen der rätselhaft bewegenden Sprüche nach: ‚Brennettelbusch, Brennettelbusch, so kleene‘, oder ‚O du Falada, da du hangest‘, oder ‚Kehr um, kehr um, du junge Braut‘ — und wir fühlen alsbald, wie unser Erin-

nern an den Grenzen eines Buches oder unserer eigenen
Spanne Lebens nicht haltmachen will, sondern wie es
hinauszuschweifen begehrt, wie in ein verschollenes
Leben, an welchem wir lange vor unserer eigenen Zeit
teilgehabt haben wollen. ... Und nun sagt uns gar die
Wissenschaft selber, die sich mit ihren Mitteln und auf
ihre Weise mit der Herkunft und der Verwandlung der
Märchen befaßt hat, daß sich die allerältesten Vorstellun-
gen und Lebensahnungen eines Volkes, ja der Mensch-
heit überhaupt in dichterischen Formen darin wiederfin-
den. ..."

Ich glaube, daß diese Art einer Erinnerung, von der
der Dichter hier spricht und die in jedem von uns —
wenn auch mehr oder weniger stark entwickelt — vorhanden ist und natürlicherweise sein muß, daß diese
„Erinnerung", mit der wir geboren werden, noch wesentli-
cher und ausschlaggebender ist oder zum mindesten von
derselben Bedeutung für die Beantwortung der Frage,
warum wir Märchen lieben.

Und wie kam es dann endlich zum Beginn des eigenen
Erzählens, wann hat das angefangen? Als ich schon lange
im Berufsleben stand, als medizinisch-technische Assistentin im Eppendorfer Krankenhaus in Hamburg, forderte
mich eines Tages ein Student zu einer Märchenveranstaltung auf, Frau Vilma Mönckeberg-Kollmar würde Märchen erzählen. Dieser Abend nun wurde für mich zu
einem Ereignis — ja ich kann sagen zu einer Wende
meines Lebens. Vielleicht gerade deshalb, weil mir nie so
richtig Märchen erzählt worden waren, weil ich das gar
nicht kannte und nun als etwas ganz Wunderbares erlebte. Ich kam einem Geheimnis auf die Spur: Volksmärchen,
wenn sie ihren ganzen Zauber entfalten sollen, müssen
von Mensch zu Mensch erzählt werden. So ist es Brauch
gewesen seit Jahrtausenden, und so ist es noch heute.

Frau Mönckeberg berichtete, ihre Märchenerzählungen einleitend, von der Sammeltätigkeit der Brüder Grimm, die schon damals, vor fast 150 Jahren, mit Sorge beobachteten, wie das Buch, das gelesene oder vorgelesene Wort, das freie Erzählen im Volke zu verdrängen begann und wie aus dieser Sorge heraus die Sammeltätigkeit der Brüder erwuchs, um wenigstens im Buche festzuhalten, was sonst rettungslos und für immer verloren gewesen wäre. Die Brüder Grimm haben ausdrücklich versichert, ihre Märchen in ein Deutsch gefaßt zu haben, das nicht in erster Linie gelesen, sondern erzählt werden sollte. Die sehr gewichtigen Gründe, warum das in den allermeisten Fällen heutzutage auch bei bestem Willen und aller Einsicht in die Notwendigkeit nicht mehr durchzuführen ist, sind mir bekannt, werden sie mir doch fast täglich auf meinen Wanderfahrten von Lehrern und Erziehern entgegengebracht und geklagt.

Als ich nach jenem Märchenabend nach Hause kam, eilte ich, noch in Hut und Mantel, zum Bücherbord und schlug eines der Märchen auf, die Frau Mönckeberg vorhin erzählt hatte. Ich suchte nach dieser und jener Redewendung, die ich mir gemerkt hatte, die mir als besonders schön, anmutig und bildhaft, wie aus dem Augenblick des Erzählens entsprungen, erschienen war. Das wollte ich mal sehen, ob das wahr wäre, was sie versichert hatte, daß sie genau im Grimmschen Text erzählt habe! Wahrhaftig! Es stand alles ganz genau so da, Wort für Wort, auch die leichtesten, flüchtigsten, wie eben hingeworfenen, aus dem Ärmel geschüttelten Wendungen. Aber wie ganz anders und unvergleichlich viel eindringlicher als jetzt im stummen Nachlesen hatte das lautgesprochene, mich ansprechende Wort gepackt und mir das Erzählte bildhaft vor Augen gestellt!

Ich muß zuweilen heimlich lachen, wenn ich in irgendeiner Schule, höchst gemütlich auf dem Tisch der vordersten Bank hockend, erzähle und aus einem Augenwinkel heraus den Herrn Lehrer hinter seinem Pult sitzend beobachte — ein dickes Buch aufgeschlagen vor sich und eifrig darin lesend. Ich weiß schon, was er da liest! Das sind Grimms Märchen, *das* Märchen nämlich, was ich gerade erzähle. Er wollte doch mal wissen . . . Nach einem Weilchen wird dann das Buch zugeschlagen — das Nachlesen ist doch mühsam, und es hört sich auch viel besser zu, wenn man nur so dasitzt und lauscht.

Am Tage nach dem Märchenabend von Frau Mönckeberg saß ich wie gewöhnlich mittags im Labor meines Krankenhauses und putzte Pipetten, Objektträger und andere feine Glassachen — notwendige mechanische Arbeit, die nun einmal getan werden muß. Aber an diesem Tage lag auf dem Tisch daneben ein Reclam-Band Grimms Märchen. Die „Sterntaler" waren aufgeschlagen, und beim Reinigen und Putzen begann ich Satz für Satz mir vorzusagen und zu lernen. „Es war einmal ein kleines Mädchen . . ."

So fing es an, und dabei ist es eigentlich bis heute geblieben, mit immer neuer Freude am Lernen, am Einverleiben der schönen Sprache und in der Vorfreude auf den Augenblick, wo ich das Märchen sicher im Kopf habe und zum ersten Mal das Erzählen wagen darf.

Das Deutsch der Brüder Grimm — wieviel ist darüber gesagt und geschrieben worden! Wer nicht alles hat versucht, es nachzuahmen, zu reinigen, zu verbessern, und ist doch kläglich gescheitert! Aber ich will bei der Erfahrung bleiben, die ich selbst damit gemacht habe. Die jahrelange, mühselige Arbeit des Märchenlernens, immer neben dem anderen Beruf her, der damals mein Hauptberuf war, die will ich nicht leugnen. Aber ich mußte es tun. Ich konnte gar nicht wieder aufhören. Nur — ein

„Hobby", wie mal in einer Zeitung zu lesen war, ist es nicht gewesen.

Das Auswendiglernen eines Grimmschen Märchens — den „Krautesel" habe ich zur Zeit gerade vor — macht mir noch heute dieselbe große Freude wie damals. Das Lernen ist sowohl Mühe wie Genuß; hätte ich nur mehr Zeit dazu! So schön viele der ausländischen Märchen auch sein mögen, so ausgezeichnet sie zuweilen übersetzt sind — für mich persönlich bleibt doch Grimms Fassung der deutschen Märchen das Schönste. Schon während Frau Mönckeberg erzählte, war mir im Hören des lautgesprochenen Wortes die besondere, unverwechselbare Eigenart, der schwer in Worte zu fassende Zauber dieses „Märchenstils" aufgegangen. Ich empfand die enge Zusammengehörigkeit, das förmliche Zusammengewachsensein von Sprache und Inhalt als etwas Außerordentliches und zugleich doch völlig Natürliches. Ich hätte ausrufen mögen: Da bin ich zu Hause. Dahin wollte ich ja schon lange! Als ich vor einigen Jahren einem großen Künstler diese Wirkung zu beschreiben versuchte, etwas unbeholfen und tastend, da verstand er sofort, was ich meinte, und stimmte mir freudig zu — „Ja, nicht wahr? *Ein* Satz Grimm — und ich bin in Deutschland!"

Im Laufe vieler Jahre habe ich aber erfahren, daß es Menschen, auch Deutsche, gibt, die kein Organ dafür haben, die diesen eigenen Ton in den Märchen der Brüder Grimm nicht hören, die höchstens der Inhalt des Märchens interessiert, anzieht oder abstößt. Ich habe es in solchen Fällen aufgegeben, diese mich so beglückende Schönheit und Eigenart zu erklären, zu begründen, worin sie liegt. Man hört sie, oder man hört sie nicht. Oft haben schlichte Menschen, von denen man es gar nicht erwarten würde, ein feines Ohr dafür. Man kann als Erzähler von Glück sagen, wenn man davon ein Echo, auch nur ein ganz leises, vernimmt — oft so leise, so verstohlen, daß man sich fragt: Darfst du das überhaupt ein Echo nennen?

Im Krankenhaus Bethesda erzählte ich einmal mittags in meiner Freistunde, in einem Zweibettenzimmer der Männerstation, einem etwa zehnjährigen Jungen das Grimmsche Märchen von der „Gänsemagd" (Falada). Im Bett an der Wand gegenüber lag ein ungewöhnlich dicker Mann, ein Bierkutscher — wahrhaftig, er füllte sein Bett in der Quere von einer Seite zur anderen vollständig aus. Der Junge sowohl wie der Mann hatten einen Arm seitlich aufgestützt und starrten mich mit gleicher Spannung an, rührten sich nicht. Von dem Jungen — so erinnere ich mich noch deutlich — sah ich nur *ein* Auge. Durch eine Lücke in einem großen Tulpenstrauß, der auf dem Nachttisch stand, glühte es mich förmlich an. In dieses Auge hinein blickte ich, während ich erzählte. So viel Ahnung hatte ich, daß ein richtiger Hamburger Bierkutscher es nicht mag, wenn man ihm ins Gesicht hinein Märchen erzählt, und demzufolge tat ich so, als gelte mein Erzählen nur dem Jungen. — Das Märchen war zu Ende, die letzten Worte verklungen: „. . . und beide beherrschten ihr Reich in Frieden und Seligkeit." Einen Augenblick war es still. Dann sagte der Bierkutscher langsam — tropfenweise kamen die Worte aus seinem Munde —: „Tja! Ich weiß auch nicht, wie das kommt, *aber ich hör das gern!"* — Dann, als sei das schon des Guten zuviel gewesen, zuviel der unmännlichen Regung, warf er sich mit einem Ruck herum, nach der Wand zu, stopfte sich mit Heftigkeit die Decke in den Rücken und — war nicht mehr vorhanden.

Sechs, sieben Jahre lang habe ich so neben meinem etwas nüchternen Beruf das Märchenerzählen gelernt und fast täglich mittags während meiner Freistunde geübt, ohne auch nur entfernt daran zu denken, es könnte später

einmal mein Hauptberuf werden. Wenn ich jetzt zurückdenke, wie glücklich fügte sich alles! Ich dachte, ich wäre
Technische Assistentin und würde es bis in alle Ewigkeit
bleiben, und in Wahrheit erfuhr ich eine Ausbildung zur
Märchenerzählerin, wie sie günstiger nicht gedacht werden konnte: Ich war allein im Labor, störte niemanden
mit Lernen und wurde von niemand gestört. Eine Zuhörerschaft, wie man sie sich aufnahmebereiter und ver-
schiedener in der Zusammensetzung nicht wünschen
konnte, stand mir täglich zur Verfügung. Da ja die
Patienten wechselten, konnte ich häufig dieselben Märchen erzählen und so immer größere Sicherheit darin
erlangen.
Die Ärzte und Schwestern des Krankenhauses standen
diesem unwissenschaftlichen Zweig meiner Tätigkeit
wohlwollend und sogar fördernd gegenüber. Sie spürten
die anregende und zugleich beruhigende Wirkung der
Märchen auf ihre Kranken, und häufig kam es vor, daß
man mir kleine Winke gab, in welchem Krankensaal oder
-zimmer es angebracht, ja nötig war, Märchen zu erzählen.
Da hieß es dann wohl: „In *dem* Zimmer ein Blutbild, in
dem eine Magensaftprüfung und in *dem* Zimmer bitte mal
Märchenerzählen — da kommen wir nämlich sonst nicht
weiter."

Eine alte Frau drückte ihre wohligen Gefühle, die sie
beim Anhören eines Märchens empfand, so aus: „Ach,
Schwester — wenn das Fräulein Märchen erzählt, das
ischa zu schön! Denn geht mich das Blut immer so schön
rauf und runter!" — Da die gute Alte an Kreislaufstörun-
gen litt, nahm der Arzt das gern zur Kenntnis. — Die
Patientinnen im großen Frauensaal sagten mir wieder-
holt: „Wir mögen das so gern, Fräulein, wenn Sie Märchen erzählen, morgens freuen wir uns schon drauf, und
hinterher reden wir manchmal noch ganz lange darüber.

Da steckt oft 'n tiefer Sinn drin. Als Kind versteht man das immer gar nicht so."

Im Saal der Inneren Station, wo keine schwerkranken Frauen lagen, probierte ich eines Tages das neu gelernte Märchen vom „Treuen Johannes" aus. Ohne Frage ist es eines unserer schönsten deutschen Volksmärchen, die die Brüder Grimm uns überliefert haben. Aber eine Stelle ist grausig. An der Tatsache ist nun einmal nicht zu rütteln. Weshalb ich es trotzdem gelernt habe — darauf komme ich später zurück. Das hat eine Geschichte. An diesem Tage also sollte nun „Der treue Johannes" zum ersten Male gewagt werden. Einmal mußte es sein. Heute — nach 20 Jahren —, so muß ich bekennen, hätte ich mir nicht gerade den Frauensaal dazu ausgesucht; aber damals war ich in mancher Hinsicht in der Märchenauswahl kühner und unbedenklicher als heute. Es ging alles gut und auch glücklicherweise ohne jede Störung von außen, die mich gewiß — unsicher, wie ich im Grunde doch noch war — aus dem Konzept gebracht hätte. Ich hatte auch das Gefühl, daß die Frauen dem Märchen mit besonders starker Spannung gefolgt waren. Aber mochte es nicht doch für weibliche Zuhörer etwas allzu hart und männlich-unerbittlich gewesen sein, trotz des strahlenden Schlusses . . . „Da lebten sie in Glückseligkeit bis an ihr Ende."? So fragte ich vor dem Fortgehen, ein wenig schuldbewußt und unsicher geworden, die Frauen: „War das nun nicht doch ein bißchen zu schaurig für Sie?" Da antwortete eine alte Frau: „Ach nee, Fräulein, da ha'm Sie man keine Bange! Das war nich zu schaurig. Das ging ja alles auf!"

Eines Tages erzählte ich im Männersaal einem kleinen Jungen Märchen. Die Spritze, die die Schwester ihm geben mußte, tat weh, und so hatte sie mich geholt, damit ich dem Kleinen zum Trost und zur Beruhigung ein

Märchen erzählte. Ich setzte mich auf den Rand seines Bettes, ganz nahe zu ihm hin, und erzählte leise, um die anderen Patienten nicht zu stören. Am nächsten Tag verlangte der Kleine wieder danach. Und wieder bemühte ich mich zu flüstern und nicht zu stören. Da sagte einer der Männer schließlich: „O Fräulein! Warum sprechen Sie eigentlich so leise? Wir müssen uns ja schreckliche Mühe geben, was zu verstehen. Wir hören doch alle zu!" Nun — sie hatten kein Radio. Sie waren nicht schwer krank. Sie langweilten sich. All das kann man sagen. Aber da bleibt doch ein Rest. Ich glaube es nun einmal nicht, daß es nur die Langeweile war, die sie so eifrig aufmerken und zuhören ließ.

Ich schrieb damals noch kein Märchentagebuch, hatte nur in einem kleinen Heft ein Verzeichnis angelegt der Märchen, die ich dann und dann in dem und dem Zimmer erzählt hatte, um mich möglichst nicht zu wiederholen. So viel Gegenbeispiele man auch anführen mag und ich selber auch angeben könnte, so läßt sich doch nicht leugnen, daß die meisten Erwachsenen, genau wie die meisten Kinder (ausgenommen die kleinen), nach Märchen und Geschichten verlangen, die sie noch nicht kennen. So notierte ich mir damals die Titel der Märchen und weiter nichts, und viele Einzelerlebnisse mit Märchenerzählen im Krankenzimmer sind meinem Gedächtnis entfallen. Ab und zu treffe ich in Hamburg auf der Straße noch alte Patienten, die mich mit Herzlichkeit ansprechen. Und immer wieder heißt es dann: Das vergesse ich nie, wie schön das war im alten Bethesda, wenn Sie mittags nach dem Schlafen, vor dem Kaffeetrinken, zu uns kamen und uns Märchen erzählten. Wissen Sie nicht noch, das Märchen haben Sie damals erzählt und das und das! Nun — ich weiß es nicht mehr; aber wie schön, daß es bei meinen Hörern haften blieb!

Von einem mir unvergeßlichen Erlebnis aus jener Krankenhauszeit möchte ich eingehender berichten. In einem Schwerkrankenzimmer auf der Männerstation lag viele Wochen ein elfjähriger Junge, Joachim. Seine eigene Mutter kam nie, ihn zu besuchen. Er verlangte auch niemals nach ihr. Es hieß, sie behaupte, sein Leiden nicht mitansehen zu können; unerklärlich war ihr Verhalten und ist es für mich auch immer geblieben. Es war ihr einziges Kind. Vater und Großvater kamen treulich, aber in einem Fall wie diesem war die Mutter doch nicht zu ersetzen.

Ich sehe seinen dunklen Kopf, sein schmales, blasses Gesicht noch vor mir. Todesmatt lag es in den Kissen, Wochen um Wochen; ein schönes Knabengesicht mit übergroßen braunen Augen. Der Arzt hatte mich gebeten, ihm doch ja jeden Tag ein Märchen zu erzählen. Das war nämlich seine größte Freude — er konnte überhaupt nicht genug davon bekommen. Die schmerzhaften Punktionen, bei denen große Mengen eitriger Flüssigkeit aus dem Herzbeutel abgelassen werden mußten, ließ er ruhig geschehen, wenn ich dabei nur immerfort erzählte. Mein Märchenvorrat — damals noch nicht so groß wie heute — begann zu schrumpfen bei dem täglichen Verbrauch, jedenfalls solche für Jungen in Joachims Alter. So erzählte ich schließlich alles, was ich nur wußte. Aber jeden Tag nur ein Märchen, nur ein Grimmsches Märchen. Verspätete ich mich, so ließ er flehentlich durch die Schwester fragen, wann ich denn endlich käme. Wie konnte er nur so angespannt zuhören bei seiner großen Schwäche!

Eines Tages saß ich allein bei ihm. Er hatte den Kopf zur Wand gedreht und lag da mit geschlossenen Augen. Ich erzählte ihm das Märchen von der „Jungfrau Maleen", ganz langsam und sehr eindringlich. Ob er das Märchen überhaupt verstand? Ob dieses ernste, altertümliche Märchen einen Jungen in seinem Alter fesseln konnte? Ich war mir nicht recht klar darüber. Ob er nicht überhaupt, müde geworden, eingeschlafen war? Ich erzählte aber doch weiter: „. . . da zog er ein kostbares Geschmeide aus der Tasche, legte es ihr an den Hals und hakte die Kettenringe ineinander." Da plötzlich unterbrach mich Joachim und fragte, ohne den Kopf zu mir hinzuwenden: „Was ist das — Geschmeide?" Ich erklärte es ihm und wußte nun, wie genau er zuhörte. Am nächsten Tag verlangte er dasselbe Märchen noch einmal zu hören.

Schließlich war es soweit, die Operation auf Leben und Tod mußte gewagt werden. Er sollte sich vorher nicht aufregen; aber seine Angst vor dem Operationssaal, in dem er schon mehrmals schlimme Erfahrungen gemacht hatte, war groß. So bat mich der Arzt, während der Vorbereitungen noch oben im Zimmer und während des Transportes im Fahrstuhl, vom zweiten Stock ins Erdgeschoß, wo der Operationssaal lag, dem Kind zur Seite zu bleiben und ihm ein Märchen zu erzählen, eines, das er noch nicht kannte. Der Junge hatte Angst, aber die Vorfreude auf ein neues Märchen, das ihm versprochen worden war, war größer als die Angst. Noch oben im Zimmer begann ich mit dem langen Märchen von der „Gänsehirtin am Brunnen". Ich hielt seine Hand — oder er meine — und ließ sie auch nicht los, als wir im Fahrstuhl hinuntergefahren wurden. Er hatte seinen Kopf zu mir hingedreht und sah mich unverwandt an. Selten wohl habe ich im Herzen so darum gefleht, daß die Märchenbilder, von denen ich sprach, lebendige, volle Wirklichkeit werden möchten, wie damals im Vorzimmer des Operationssaales. Jetzt mußte die gefürchtete Narkosespritze gegeben werden, und es kam im Augenblick darauf an, daß der Junge sich dabei nicht aufregte und widersetzte, wie er es in früheren Fällen getan hatte. Er schien seine ganze Umgebung vergessen zu haben. Er sah mich nur an mit einem Blick, den ich nie vergessen werde. Ich sprach langsam in gleichmäßigem Tonfall, aber unaufhörlich weiter. Auf der anderen Seite der Tragbahre standen Schwestern und bereiteten den Jungen zur Operation vor. Der Arm wurde entblößt und gereinigt, und der Arzt gab die Spritze. Ich hörte ihn leise dabei sagen: „Jetzt!" Ich redete immer weiter „. . . Die Luft war lau und mild — ringsumher breitete sich eine grüne Wiese aus, die mit Himmelsschlüsseln, wildem Thymian und tausend anderen Blumen übersät war — mittendurch rauschte ein klarer Bach, auf dem die Sonne glitzerte — und die weißen Gänse gingen auf und ab spazieren oder pudelten sich im Wasser. ‚Es ist recht lieblich hier', sagte er, ‚aber ich bin so müde, daß ich die Augen nicht aufbehalten mag — ich will ein wenig . . .' "

Die Schwestern gaben mir einen Wink, und ich sah es selbst — die Spritze hatte gewirkt. Der Junge war bewußtlos. Lautlos und im Nu war die Bahre in den Operationssaal geschoben. Ohne das Bewußtsein wiedererlangt zu haben, ist das Kind während der Operation gestorben. An die zwanzig Jahre ist das nun her. Ich habe damals nichts darüber aufgeschrieben. Aber nie erzähle ich seitdem die Märchen von der „Jungfrau Maleen" und der „Gänsehirtin", ohne dabei des kleinen Joachim zu gedenken.

So knüpfen sich an jedes Märchen, das ich erzähle, Erinnerungen, ernste und heitere, traurige und spaßige. Viele davon sind unlösbar verbunden mit längst verstorbenen Menschen. Vielleicht schwingt etwas davon mit im Ton, wenn ich die Märchen jetzt erzähle. Ich weiß es nicht.

Ein Mensch jedenfalls ist von allem Anfang an, seit ich die ersten tastenden Versuche mit Märchenerzählen unternahm, mir Ansporn, Helfer und begeisterter Zuhörer gewesen — mein einziger Bruder, wenige Jahre jünger als ich, 1941 in Rußland gefallen. Jedes Märchen, das ich neu gelernt hatte, erzählte ich zuerst einmal ihm und ließ mich von ihm beraten, was als nächstes darauf folgen sollte. Wer konnte so zuhören, sich so freuen und begeistern, so ermuntern, solch strenge und begründete und doch nie verletzende Kritik üben wie er! An ihm hatte ich einen Zuhörer, der Märchen, vor allem Grimmsche Märchen, anhörte und aufnahm wie ein Kind und zugleich wie ein Weiser; wie ein Mann der Wissenschaft und wie ein Dichter. Das letzte Märchen, das ich ihm erzählte, bevor er nach Rußland ging und fiel, war das uralte vom „Erdkühlein". Da dieses Märchen in wenigen Sammlungen wiedergegeben ist, setze ich es in den Anhang.[1] Es wird — soweit ich unterrichtet bin — von den Märchenforschern für das älteste oder eines der ältesten gedruckten deutschen Märchen gehalten, um 1560 von Martinus Montanus von Straßburg aufgezeichnet. Ich hatte schon früher häufig sagen hören, daß ein bestimmtes, sehr altes Märchen Goethe besonders beeindruckt hätte. Fragte ich, wo ich das Märchen finden könnte, so konnte mir niemand so recht Auskunft geben. Die Sache kam mir immer wieder aus den Gedanken, aus den Oberschichten des Bewußtseins sozusagen, bis es mir schließlich ein glücklicher Zufall in die Hände spielte. Weihnachten 1940 begann ich mit dem Lernen. Am Ostersonntag 1941 „schenkte" ich es meinem Bruder als Ostergabe, erzählte es ihm zum ersten Mal, noch sehr langsam und vorsichtig, aber doch ohne Stocken. Das war denn doch dieses Mal eine mühselige Lernerei gewesen! Das alte Chronikendeutsch wollte und wollte nicht in meinen Kopf — fast wäre ich daran verzagt. Da aber mein Bruder von Zeit zu Zeit ebenso harmlos wie listig fragte: „Sag mal, *wann* bekomme ich denn nun eigentlich das ‚Erdkühlein' zu hören?" — so blieb mir nichts anderes übrig, als im

[1] Siehe Seite 205

Lernen fortzufahren. Nun war es also geschafft und zum ersten Mal erzählt. Als es zu Ende war, sprang mein Bruder in seiner lebhaften Art auf — er schnellte sich geradezu hoch aus seinem Sessel — und rief, erregt im Zimmer umherlaufend, entzückt aus: „Ja! Das glaube ich, daß das Goethen begeistert hat!" Er wollte es dann gleich noch einmal hören.

Im Krankenhaus habe ich das Märchen oft und oft erzählt, und wenn es nach mir ginge und wenn es möglich wäre, so müßte jedes Kind, jedes Mädchen zum wenigsten, es einmal erzählen hören. Aber — es paßt nicht überall hin! Man muß genau wissen, wann und wo man es erzählt. Märchen sind nicht überall angebracht, und erzwingen läßt sich ihre Wirkung schon gar nicht. Den Märchen selbst tut man auch nichts Gutes, wenn man sie einer Geringschätzung und Mißachtung aussetzt, die sie nicht verdienen. Eine sehr behutsame Einstimmung, eher kurz als lang, und ein sorgfältiges Vermeiden von Fehlern, was die äußere Situation angeht, sind nötig, um Menschen — Erwachsenen und Jugendlichen, die sich weit vom Märchen und oft auch aller Poesie entfernt haben — den Zugang wieder zu öffnen. Unter Umständen muß man sogar auch einmal nein sagen können, wenn man um ein bestimmtes Märchen gebeten wird. Man kann nicht vor jedem Kreis von Menschen, in jeder beliebigen Situation ein Märchen erzählen wollen, nur, weil man es selber so wunderschön findet.

Zum Beispiel soll man ein soeben gelerntes Märchen auch lieber nicht gleich vor einem großen Kreis erzählen. Gewiß, man „kann" sein Märchen. Man bleibt auch nicht stecken, aber die volle Gelöstheit von der Angst davor ist noch nicht erreicht. Man darf sich nicht zwingen müssen, sich auf den Wortlaut zu konzentrieren. Versucht man in solchem Fall dann etwa noch durch stärkeres Betonen, durch größere Lebhaftigkeit in Mienen und Bewegungen, durch äußere Mittel also, die Lage zu retten, so verdirbt man sich's ganz.

Beim Märchenerzählen muß alles von innen heraus kommen. Dann mag man beim Erzählen still dasitzen, etwa die Hände um die Knie geschlungen, langsam und eindringlich in aller Ruhe — fast möchte ich sagen: nur so vor sich hinreden, versunken in das, was man erzählt. Oder, wenn das dem eigenen Temperament natürlicher, gemäßer ist, unter lebhaften Bewegungen und in leicht dramatischem Tonfall. Beides kann richtig sein. Nur — machen wollen darf man nichts! Ein Märchen verträgt keine falschen Töne; es ist das Einfachste von der Welt und zugleich — so will mir scheinen — das Schwierigste. Es ist ein ganz schmaler Grat, auf dem man geht beim Märchenerzählen. Eine scheinbar widerspruchsvolle Forderung empfinde ich immer wieder als zwingend: beim Erzählen zu gleicher Zeit leidenschaftlich und mit ganzer Seele beteiligt und darin zu sein *und* völlig dahinter zu stehen. Oder, anders ausgedrückt, zu gleicher Zeit das Märchen in Händen halten und dem Hörer darbieten und es dabei doch nicht zu berühren. So kann man manche Anregungen und Ratschläge an solche Menschen geben, die zum Erzählen Lust und Liebe verspüren. Man kann ihnen helfen, Fehler und Umwege zu vermeiden, aber das eigene innere Beteiligtsein an dem, was man erzählt, das muß vor allem anderen da sein, und das läßt sich nicht lehren und „lernen".

Und selbst dann, wenn ich mir ehrlich sagen darf: das war gut, wie du das jetzt eben erzählt hast, selbst dann kann mir noch heute nach so vielen Jahren Übung im Märchenerzählen eine Märchenstunde als mißglückt vorkommen. Woran liegt das? Ich denke immer wieder darüber nach und weiß es doch nicht zu sagen. Ob noch ein Drittes dazugehört? Nicht nur die zwei — Erzähler und Zuhörer? Bewirkt noch ein unsichtbares Drittes im letzten Grunde „Erfolg" oder „Mißerfolg"? — Nach einer geglückten Märchenstunde ist mir oft, als müßte ich Dank sagen, wie für ein Geschenk. Dank an wen?

Seit mir einmal von den traditionellen Schlußworten berichtet wurde, mit denen viele georgische Volkserzählungen schließen, glaube ich einen Zipfel des Geheimnisses berührt zu haben. Diese Schlußwendung lautet: „Drei Äpfel fielen vom Himmel: der eine für den, der erzählt hat, der zweite für den, der zugehört hat, und der dritte, der schönste, der rote, fiel in den Abgrund." Mancher stutzt hier vielleicht und fragt verwundert: „Abgrund?" Der schönste Apfel fiel ins Leere, ins Nichts also? Ich meine, daß mit dem Wort „Abgrund" vom georgischen Märchenerzähler hier das umschrieben werden soll, was zwischen Erzähler und Zuhörer bewirkt, daß der Inhalt nicht nur vom Verstand begriffen wird, sondern daß das Erzählte die Seele des anderen berührt und bewegt. Dieser im Verborgenen wirkenden Kraft, diesem mit Worten nicht beschreibbaren Wesen, das zwar unsichtbar, aber spürbar während des Erzählens zugegen war, gebührt der dritte, der schönste, der rote Apfel. Und in diesen Abgrund, wenn ich es einmal so ausdrücken darf, fällt auch mein Dank nach einer besonders glücklichen Märchenstunde.

Unwillkürlich denke ich hier auch an die Eingangsworte von Adalbert Stifters Novelle „Brigitta": „Die Seelenkunde hat manches beleuchtet und erklärt. Aber vieles ist ihr dunkel und in großer Entfernung geblieben. Wir glauben daher, daß es nicht zu viel ist, wenn wir sagen, es sei für uns noch ein heiterer, unermeßlicher Abgrund, in dem Gott und die Geister wandeln."

Auf das Märchen vom „Erdkühlein" muß ich hier noch einmal zurückkommen. Das muß man zum Verständnis

dieses altertümlichen Märchens wissen: Das „Erdkühlein"
(eine kleine Erd-Kuh, Genaueres weiß man nicht) läßt sich
schlachten, opfert sich auf für das „gute Maidlein" im
Märchen. Aus seinen leiblichen Überresten, aus Schwanz,
Huf und Horn, die in die Erde vergraben wurden,
erwächst am dritten Tag der Baum „mit den schönsten
Äpfeln, die ein Mann je gesehen hat". Und durch diesen
Baum wird dann das „gute Maidlein" glücklich.

Im alten Bethesda-Krankenhaus in Hamburg habe ich
das Märchen oft erzählt, zwischen Ostern 1941 und Ende
Juli 1943.

Eines Tages kam ich nach dem Essen in den Frauensaal
der Inneren Station, setzte mich wie jeden Tag auf einen
Stuhl nahe der großen Tür, von wo aus die meisten
Frauen mich sehen konnten. Eben wollte ich mit dem
Erzählen eines Märchens beginnen. Da sagte auf einmal
eine alte, recht kümmerliche Frau, die in einem Bett
hinten in der Fensterecke lag: „Ach Frolleinchen, ich hab
heute Geburtstag. Darf ich mir wohl mal ein Märchen
wünschen? Vor einem Jahr, da lag ich auch hier im Saal,
und da haben Sie ein Märchen erzählt von einem Erdkühlein oder so ähnlich. Das möchte ich mir nun heute zum
Geburtstag wünschen; darf ich das wohl?" — Ich sagte
natürlich sofort, daß ich es sehr gerne erzählen wolle —
„Was hat Ihnen denn so gut daran gefallen?" — „Tja,
Frollein, das 's nich leicht zu sagen. Wissen Sie — ich hab
im Leben so viel Kummer — ich weiß oft gar nicht,
wie'ch das noch länger aushalten soll. Nun hab'n Sie damals doch das Märchen erzählt vom Erdkühlein. Und wenn
es mir schlecht ging im letzten Jahr und ich gar nicht mehr
aus noch ein wußte, dann hab ich immer an das kleine
gute Tier in Ihrem Märchen denken müssen, das da so
allein im Wald lebte. Wissen Sie, Frollein, das hat mir
dann immer gut getan, bloß da dran zu denken — ich
weiß selbst nich, warum. Aber das is' so, könn' Sie mir

glauben! Und nu möcht ich mir das also zum Geburtstag wünschen."

Bei Kindern, besonders bei Mädchen, ist das „Erdkühlein" sehr beliebt. Noch besser gesagt: sie lieben es. Man kann es nicht anders nennen. Als ich es einmal in einer Mädchenklasse erzählt hatte und danach auf dem Nachhauseweg war, kamen zwei Mädel, viertes oder fünftes Schuljahr, mit fliegenden Zöpfen mir nachgelaufen und redeten mich nach einigem Zögern verlegen und mit vor Aufregung glühenden Bäckchen an, und die eine sagte: „Wir müssen Ihnen das noch sagen: Die Märchen, die Sie uns erzählt haben, die waren alle schön. Aber das „Erdkühlein" — das — das ist das schönste Märchen von der ganzen Welt!"

Einmal hatte ich dieses Märchen in einem Privatkreis größeren Jungen, Elf- oder Zwölfjährigen, erzählt. Ein Achtjähriger war nicht dabeigewesen. Man hatte ihn als „zu klein" für die langen und zum Teil recht schweren Märchen, die ich den Großen erzählen wollte, lieber nicht dabei sein lassen, ich glaube sogar, auf meinen eigenen Wunsch hin. Ich befürchtete, er würde sich auf die Dauer langweilen, unruhig werden und dadurch die anderen stören. Als nun die Märchenstunde zu Ende war und ich schon fortgehen wollte, kam der Kleine zu mir und bat: „Erzähl mir das mit dem Erdkühlein! Die anderen haben gesagt, das wäre schick; das wäre das Beste gewesen." — Ich wollte es ihm ausreden, es sei für ihn viel zu schwer, er würde sich entsetzlich langweilen usw. — Er blieb dabei, er müßte es hören, jetzt sofort! Bitte! — „Na schön! Dann setz' dich dahin in den Sessel. Aber ich sag' es dir voraus, du wirst das nicht verstehen, und es macht dir überhaupt keinen Spaß." — Da saß der kleine Kerl im großen Sessel vor mir. Er rührte sich nicht, aber seine Stirn krauste sich; ganz grimmig sah er aus vor Anstrengung, dem für ihn viel zu schweren Text zu folgen. Als ich fertig war, sagte er sofort: „Das war alles ganz falsches Deutsch!" — „Ja, wenn du heute so sprechen wolltest, dann wäre das falsches Deutsch; aber ganz, ganz früher, da war das richtiges Deutsch. Ich hab' dir's ja vorher gesagt: für das Märchen bist du noch zu klein." — Ich unterhielt mich dann noch ein wenig mit der Mutter der Kinder, die mir berichtete, wie die Jungen die Märchenstunde genossen hätten und wie begeistert sie gewesen wären. Aber eines der Märchen hätte den Jungen ganz und gar nicht gefallen, nämlich das vom König Drosselbart. „Das war nicht gut", hätten sie einstimmig erklärt. Auf die erstaunte Frage, warum das denn kein gutes Märchen wäre, hatte einer empört gesagt: „Er — König Drosselbart nämlich — hat die Königstochter vor allen Leuten blamiert! Er hat gemacht, daß alle Leute sie auslachen, und das war gemein von ihm!"

Als ich mich dann später zum Fortgehen anschickte und in der Garderobe meine Sachen zusammensuchte, kam der Achtjährige noch einmal zu mir. Er hatte noch etwas auf dem Herzen, das konnte ich sehen. Sollte vielleicht doch etwas von dem Märchen in ihn eingedrungen sein? — „Na, Burkhard?" — „Ja, also ich kann das nicht begreifen! Warum ist das Erdkühlein mitgegangen, mit der bösen Mutter und der bösen Schwester? Es wußte doch, daß es geschlachtet werden sollte! Warum ist es denn nicht weggelaufen? Das konnte es doch tun!" — „Ja, das konnte es wohl. Aber es wußte doch: Es mußte sterben, damit das Margaretlein glücklich würde." — Da dachte der Kleine einen Augenblick nach. Und dann entspannten sich auf einmal seine Züge, und er sagte ganz heiter und wie erlöst: „Ach so — ja! Dann weiß ich; dann war das also ein frommes Erdkühlein!" — Sprach's und sprang fröhlich fort.

Wertvoll war mir, was ein Wissenschaftler, ein Vorgeschichtsforscher, mir einmal sagte, nachdem ich ihm und seiner Familie das „Erdkühlein" erzählt hatte: „Ganz abgesehen von dem hohen poetischen Reiz des Märchens in seiner alten Sprache, ist die Figur des Erdkühlein auch für den Wissenschaftler von Interesse. Ihr Erdkühlein ist nämlich ein uraltes, indogermanisches Mythentier, höchst ehrwürdig also! Denken Sie an die religiöse Verehrung der „Kuh" in Indien. Und im Iran gibt es einen Mythos von einem Rind, aus dessen Körper ein Baum herauswächst. Nun sehen Sie: Mit diesem Rind ist die schlichte kleine Erdkuh des Martinus Montanus nahe verwandt."

Ich höre die beschwörende Stimme meines Bruders: „Rede so wenig wie möglich über die Märchen, über die verschiedenen Theorien ihrer Herkunft, ihren Symbolgehalt, ihre Motive, ihre Deutung. Das kannst du nämlich nicht. Das ist auch nicht deine Aufgabe. Erzähle die Märchen und lasse sie wirken durch sich selbst." — Diese Mahnung ist mir immer gegenwärtig. Und doch kann ich nicht anders, ich muß zuweilen, wenn auch nur zögernd, die mir als Laien gesteckten Grenzen überschreiten. Daß das mit nicht allzu schlechtem Gewissen zu geschehen braucht, dafür hat wieder mein Bruder selbst gesorgt; denn ungeachtet seiner Ermahnungen, der Wissenschaft nicht ins Handwerk zu pfuschen, war er doch stets eifrig bemüht, meine geringen Kenntnisse auf dem Gebiet der Märchenforschung zu erweitern und zu vertiefen durch zahllose Hinweise auf Aufsätze in Zeitschriften, durch Bücher — dicke Wälzer auf diesem Gebiet schleppte er aus der Staatsbibliothek für mich heran, und zwar aus dem Gedanken heraus — so glaube ich heute —, mir die Verantwortung immer deutlicher bewußt zu machen, mit welch kostbarem, tief in der Seele der Völker von frühesten Zeiten an verankertem Gut ich es bei den Volksmärchen zu tun habe.

Allmählich bekommt man ein Gefühl dafür, was man in dem Augenblick, wenn man vor den Hörern sitzt, zu tun und zu sagen hat — auch wohl in der rechten Art zu tun und zu sagen hat, was nötig ist, die besondere Art der inneren Bereitschaft oder des inneren Widerstandes der jeweiligen Hörer zu erkennen oder zu überwinden.

Eine kluge Frau sagte einmal zu mir: „O, diese ewigen Einführungen! Wie ich die hasse! Die Poesie wirkt doch nach allen Seiten und in jedem Menschen auf ganz verschiedene Weise. Das ist doch gerade das Herrliche daran! Durch die überall üblich gewordenen und in unserer Zeit auch wohl wirklich unvermeidbaren Einführungen wird man ja in dieser Freiheit eingeengt, um das Beste gebracht, fühlt sich festgelegt in *einer* Richtung, wie die Magnetnadel im Kompaß!" — Wie gut ich sie verstand! Aber diese Frau gehört zu den Ausnahmen. Die häufigste Reaktion auf einleitende, die Stimmung vorbereitende Worte ist diese: „Wissen Sie, das war gut, was Sie da vorhin gesagt haben — daß Sie uns das Märchen erst mal nahebrachten. Wie lange habe ich kein Märchen mehr gehört! Nun ja — wohl mal im Radio. Aber so richtig erzählt bekommen doch nicht. Ich muß Ihnen auch ehrlich sagen, ich war heute zu Anfang noch gar nicht richtig dabei. Wenn man den Tag über so im Betrieb gewesen ist —, so war es gut, daß Sie vorher ein bißchen erklärt haben, man hört dann anders zu."

In den letzten Bethesda-Jahren erweiterte sich der Kreis meiner Zuhörer über den der Patienten des Krankenhauses hinaus. Gesellige Zusammenkünfte innerhalb des Krankenhausbetriebes selber, Märchennachmittage in Altersheimen, Mütterabende, Kinderkreise, allerlei Vereine baten um Märchenstunden. Das wurde auf die Dauer zu einer Überbelastung und beunruhigte mich.

Bei den Bombenangriffen im Juli 1943 wurden das Krankenhaus Bethesda und mein Elternhaus zerstört. In Flensburg fanden meine Eltern und ich eine neue Heimat — und ich den neuen Beruf. Lange habe ich geschwankt und gezögert. Aber dann habe ich es gewagt und wurde Märchenerzählerin. Sehr langsam und wie von selber wuchs ich hinein, ging weiter auf einem Weg, von dem ich selbst nicht wußte, wohin er führen würde. Nirgends gab es Geleise, denen ich hätte nachgehen können. Weit und breit kein Wegweiser. Wenn es ein Leichtsinn war, dann war es einer von der Art, wie „Hans im Glück" ihn an sich hatte; er und seine ganze unmodern gewordene Sippschaft. Was ein Bauernjunge von diesem klassischen Hans dachte und aussprach, nachdem ich das Märchen in einer Schulstunde erzählt hatte, das kann mit allem guten Grund auch von mir gelten. Ich hatte das Märchen erzählt und selbst einen großen Spaß dabei gehabt. Leider nicht so meine Zuhörer. Als ich geschlossen hatte: . . . „Mit leichtem Herzen und frei von aller Last sprang er nun fort, bis er daheim bei seiner Mutter war" — da herrschte erst einmal betretene Stille. Schließlich sagte ein Junge langsam und den Fall damit abschließend: „Büschen doof auf einer Backe!" Wenn ich dieses Märchen nun auch nach wie vor liebe und immer besonders lieben werde, so vermeide ich doch seitdem, es in Knabenkreisen vorzutragen.

Erlebnisse mit Märchenerzählen
in Lazaretten 1944—1946

Im Frühsommer 1944 machte ich meine erste Märchen-
rundreise durch ländliche Bezirke, teils mit dem Bus, teils
zu Fuß. Sie führte mich in die deutschen Kreise Nord-
Schleswigs, durch fast alle Schulen, in Ferienheime für
Kinder aus bombengefährdeten Gebieten, Frauenvereine
und — durch Zufall — auch zum ersten Mal in ein großes
Lazarett. Mehrere Male wurde ich in diesen Jahren auch
zum Märchenerzählen vom Jugendamt in Hamburg ange-
fordert und bekam immer mehr Fühlung mit den dortigen Stellen.

Dann kam es eines Tages, immer wieder wie zufällig,
zu einer regelrechten „Anstellung" bei der „Außenstelle
für kulturelle Lazarettbetreuung in Flensburg". Es gab
damals sehr viele Lazarette in Flensburg, da die Stadt von
Bombenangriffen so gut wie verschont blieb. Der Zufall,
der mir den Weg in die Lazarette öffnete, war so sinn-
reich, daß ich davon ausführlicher erzählen möchte.

Eine Lehrerin, die sich mit Eifer für die Betreuung von
Verwundeten in Lazaretten einsetzte, sagte eines Tages zu
mir, als ich sie auf der Straße traf: „Ach gut, daß ich Sie
sehe! Ich glaube nämlich, ich habe was für Sie. Eine
Schwester in einem Lazarett hat mir gestern etwas
erzählt. Und dabei habe ich sofort an Sie gedacht." Diese
Schwester war vor ein paar Tagen am Bett eines Verwundeten, eines netten, großen Jungen, vorbeigegangen. Als
sie, geschäftig wie immer, wieder aus dem Zimmer hin-
auseilen wollte, hatte er sie zurückgerufen und gebeten:
„Ach, Schwester, ich bitte Sie, setzen Sie sich doch mal her
und erzählen Sie uns ein Märchen! Das wäre so gerade
das, was wir jetzt brauchten." Die Schwester wußte aber
keine Märchen, und dann — wie sollte wohl eine Schwe-

ster Zeit zum Erzählen haben! — Die Bitte des jungen Soldaten, ernsthaft und keineswegs im Scherz geäußert, war der Schwester nachgegangen, und sie hatte sie bei nächster Gelegenheit der Lehrerin vorgetragen.

So ist es gekommen, daß ich ein Mitglied der kulturellen Lazarettbetreuungsstelle in Flensburg wurde. Ungefähr zwei Jahre lang habe ich fast täglich — zuletzt auch sonntags — den Verwundeten Märchen erzählt. Dann und wann nachmittags, meistens am Abend. *Nach* 20.00 Uhr mußte das elektrische Licht in den Lazaretten gelöscht sein. Dann kam ich mit einer Kerze, einer jener kleinen, kostbaren „Hindenburg-Kerzen", setzte mich auf einen Stuhl oder Hocker und erzählte in nur eben erhelltes Dunkel hinein. Nicht nur der Abend und die Nacht waren damals dunkel — fast alles, das ganze Leben war dunkel.

So ging ich von Zimmer zu Zimmer, von Lazarett zu Lazarett. Wie verschieden auch die Worte waren, mit denen meine Hörer ihren Dank auszudrücken versuchten — es kam am Ende immer wieder auf dieses hinaus: „Die alten Märchen, das Kerzenlicht, die Ruhe — das hat gutgetan. Das war wie bei Muttern zu Hause!"

Eine ablehnende Haltung kam vor, aber selten. Freche Reden, unschöne, gemeine Witze nie. Mir sind sie jedenfalls nicht zu Ohren gekommen. Daß ich manches Mal eine komische Figur gemacht habe, wenn ich so in einen Kreis von lachenden, rauchenden, kartenspielenden Rekonvaleszenten kam und ein wenig gezwungen harmlos fragte, ob sie wohl Lust hätten, ein Märchen erzählt zu bekommen, das weiß ich wohl. Wie hätte man das nicht verstehen sollen! Es kam vor, daß sie sich vor Lachen über ein derartiges Ansinnen fast umbringen wollten. Ich sagte in solchem Fall dann immer gleich: ja, dann wäre es gut, und machte, daß ich wieder hinauskam. Aber angenehm war das nicht gerade!

Gut, daß ich ein wenig Erfahrung und Übung im Märchenerzählen vor männlichen Erwachsenen aus den Bethesda-Jahren schon mitbrachte. Der Mut zu dem Wagnis, vor Soldaten zu erzählen, war mir zudem noch auf der vorhin erwähnten Märchenreise durch Nord-Schleswig erwachsen seit dem Nachmittag im großen Lazarett in Woyens.

Frauen aus Hadersleben und Umgebung hatten sich für Woyens zusammengetan, um Verwundete mit allerlei fröhlichen Darbietungen zu erfreuen. Mich nahm man, weil ich nun einmal da war, gleich mit auf diese Fahrt, und so fand ich mich unversehens und etwas plötzlich in einem großen Saal voll von verwundeten Soldaten — in Luftschutzbetten und auf Tragen liegend, auf Stühlen sitzend und auch ringsherum an der Wand stehend. Es war ein großes Gedränge, aber aufmerksam und gespannt folgte man den Vorgängen auf der kleinen Bühne — Volkstänze, lebende Bilder — alles Mögliche wurde geboten.

Die Programmnummer, die meinem „Auftreten" vorausging, bestritt ein einzelner großer Schauspieler, der drolligste Vierjährige, der mir je vorgekommen ist. Blitzend von Sauberkeit, strotzend vor Gesundheit, im Sonntagsstaat, betrat er ganz allein die Bühne, baute sich in der Mitte auf und sagte ohne jede Hemmung ein langes lustiges Gedicht auf. Er war bestimmt und mit Recht der Clou des Nachmittags. Alles lachte und jubelte dem lieben Kleinen zu. Manche mögen auch mit Mühe Tränen zurückgehalten haben vor so viel hinreißend komischer und rührender Kindlichkeit, ohne eine Spur von Eitelkeit; dafür war er noch viel zu klein.

Ich fühlte geradezu Beklemmungen, nach dieser Glanznummer aufzutreten, und doch gelang es! Nach all dem fröhlichen Lärm wurde es mäuschenstill im großen Saal und blieb so die ganze Stunde über, während ich erzählte. Zuletzt wagte ich sogar noch — kühn geworden — das lange Märchen von der „Gänsehirtin am Brunnen". Ein Märchen von so zarter Poesie, daß man nicht glauben sollte, einen Saal voll von rauhen Landsern damit so lange, über eine halbe Stunde, zum Schweigen und Zuhören bringen zu können.

Heute weiß ich, daß die offensichtlich tiefe Wirkung, die das Märchen damals tat, vor allem daher rührte, daß ich es im psychologisch genau richtigen Augenblick erzählte. Diesen bewußt zu erfassen und zu ergreifen, war ich zu jener Zeit noch gar nicht imstande. Mir kam es damals wie ein Wunder, wie ein glücklicher, unerklärlicher Zufall vor. In Wahrheit war es der kleine Junge gewesen, der nicht nur für sich, für seine Nummer, sondern auch für mich, für die Märchen, die Herzen aller geöffnet hatte. Was schließt Menschenherzen sicherer und schneller auf als ein unbefangenes, fröhliches Kind!

Gestärkt durch die Erinnerung an den glücklichen Nachmittag in Woyens habe ich später in Flensburg die hier und da vorkommenden Mißerfolge mit Märchenerzählen vor Soldaten nicht allzu schwer genommen, jedenfalls nicht so schwer, daß ich es aufgegeben hätte.

Nach Schluß der Darbietungen auf der Bühne im Lazarett in Woyens kam eine Schwester zu mir an den Kaffeetisch gelaufen und flüsterte mir zu: „Bitte, kommen Sie doch mal eben mit mir nach dahinten, zu der Trage an der Tür. Da liegt ein junger Soldat, der soll schleunigst wieder in sein Zimmer, aber er will Ihnen durchaus noch etwas sagen. Aber bitte schnell! Er hat hohes Fieber. Wir hätten ihm gar nicht nachgeben dürfen, hier dabei zu sein." — Ich folgte ihr rasch und erschrak, als ich den jungen Menschen sah. — Das lange Märchen! Das mußte ihm ja viel zu viel geworden sein! Er sah mir mit glänzenden Augen entgegen und sagte: „Ich möchte

Ihnen danken für das, was Sie erzählt haben, ganz besonders aber für das letzte Märchen, das lange! Ich habe das alles erlebt, als wäre ich mit dabeigewesen. Jetzt will ich schlafen. Aber das war die schönste Stunde seit langer, langer Zeit."

Da noch Zeit war bis zur Abfahrt nach Hadersleben, bat man mich, noch in einigen Einzelzimmern solchen Verwundeten zu erzählen, die im großen Saal nicht dabeigewesen waren. In einem sehr dunklen, vielleicht eigens abgedunkelten Zimmer habe ich erzählt, ein schönes ernstes Märchen von Grimm. Ich merkte beim Sprechen, mit welcher Spannung zugehört wurde, obgleich ich eigentlich keinen der Verwundeten erkennen konnte. Als ich fertig war — Schweigen. Dann kam eine Stimme aus einem der Betten im Hintergrund: „Schön — !" Wieder Schweigen; und dann: „Ich bin mal in ein Dorf gekommen, voriges Jahr, mitten in Rußland. Ich war da ganz allein. Alle Einwohner geflohen, In einem Haus lag auf dem Küchentisch ein Buch — Grimms Märchen! Auf deutsch! Weiß der Himmel, wie das dahin kam. Versteh' ich heut' noch nicht. Ich hab' mich, so wie ich da war, an den Tisch gesetzt und gelesen und gelesen und gelesen — ich glaube, das ganze Buch durch. Wahrhaftig, hab' ich getan! Wir hatten furchtbare Kämpfe hinter uns. Ich kam gerade davon her. Nicht zu beschreiben. Ich war gar kein Mensch mehr. Ich denk', ich verlier' den Verstand. Wissen Sie, was ich glaube? *Das* Buch — daß ich das da gefunden habe, das war gut. Da bin ich wieder normal geworden. Wieder wie'n Mensch."

Kurz nach Eintreffen in diesem Lazarett hatte ich auch schon in zwei oder drei Zimmern erzählt. Aber da muß ich es falsch angefangen haben. Es war nicht am Platze dort — oder war es, daß die Zeit so drängte, oder schien die Junisonne zu hell ins Zimmer? Ich weiß es nicht. Besonders in einem Zimmer gelang es völlig daneben. Die beiden jungen Soldaten waren nicht vorbereitet auf meinen Besuch und schon gar nicht auf Märchen. Als ich mit meinem Angebot herausrückte, guckten sie sich an und grinsten. „Ein Märchen?! Denn schießen Sie man los! Haben wir eigentlich genug von gehört — von Märchen, ha, ha!"

Heute wäre es mir vielleicht gelungen, mit ein paar Worten die Situation zurechtzurücken und damit zu retten. Aber damals! Ich sehe mich noch auf dem Stuhl zwischen den beiden Betten sitzen, mitten in der Sonne, krampfhaft überlegend, was für ein Märchen hier bloß angebracht sein möchte. Ich entschied mich für „Die kluge Bauerntochter", ein prachtvolles, heiteres Märchen der Brüder Grimm. Aber heiter oder nicht — ich bekam keinen Kontakt mit meinen zwei Landsern. Sie waren einfach überhaupt nicht gestimmt, ein Märchen zu hören. Außerdem war ihnen diese Art altväterlichen Humors gänzlich fremd. Ach — man hätte ihnen helfen müssen, oder sie gar nicht in die Lage bringen, denn was konnten sie dafür! Sie verhielten sich still, während ich erzählte, grinsten sich aber heimlich an — nicht etwa aus Vergnügen an dem Märchen, sondern aus Vergnügen über mich. Ich wußte genau, was sie dachten, nämlich: Schon mal so'ne komische Person gesehen? Ob die wohl ganz richtig ist?

Man wird nach diesem Erlebnis verstehen, wie ängstlich ich eine Stunde später im großen Saal die Bretter der Bühne bestieg, nicht ahnend, daß ein mächtiger Helfer in Gestalt jenes kleinen Jungen mir gesandt war, der bereits alle im Saal verzaubert hatte; so daß sie schon tief im Märchen darin waren, ehe ich auch nur ein einziges Wort gesprochen hatte.

Die meisten Schulen in Flensburg waren damals in Lazarette umgewandelt. So kam ich denn zum Märchenerzählen oft in sehr große, kahle Schulräume, vollgestellt mit zweistöckigen Luftschutzbetten, belegt mit Verwundeten. Ich berichtete schon, daß das Erzählen beim Licht einer Hindenburg-Kerze, die doch nur einen ganz kleinen Umkreis erhellte, bei den Soldaten besonders beliebt war. Ging ich nach dem Erzählen fort und drehte für einen Augenblick das elektrische Licht wieder an — etwa um meine Sachen zusammenzusuchen —, gab es sofort lebhaften Protest: „Nee, bitte nich! Nu war'n wir da grade so schön drin; es muß dunkel bleiben, und dann soll'n Sie rausgeh'n, und dann woll'n wir davon träumen." Einer sagte: „Das ist komisch, Fräulein — aber wenn Sie Märchen erzählen, dann hab' ich auf einmal keine Schmerzen mehr. Ich fühle sie beinah gar nicht. Aber wenn Sie aufhören mit Erzählen, dann fangen sie wieder an. Können Sie uns nicht mal die ganze Nacht durch Märchen erzählen? Wahrhaftig! Im Ernst! Das wäre schön!" — Natürlich ging das nicht. Die Schwester schaute um 22.00 Uhr manchmal herein und mahnte freundlich, jetzt Schluß zu machen. Dann hieß es: „Ach, Schwester, geh'n Sie doch! Die Nacht ist so lang, wenn man nicht schlafen kann."

Jahre nach der Lazarettzeit redete mich in Flensburg auf der Straße ein mir unbekannter junger Mann an: „Ach, Fräulein, sind Sie das? Nein, Sie können mich nicht kennen. Aber haben Sie nicht damals von der Bühne aus im großen Saal des ‚Deutschen Hauses' Märchen erzählt? Der Saal war doch in ein Lazarett umgewandelt, voll von Betten, und oben der Rang war auch ganz voll. Haben Sie da nicht eine Stunde oder noch länger erzählt? Also ich seh' Sie da noch sitzen! Ewig dankbar bin ich Ihnen für die Stunde; es war nämlich für mich wunderbar!" Er machte ganz verklärte Augen. Da ich selber nur mit Schaudern an dieses Erzählen im Riesensaal zurückdenke — es war mehr als verwegen gewesen, das zu wagen, und jeder, der diesen Saal kennt und ihn in seiner damaligen Überfülltheit erlebt hat, wird das zugeben — war ich sofort im Bilde und angenehm überrascht: Also dieser hier, so schien es, hatte trotz allem doch wirklich etwas davon gehabt! Aber da sprach er schon weiter: „Sie müssen verstehen: ich war gerade in den Tagen eingeliefert — weiß noch genau, wie ich da lag auf der Trage, nahe bei der Bühne; die Schwester hatte mich noch dazwischengezwängt. Mir war hundeelend; aber das Fürchterlichste von allem war da in dem Saal der Lärm den ganzen Tag über, und nachts wurde es auch nicht ruhig. Konnte ja nicht anders sein bei so viel Leuten auf'm Haufen. Mich brachte das rein zur Verzweiflung, ich war total am Rande mit meinen Nerven. Und da haben Sie erzählt. Nie werde ich das vergessen! Zum ersten Mal war es völlig still. Nur Ihre Stimme. Sie erzählten ruhig, langsam, gleichmäßig. Ich hab' nur die ersten Worte mitgekriegt — augenblicklich schlief ich ein! War das schön! Der schönste Schlaf meines Lebens, ein oder zwei Stunden lang. Versteh'n Sie das? Nehmen Sie mir das auch nicht übel?" — Wie sollte ich wohl! Mit Lachen schieden wir voneinander.

Ich habe die Verwundeten immer gebeten, doch ja zu sagen, wenn es ihnen zu viel würde. Sie wären doch krank. Ich habe auch immer mit Eindringlichkeit betont, daß sie von mir aus herzlich gerne während des Erzählens einschlafen könnten. Schlaf sei gesund, und einschlafen im Märchen gewiß ganz besonders. Ab und an fing auch wirklich einer an zu schnarchen, was mich weniger störte als meine Hörer. „Mensch, biste ruhig!" knurrte es alsbald aus den Nachbarbetten.

Eines Tages bat man mich in einem Lazarett, in einem Zimmer zu erzählen, in dem nur verwundete Offiziere lagen. Törichterweise fühlte ich mich zuerst etwas gehemmt bei dem Gedanken: Offiziere — und dann diese schlichten Märchen! Nicht, daß die Märchen mir zu schlicht, zu wenig wertvoll waren, um sie vor Offizieren zu erzählen, aber ich fürchtete leisen Spott und Herablassung. Welche Märchen ich wählte, weiß ich nicht mehr genau; das letzte war „Die Gänsemagd". Ich fühlte mich freier werden im Erzählen, merkte ich doch, daß man mir ernst und aufmerksam zuhörte und nicht nur aus Höflichkeit. In einem Bett neben der Tür, an dem ich im Hinausgehen vorbeikam, lag ein junger Offizier. Er hatte, während ich erzählte, wie im Schlaf dagelegen. Als ich nun an ihm vorbeiging, wandte er den Kopf zu mir hin, sah mich hellwach an und sagte leise: „Schön war's! Vielen Dank! Endlich mal wieder — entspannt!"

Das Märchen von der „Gänsemagd" (Falada) — von den Brüdern Grimm selbst als eines unserer schönsten und altertümlichsten bezeichnet — habe ich sehr viel bei den Verwundeten erzählt. Im allgemeinen wurde es auch als besonders schön empfunden und oft um eine Wiederholung gebeten. Aber in einzelnen Fällen, je nach dem Eindruck, den ich von meinen Hörern hatte, entschloß ich mich doch, vorher ein paar Worte darüber zu sagen, woran diese Altertümlichkeit zu erkennen sei. Ein paar Beispiele nur gab ich — nur so viel, daß der großartige Hintergrund sichtbar wurde; und wie nichts zufällig, nichts albern und abgeschmackt in so einem alten, echten Volksmärchen sei, wenn es auch manchmal für unsere Ohren so klänge.

Ich will nur andeuten, welche für uns ungewöhnlichen Dinge ich mit kurzen Worten hervorhob: daß der König noch auf seinem Hof als Bauer saß und seine Tochter „weit über Feld" an einen Königssohn versprochen wurde und zu dem sie „zu Pferde" reiste; daß der alte König einem kleinen Jungen, dem Kürdchen, befahl, mit der Magd zusammen die Gänse zu hüten; und sich, um zu lauschen „verbarg hinter einem Busch auf der Wiese";

ferner die goldenen Haare der Königstochter als Zeichen ihrer hohen Geburt; das „Verschwören unter freiem Himmel"; das Bewahren der Blutstropfen, durch deren Verlust die Königstochter „schwach und machtlos" wurde; die Treue dem Herrn gegenüber; die sonderbaren Zaubersprüche; die Bedeutung des Pferdes, des treuesten, edelsten Tieres der alten Zeit; die grausame Strafe für die Untreue, die Spiegelung alten Rechtsbrauches ist, vom Volk dichterisch übersteigert; das Kriechen in den Ofen: „... und klag dem Eisenofen da dein Leid" — Ausdruck dafür, daß die Königstochter niemand hatte als einen leblosen Gegenstand, um sich auszuklagen. — Wie ungern ich solche Erklärungen abgebe, habe ich vorhin schon ausgeführt, und wie wenig ich mich selbst für befugt dazu halte. Es ist aber mehr als einmal geschehen, daß das Märchen von Soldaten — und auch sonst später noch von Erwachsenen (von Kindern nie!) abgelehnt wurde, wenn ich es ohne eine solche Einführung erzählte. Ein Fall ist mir besonders in Erinnerung geblieben.

In einem Lazarettzimmer mit mehreren Patienten, von denen nur noch einer bettlägerig war, bat mich eben dieser eine, ein ruhiger, freundlicher Mann, ich möchte doch an einem der nächsten Tage ihm und seinen Kameraden — an einem Nachmittag müßte es leider sein — Märchen erzählen. Er kenne mich schon aus einem anderen Lazarett, habe erlebt, wie schön es da gewesen wäre. Ob ich ihnen wohl die Freude machen wollte? „Wir wollen das auch nett vorbereiten, so ein bißchen gemütlich", versicherte er mir. Die anderen Verwundeten, die bei dieser Verabredung zugegen waren, schwiegen sich aus, wußten offenbar nicht recht, was sie davon halten sollten. Als ich an dem verabredeten Nachmittag kam, war auch der Veranstalter außer Bett und empfing mich in freudiger Erwartung. Im Zimmer fand ich ein sorgsam durchdachtes Arrangement vor — ein Sessel für mich, davor ein Tischchen mit Decke, Blumen in der Vase. Im Kreis herum Stühle, auf denen 8—10 Leute saßen. Dann begann ich zu erzählen, und zwar „Die Gänsemagd" — ohne jede Einleitung. Ich war von der Schönheit des Märchens überzeugt und erfüllt, und nicht im entferntesten kam mir der Gedanke, daß meine Zuhörer etwa anderer Ansicht seien, gänzlich andere Gefühle dabei hegen könnten. Vielleicht hat es etwas ausgemacht, daß die Sonne zu hell ins Zimmer schien. Oder war diese mit rührender Sorgfalt aufgebaute Märchenrunde doch ein wenig zu absichtlich und künstlich gemütlich? Mag sein, daß vieles zusammenkam — jedenfalls blieben die Mienen meiner Zuhörer undurchdringlich und unbeweglich. Mich störte das nicht beim Erzählen. Ich achtete gar nicht darauf — felsenfest baute ich auf die Wirkung des Märchens und damit zugleich auf den Erfolg dieser Märchenstunde — ein großer Irrtum, wie sich später herausstellen sollte. Als ich geschlossen hatte, blieb es zunächst still. Dann stand der Veranstalter auf, gab mir herzlich die Hand, sagte freundliche Dankesworte, und ich bekam die schönen Blumen aus der Vase mit auf den Weg. Ich sagte dann noch, daß ich über acht Tage wiederkäme und zog fröhlich und ahnungslos ab.

Nach acht Tagen trat ich zu selbiger Zeit in selbiges Zimmer. Es war leer, nur der Verwundete, der in der Woche zuvor die Anregung zum Erählen gegeben hatte, lag in seinem Bett. Ich begrüßte ihn und fragte erstaunt: „Wo sind denn die anderen? Wird heute nichts aus dem Erzählen?" — Da wurde der gute Mann ganz verlegen und sagte schließlich: „Ich will es Ihnen nur offen sagen. Es ist besser, Sie wissen die Wahrheit. Also, sie wollen nichts mehr hören. Sie haben zornig gesagt: ,Das soll schön sein? Die will uns wohl für dumm verkaufen! Lauter so'n Blödsinn! Kannste kleinen Kindern erzählen, aber uns doch nicht! Allein dies, Mann: eine Königin schickt ihre

Tochter ‚weit über Feld' und ‚zu Pferde' zur Hochzeit! Und denn nachher — das mit dem Gänsehüten. Da kümmert sich doch 'n König nich drum. Nee, weiß du, da haben wir schon gar nicht mehr zugehört. Aber das sagen wir dir: Komm uns bloß nich wieder mit so'n Quatsch!'"

Vielleicht wäre doch etwas zu retten gewesen in diesem Fall, wenn ich vor dem Beginn des Erzählens einen Hinweis gegeben hätte auf die Herkunft, auf das mutmaß-liche Alter des Märchens, so daß zum mindesten die Ernsthaftigkeit der Sache den Soldaten bewußt geworden wäre.

Noch zwei Gänsemagd-Erinnerungen aus der „Soldaten-zeit" tauchen auf. Ich hatte das Märchen erzählt, abends bei der Kerze, wie immer mich genau an den Grimmschen Text haltend, ohne etwa die Beschreibung der „grausa-men Strafe", die der ungetreuen Kammerzofe (von ihr selbst für andere erdacht) auferlegt wurde, fortzulassen. In sehr alten Zeiten wird so wohl einmal der Rechtsbrauch gewesen sein — wenn auch nicht ganz so grausam, wie das Märchen erzählt: „. . . als daß sie splitternackt ausgezo-gen und in ein Faß gesteckt wird, das inwendig mit spitzen Nägeln beschlagen ist, und zwei weiße Pferde müssen vorgespannt werden, die sie gasseauf, gasseab zu Tode schleifen". — Da kam wieder, wie es so oft geschah, eine einzelne Stimme aus der Menge der im Dunkeln liegenden unübersehbaren Betten: „Das gibt's noch bei uns, in Sudeten-Deutschland, solches Nägelfaß." — Ich bekam einen Schreck. — „Was? Das gibt's noch heute, als Strafe?!" — „Ach nee! Um Gott! Doch nicht als Strafe! Das war vielleicht ganz früher mal so, kann ja sein. Aber bei uns, da kommt vor Weihnachten doch der Ruprecht, und der hat so ein Faß — mit Nägeln beschlagen — auf dem Rücken, da kommen nämlich die ungezogenen Kinder rein. Ich weiß noch genau, daß meine Großmutter oft zu mir gesagt hat — damals, als ich noch ein kleiner Junge war: „Paß auf, du! Wenn du nicht artig bist, dann kommst du in das Nägelfaß!"

Vor ein paar Jahren saß mir in Flensburg in der Straßenbahn ein einarmiger, älterer Mann gegenüber, der Uniform nach Postbeamter. Er fixierte mich, guckte weg, guckte her, und dann lachte er mich plötzlich geradezu zärtlich an, und seine Worte überstürzten sich fast: „O Fräulein — sind Sie das wirklich! Unser Fräulein! Wissen Sie nicht noch, damals vor zehn Jahren — ja, wahrhaftig, zehn Jahre ist das her! — im Lazarett in der Schloßstraße. Ach, das war ja zu schön! Wie haben wir uns doch immer gefreut, wenn Sie kamen — jede Woche einmal, wissen Sie nicht noch? Über Ihre Ansprache (so sagte er wörtlich) haben wir uns so gefreut. Und denn war das so schön, im Dunkeln, mit der Kerze! Die ganze Woche haben wir immer drauf gewartet. Und das Beste — wissen Sie, was das Beste war?! Das war das Märchen von der Gänsemagd. Wo das mit ‚Falada' drin vorkommt. Nu denken Sie, Fräulein, *das* Märchen erzähl' ich heut noch meinen Enkelkindern! Das vergeß' ich ja nie!"

Die vielbeschäftigten, zumeist überbelasteten Schwestern hatten kaum Zeit, sich mit den Soldaten zu unterhalten. Aber mancher Kranke brauchte eben mehr als Pflege — brauchte „Ansprache", wollte angesprochen werden und — Märchen. Eins war so wichtig wie das andere.

Einer der leitenden Herren in der Lazarettbetreuungsstelle sagte eines Tages zu mir: „Wir sind hier ganz verwundert; aber Ihre alten Märchen, die schießen bei unserer Programmgestaltung den Vogel ab. Nichts von alledem, was wir den Leuten zur Zerstreuung bieten, wird immer wieder und so dringend von den Verwundeten verlangt wie gerade das. Man erwartet Sie mit freudiger Ungeduld. Nicht überall. Das sage ich Ihnen ganz offen;

aber das sind Ausnahmen. Es wäre uns lieb, wenn Sie von jetzt an auch sonntags erzählten; Sie kommen sonst ja gar nicht 'rum."

Für die Besatzungsmacht, die nach dem Zusammenbruch die kulturelle Betreuung der verwundeten Soldaten in den Lazaretten streng überwachte (zwecks „Umerziehung" usw.), war die Beliebtheit der Märchen noch viel unverständlicher, ja unheimlicher. „Die wundern sich immer wieder darüber", wurde mir erzählt; „sie haben gesagt, das könnten sie nicht begreifen, und sie wüßten nun wirklich nicht mehr, woran sie wären: deutsche Soldaten, von deren Rohheiten die ganze Welt von einem Ende zum anderen widerhallte, und dann — jeden Tag Märchenerzählen auf dem Programm — offensichtlich also doch beliebt und gewünscht! Sie stünden vor einem Rätsel." Mehrmals tauchten fremde Herren in Zivil auf und hörten zu, wenn ich erzählte. Ich dachte: Aha! Die Überwachung! Und erzählte recht was Zahmes, Sanftes, und so blieben sie denn bald wieder weg. Sie verhielten sich zwar mäuschenstill und waren durchaus höflich, störten jedoch, allein durch ihre Anwesenheit, erheblich die Gemütlichkeit. Von deutschen Stellen bekam ich ab und zu und unter vier Augen freundlich besorgte Winke, nicht gar so unbedenklich zu sein im öffentlichen Erzählen Grimmscher Märchen: „Wir möchten Sie nur gewarnt haben. Wir denken ja im Grunde genauso wie Sie darüber; aber es wäre doch zu schade, wenn Sie nun plötzlich Erzählverbot bekämen." Man zeigte mir schriftliche Verbote — Zeitungsartikel, worin zu lesen stand, daß die meisten der Grimmschen Märchen auf dem Index stünden — von Hexen und von Soldaten, vom Teufel und von Grausamkeiten dürfte beileibe nichts erzählt werden. Am allermeisten aber war ich beeindruckt von dem Erlaß eines Kultusministeriums — ich habe mir den Zeitungsausschnitt bis heute aufbewahrt —, der besagte, daß das

Grimmsche Märchen „Der Hase und der Igel" öffentlich nicht vorgetragen werden dürfte — die Geschichte von dem Wettlauf, den der Buxtehuder Swinegel gewann. Begründung: „Wegen der Betrügereien des Igels."

Mit dem Grimmschen Märchen vom „Trommler" — für mich persönlich eines der schönsten und liebsten und von den Soldaten auch allermeist sehr gerne gehört — stieß ich bei einem der Verwundeten, einem Lehrer, auf heftige Ablehnung, die allerdings in netter Weise geäußert wurde. „Niemals", so sagte der Lehrer, „würde ich dieses Märchen meinen Kindern, meinen eigenen und meinen Schulkindern, erzählen. Denn was ist das für eine Moral! Was sollen die Kinder davon denken und davon lernen? Das verdirbt sie ja geradezu! Nein Fräulein, Sie mögen nun sagen was Sie wollen: Das ist und bleibt reiner Diebstahl, den der Trommler an den beiden Männern begeht, die sich um den Sattel, ‚der es wert ist, daß man darum streitet', nicht einigen können. Der Sattel ist doch ein kostbares Stück! Heißt es nicht von ihm, ‚wer darauf sitzt und wünscht sich irgendwohin und wär's ans Ende der Welt, der ist im Augenblick angelangt, wo er den Wunsch ausgesprochen hat'? Und weiter, schon vorher, die Sache mit dem Riesen. Den hat er doch regelrecht angelogen; oder ist das etwa keine Lüge, wenn er sagt, ‚daß Tausende hinter ihm herkommen'?" — Er sprach mit ehrlicher Entrüstung und in so echter Besorgnis um das seelische Wohl der ihm anvertrauten Kinder, daß ich seine Ansicht unbedingt achten mußte. Sie begegnet mir auch heute noch in bezug auf viele, besonders Grimmsche Märchen. In allen Tonarten — ängstlich fragend, unsicher besorgt, aber auch zornig scheltend, ja bebend vor Entrüstung fordern Erwachsene immer wieder von mir eine Stellungnahme dazu. Was soll man denen sagen? Wie kann man ihnen klarmachen, daß es sich im Volksmärchen nicht um landläufige Moral im engeren Sinne handelt, sondern um eine sehr viel tiefere Moral, die darin gründet, das Leben mit all seinen Widersprüchen anzunehmen, anzuerkennen und sich darin zurechtzufinden. Für die Wirkung auf das zuhörende Kind kommt dann freilich sehr viel darauf an, in welcher Weise man erzählt und wohin man den Nachdruck verlegt.

Dadurch, daß ich in den Lazarettjahren fast ausschließlich vor männlichen Erwachsenen zu erzählen hatte, vergrößerte sich mein Märchenvorrat zwangsläufig, und zwar um Märchen, die männlichen Hörern gefallen können. Unaufhörlich lernte ich, z. B. den „Trommler", den „Bärenhäuter", den „Grabhügel" und Ähnliches. Den „Eisenhans" habe ich viel erzählt und konnte eines Erfolges damit von vornherein ziemlich sicher sein. In einem Lazarett auf Föhr erzählte ich es eines Tages zweimal hintereinander in verschiedenen Zimmern. Beide Male saß im Hintergrund der junge Assistenzarzt dabei. Im Fortgehen sagte ich verwundert zu ihm: „Aber den ‚Eisenhans' haben Sie doch vorhin schon einmal gehört und ‚Allerleirauh' ebenfalls!" — „Ja, gewiß! Aber die Märchen sind so herrlich! Ich mußte sie noch einmal hören; aber jetzt heißt's für mich — schnell an die Arbeit. Und Ihnen — tausend Dank!"

Die Verwundeten baten zuweilen um die Wiederholung eines Märchens, das ihnen besonders gut gefallen hatte. So bat mich ein Soldat: „Würden Sie uns wohl noch einmal das Märchen vom ‚Eisenhans' erzählen? Wir hören's hier alle gerne ein zweites Mal; denn es ist ein feines Märchen. Außerdem möchte ich es, wenn ich nun bald nach Hause entlassen werde, meinem Jungen erzählen. Der ist zehn Jahre alt und quält mich so oft um Geschichten — und der Vati weiß dann immer keine." Die anderen nickten verständnisvoll. „Ich hab' gut aufgepaßt, als Sie uns neulich den ‚Eisenhans' erzählten, und gleich am nächsten Tag versucht, es aus der Erinnerung wieder zusammenzubringen. Aber von einem Mal hören kann ich das Ganze doch nicht behalten. Es fehlen dann immer ganze Partien, Übergänge, Einzelheiten. Man müßte es öfter hören — ich glaube, dann käme man wieder hinein ins Märchenerzählen."

In einem Lazarett beschloß ich die Märchenstunde mit dem „Eisenhans". Ich hatte lauter sprechen müssen als sonst, weil ich in zwei bis drei ineinandergehenden Zimmern verstanden werden mußte. Als ich nun nach dem Erzählen — noch etwas benommen — aus dem Dämmerlicht der Krankenzimmer hinaustrat auf den breiten, erhellten Flur — da wäre ich fast mit einer kleinen, alten katholischen Schwester zusammengeprallt. Kein Zweifel — sie hatte gehorcht. Die Augen in dem lieben, runzligen Gesicht lachten mich an; sie zwinkerte mir zu und flüsterte schnell: „War herrlich!"

In ein Krankenzimmer kam ich, setzte mich gleich auf den Hocker neben das erstbeste Bett und begann so richtig forsch: „Heute möchte ich Ihnen das Märchen vom ‚Eisenhans' erzählen!" Schon wollte ich anfangen, da sagte plötzlich der kleine Soldat, an dessen Bett ich gerade saß: „Och, Fräulein, bitte! Lieber was Weibliches!" Es war komisch und rührend zugleich. „Von ‚Eisen' haben wir nämlich alle gerade genug", meinten auch die anderen im Zimmer. Ich nahm also Abstand vom „Eisenhans" und erzählte das zarte, gleichsam in Mondschein gebadete Märchen von der „Nixe im Teich". Davon waren sie höchst befriedigt: Ja, so wäre es schön gewesen!

Über die mir fast magisch vorkommende Wirkung der „Nixe im Teich" habe ich mich oft gewundert. Einmal erzählte ich es in einem großen Saal, in der Aula des Lyzeums in Flensburg, vor vielen Rekonvaleszenten; nachmittags auch noch! Ich dachte voll Angst bei mir: Das geht ja nicht gut, aber ich will es doch mal versuchen. Und wie gut ging es! Eine der Schwestern sagte hinterher erstaunt zu mir: „Also das hätte ich nicht für möglich gehalten — gerade bei unseren Patienten hier! Man hätte ja eine Stecknadel zu Boden fallen hören! Was man nicht alles erlebt!" Da muß ich der Schwester recht geben: Was man nicht alles erlebt mit Märchenerzählen! Oft haargenau das Gegenteil von dem, was man mit Fug und Recht erwarten konnte. Auf einen Nenner läßt sich's nicht bringen. Jedes Erzählen vor Soldaten, und überhaupt jedes Erzählen vor einem neuen Kreis von Menschen, ist ein Abenteuer mit unbekanntem Ausgang.

Noch ein letztes „Abenteuer" mit der „Nixe im Teich": ich war in ein Lazarett gebeten worden, in dem ich vorher noch nie erzählt hatte. Nachmittags möchte ich kommen, sagte mir die Schwester am Telefon und setzte etwas zögernd noch hinzu: „Es handelt sich um Patienten, die morgen oder übermorgen gesund entlassen werden — sozusagen mit einem Fuß schon draußen. Wird vielleicht ein bißchen schwierig." Als ich hinkam, fand ich ein großes Zimmer vor, wo die Hörer schon versammelt waren. Vier bis fünf Stuhlreihen, leider ohne Andeutung eines Halbkreises — ein solcher ist stimmungsmäßig meist günstiger als schnurgerade Reihen. Ich setzte mich auf den Stuhl davor und merkte sofort: Die sitzen da jetzt nur, weil sie von der Lazarettleitung dazu beordert sind.
Sie rührten sich nicht und machten undurchdringliche Gesichter. Einleitend sagte ich, daß ich — wie sie wohl schon wüßten — gekommen wäre, um ihnen Märchen zu erzählen; es wären das aber keine modernen Märchen, die etwa ein einzelner Dichter gedichtet hätte, sondern alte Volksmärchen, von denen heute niemand mehr wüßte, wer sie zuerst sich ausgedacht und erzählt hätte.

Vor über hundert Jahren wären sie dann von den Brüdern Grimm gesammelt und aufgeschrieben worden. Da
mir selber nun die Märchen am besten gefielen, so, wie
sie überliefert wären, würde ich sie auch genau so erzählen. Ich würde nichts am Grimmschen Wortlaut verändern — oder ob sie (meine Hörer) lieber wollten, daß ich
die „Geschichten" — um nicht allzuoft das ominöse Wort
„Märchen" zu gebrauchen — ein wenig für unseren
heutigen Geschmack umänderte? Eine Stimme aus der
hinteren Reihe: „Nee! Nichts umändern!" — „Nun schön.
Kennen Sie das Märchen von der ‚Nixe im Teich'?
Gebrumm, was aber deutlich nein heißen sollte. In der
ersten Reihe, nahe vor mir, saß kerzengerade ein behäbi-
ger, älterer Landser mit einem guten, biederen Gesicht.
Der Ausdruck darauf freilich: Einmal wird es ja vorbei
sein! — Es war eine scheußliche Lage, und ich kam mir
mal wieder grenzenlos lächerlich und total fehl am Platze
vor; begann aber dann doch, nach einem stillen Stoßge-
bet, mit der „Nixe im Teich", langsam und so ruhig wie
möglich: „Es war einmal ein Müller, der führte mit seiner
Frau ein vergnügtes Leben . . ."

Als ich bei der Stelle angekommen war, wo es im
Märchen heißt: „Sie hielten Hochzeit, lebten ruhig und
glücklich und liebten sich von Herzen . . .", da sehe ich auf
einmal, wie der Mann vor mir sein Taschentuch heraus-
zieht und sich verstohlen die Augen wischt. Ich blickte
natürlich sogleich in eine andere Richtung und erzählte
weiter; nun aber ohne alle dumme Angst — der Raum
um mich schien wie verwandelt; die geraden Stuhlreihen,
die Tageshelligkeit — all das machte nun nichts mehr aus.
Man hörte mir zu, und man hörte mir gern zu, die
meisten jedenfalls. Man lachte auch vergnügt bei den
lustigen Märchen, die ich zuletzt erzählte.

Als ich dann im leeren Nebenraum meinen Mantel
anzog und fortgehen wollte, kam der ältere Mann, der vor

mir gesessen hatte, und sagte leise zu mir: „Fräulein, entschuldigen Sie man! Vorhin, da bei dem ersten Märchen, da bin ich ja wohl aus der Rolle gefallen. Natürlich haben Sie das gesehen, daß mir die Tränen gekommen sind, aber das wollte ich Ihnen sagen: ich hab' geglaubt, Sie würden uns Rotkäppchen oder Hänsel und Gretel erzählen oder sowas. Die anderen haben das auch gedacht. Daß es so schöne Volksmärchen gibt, habe ich nicht gewußt! Nur das erste Märchen, Fräulein, da wollte ich Sie nämlich noch mal fragen: Das war doch kein altes Märchen? Nicht wahr, das haben Sie sich doch für uns ausgedacht? Denn, sehen Sie, so, wie da in dem Märchen, so geht es doch auch mir und vielen von meinen Kameraden. Vor dem Krieg haben wir so glücklich gelebt, meine Frau und ich, und wir haben gedacht, das geht nun immer so weiter. Und jetzt, wo der Krieg vorbei ist, jetzt weiß ich nicht mal, ob sie überhaupt noch lebt — hab' schon lange keine Nachricht mehr und so 'ne Ahnung — und wenn wir uns wiedersehen, kann sein erst nach Jahren — wer weiß, wie das dann sein wird, ob wir uns dann noch kennen? Man lebt sich doch auseinander, auch wenn man es gar nicht will. Und ganz genau so war das doch in dem Märchen."

Ich antwortete ihm, daß auch die „Nixe im Teich" ein Grimmsches Märchen wäre und daß ich wirklich keinen Satz, kein Wort verändert hätte — er staunte und konnte es kaum glauben. „Heimkehrerschicksal hat es schon immer gegeben — vor hundert und vor tausend und zweitausend und noch mehr Jahren." Etwas in der Art sagte ich ihm. Er gab mir beim Abschied fest die Hand; aber ob er es mir so ganz geglaubt hat?

Und noch ein allerletztes Stückchen von der „Nixe". Ich hatte wieder einmal beim Licht meiner Kerze erzählt. In einem düsteren katakombenartigen Saal im Keller des

Lazaretts. Der junge Soldat in dem Bett, neben dem ich saß, schwieg erst eine Weile, nachdem ich mit der „Nixe im Teich" die Märchenstunde beschlossen hatte. Es war ganz still in dem großen Raum. Die anderen schwiegen auch. Dann guckte mich der Junge halb schelmisch, halb melancholisch an und murmelte: „Ach ja! Das mit dem Küssen zuletzt, das war zu schön! Aber man leider noch sooo lange hin!" Alles lachte. Ich natürlich auch. Aber nach einer Woche, in demselben Saal, wählte ich doch lieber Märchen anderer Art aus, vorwiegend heitere. Jedenfalls war ich in Zukunft ein klein wenig vorsichtiger mit der allzu reichlichen Anwendung von magischen Wirkungen — so uralt diese Wirkungen auch sein mögen.

Wenn ich in einem Zimmer schon mehrmals erzählt hatte und merkte, daß die Märchen gerne gehört wurden, daß man nun schon daran gewöhnt war und sich darauf freute, dann konnte es dahin kommen, daß der feine und köstliche Humor der Grimmschen Märchen durchaus verstanden, gewürdigt und genossen wurde. So u. a. „Die kluge Bauerntochter" (mit der ich im Lazarett in Woyens so kläglich gescheitert war), „Meister Pfriem" und — „Mäuschen, Vögelchen und Bratwurst"! Dies kleine Märchen war beliebter, als ich von mir aus angenommen hätte. Ich pflegte vorher zu sagen: „Ich habe das Märchen im Anfang für ein reizendes Tiermärchen gehalten. Das ist es auch ohne Frage. Finde ich jedenfalls. Sehr viel später erst habe ich dann gehört, daß es bald nach dem Dreißigjährigen Kriege, 1650, in Straßburg aufgezeichnet wurde, und zwar — man staune! —: „. . . um zu beschreiben des Teutschlandes Zustand". Die Brüder Grimm haben das Märchen wortgetreu in der alten Fassung in ihre Sammlung „Kinder- und Hausmärchen" übernommen. Nur einen Satz — den allerletzten Satz des Originals

— haben sie fortgelassen, den nämlich, wo der politische Gedanke, die Mahnung an die ewig untereinander sich streitenden lieben Deutschen — die Moral von der Geschichte — ausgesprochen wird. Der bei Grimm fortgelassene Schlußsatz lautet: „Also gung dieser schöne Stath allein auß Mißtrauen und Neid eines gegen dem andern, und daß je eines dem andern sein Glück vergönnet, zu grund."

Mit Interesse und Vergnügen wurde das Märchen, wenn vorher etwa so die Einstellung erfolgt war, angehört. — „Also, das hat mir famos gefallen!", sagte mal ein Soldat.

Auf Föhr, in einem großen Lazarett, geriet gar der volle Saal aus dem Häuschen vor Vergnügen darüber — sie lachten Tränen und wollten sich gar nicht beruhigen. Vom Landser bis zum Herrn Oberstabsarzt! Ich wunderte mich im stillen, denn *die* Wirkung kam mir denn doch allzu gewaltig vor. Ob nicht noch was anderes dahinter steckte? Einer der Ärzte brachte mich nach Schluß der Märchenstunde fürsorglich in mein Logis zurück und fing gleich an, von der Sache zu reden: „Nicht wahr, Sie haben gestaunt über das Riesengelächter nach dem famosen kleinen Tiermärchen? Nun will ich Ihnen mal den Grund dafür sagen: Gestern hat's hier bei uns im Lazarett so etwas wie eine Palastrevolution gegeben. In der Lazarettküche, in dem großen Dampfkessel mit Erbsensuppe, fanden Patienten zwei tote Mäuse. Sie haben sie am Schwanz gepackt, sind empört zum Oberstabsarzt gerannt und haben ihm die von Erbsensuppe triefenden, gräßlichen Funde unter die Nase gehalten. Statt erschüttert zu sein, hat der hohe Herr bei dem Anblick laut herausgelacht, was wiederum die Landser, die das ganz und gar nicht komisch fanden, aufs äußerste verdroß und beleidigte. Eine Gewitterstimmung herrschte im Lazarett. Auch heute noch. Und nun kommen Sie daher und erzählen, sichtlich ahnungslos, dieses Märchen, wo die Maus in völliger Verkennung ihres natürlichen Berufes sich anschickt — ‚wie zuvor das Würstlein durch das Gemüs' zu schlingen und zu schlupfen, dasselbe zu schmälzen, aber ehe es in die Mitte kam, ward es angehalten und mußte Haut und Haar und dabei das Leben lassen'." — Ja, nun war es mir klar! Und als der freundliche Arzt mir lachend versicherte: „Aber jetzt, nach Ihrem Märchen, ist die Luft wieder rein, und alles hat sich in Wohlgefallen aufgelöst", da konnte auch ich vergnügt auf die vergangene Stunde zurückblicken und mich freuen an dem durchschlagenden Erfolg vom Mäuschen, vom Vögelchen und von der Bratwurst.

In Glücksburg bat mich nach dem Erzählen im großen Lazarett ein Verwundeter, der nicht bettlägerig war, ob er mich noch zum Bus begleiten dürfte. Es war stockdunkel draußen, und so war mir's angenehm. „Ich muß Ihnen herzlich danken für diese schöne Stunde. Besonders bei dem letzten kleinen Märchen habe ich mich in meine Kindheit zurückversetzt gefühlt. Da saßen meine Geschwister und ich so in der Dämmerstunde auf dem Fußboden um meine Großmutter herum, und sie erzählte uns Märchen — werde ich nie vergessen! Habe allerdings schon endlos lange nicht mehr daran gedacht. Aber als Sie vorhin so dasaßen, im Dunkeln bei der Kerze, da ist auf einmal dieses schöne Bild aus meiner Kindheit wieder in mir aufgestiegen. Die Großmutter ist lange tot. Wir Geschwister sind in alle Winde verstreut, das Elternhaus zerstört, aber die Erinnerung an solche Märchenstunden — die geht doch mit durchs ganze Leben, bewußt oder unbewußt. Plötzlich ist alles wieder da, das ganze Kinderglück! Und besonders das letzte Märchen, das Sie vorhin erzählten, das kleine von dem ‚alten Großvater und seinem Enkel' — o ich weiß noch genau, wie Großmutter das erzählte! Ich höre noch ihre Stimme! Ich habe das Märchen damals als Kind schon verstanden und gut gefunden; aber jetzt, als Erwachsener, älterer Mann, der den ganzen Krieg von A bis Z mitgemacht hat — jetzt weiß ich erst, was es wirklich wert ist."

Es ist mehr als einmal vorgekommen, daß ich — nach beendetem Erzählen mit meiner Kerze wieder abziehend — noch einmal zurückgerufen wurde: „Geh'n Sie nicht so schnell weg! Erzählen Sie uns zum Schluß noch einmal die kleine Sache von dem alten Opa; da kann man nämlich so schön nach schlafen!"

Das Flensburger Gymnasium war Lazarett für erblindete Soldaten. Ihr Anblick — wenn sie so im Halbkreis vor mir saßen — erforderte, daß ich mich zusammennehmen mußte und mühsam auf das konzentrieren, was ich diesen Hörern erzählte. Einmal hätte ich um ein Haar die Fassung verloren. Ohne vorher überlegt zu haben, was ich damit tat, begann ich das Märchen von der „Jungfrau Maleen" zu erzählen. Ich hatte ein paar Sätze gesprochen, da ging mir plötzlich auf, was ich da diesen Hörern, diesen Blinden, erzählte: „. . . da geriet der Vater in Zorn und ließ einen finsteren Turm bauen, in den kein Strahl von Sonne oder Mond fiel . . .", und weiter: „. . . sie wurden hineingeführt und eingemauert und also von Himmel und Erde geschieden. Da saßen sie in der Finsternis, wußten nicht, wann Tag oder Nacht anbrach . . . was konnten sie anders tun als jammern und klagen?" Ich erzählte weiter, bei jedem Wort verzweifelt überlegend: sollst du abbrechen? — entschied mich aber — wo ich nun doch schon einmal dabei war —, so ruhig und unbefangen wie möglich weiterzusprechen, denn aufhören hätte es jetzt ja nur noch schlimmer gemacht. Die schlimmste Stelle kam aber noch, so daß ich sie auch heute nie erzähle, ohne an die blinden Soldaten zu denken, an die Vorwürfe, die ich mir während des Erzählens wegen meiner Gedankenlosigkeit machte: „... nach langer Arbeit gelang es ihnen, einen Stein herauszunehmen, dann einen zweiten und dritten, und nach drei Tagen fiel der erste Lichtstrahl in ihre Dunkelheit, und endlich war die Öffnung so groß, daß sie hinausschauen konnten. Der Himmel war blau ...“ Als ich endlich das Märchen zu Ende gebracht hatte, standen einige — oder waren es alle — auf, näherten sich mir mit unsicheren Schritten, standen um mich herum, und ich sah, daß ihre Augen, nein, ihre Gesichter leuchteten. So hatten sie vorher nicht ausgesehen. Sie dankten mir mit spontaner Herzlichkeit, und einer sagte: „O, wie war das schön! Glauben Sie uns — wir haben das eben alles gesehen!“

Ich erinnere mich noch, mehrere Wochen hindurch täglich ein im Keller liegendes Lazarettzimmer aufgesucht zu haben. Es lagen besonders nette Leute da und — der eine, den ich nie vergessen kann, den wir alle nie vergessen sollten. Er war 18 Jahre alt, hatte keine Hände mehr und war blind. Als ich zum ersten Mal neben seinem Bett saß, erzählte ich, mich mit Mühe beherrschend, „Die Gänsehirtin am Brunnen“. Es war sehr still in dem abgelegenen Kellerzimmer. Einer der Kameraden des Blinden brachte mich später zur Haustür und bat herzlich: „Wenn's geht, dann kommen Sie doch so oft wie möglich zu uns. Sie haben es ja selbst gesehen, die Märchen tun dem Jungen gut.“ So kam ich denn mehrmals in der Woche und erzählte alle Märchen, die ich wußte, schließlich auch ausgesprochene Kindermärchen. Die Soldaten meinten: „Erzählen Sie die man gerne auch! Man soll's ja nicht glauben, aber wenn man die erzählt kriegt, ist's immer schön.“

Einmal nach einer besonders glücklichen Stunde — wenn man das in diesem Fall überhaupt sagen darf —

stand ich auf und verabschiedete mich mit ein paar Worten von dem Blinden, an dessen Bett ich, wie immer, gesessen hatte. Da streckte er plötzlich seine Arme aus, mir entgegen, versuchte meinen Arm zu erreichen und mich allmählich zu sich herunterzuziehen und bat: „Bitte! Kommen Sie bald, bald wieder! Es ist das Schönste, was ich habe." Eines Tages war er nicht mehr da; er war verlegt worden und sollte operiert werden. Man wollte versuchen ihm zu helfen, so daß er mit den Armen etwas ergreifen und festhalten könnte. Eine Schwester erzählte mir später, er sei immer so geduldig und tapfer gewesen, aber vor der Operation habe er geweint und gebetet, man möchte doch machen, daß er nie wieder aufwachen müßte. „Aber Sie glauben nicht, wie zart und besorgt um ihn seine Kameraden waren, die mit ihm hier das Zimmer teilten! Eine Mutter hätte das nicht besser gekonnt. Man denkt gar nicht, daß Männer so sein können."

Ich sprach schon darüber, daß in einzelnen Fällen es durchaus möglich ist, vor Soldaten auch Kindermärchen zu erzählen, dann nämlich, wenn auch die leiseste Möglichkeit des Sich-blamiert-fühlens von seiten der Hörer ausgeschlossen ist. So war es in dem Zimmer bei dem Blinden; und natürlich nur, wenn es sich um Menschen handelt, die von sich aus gerne mal etwas „Sinniges" hören mögen und möchten. Ein Verwundeter, der immer mit besonderer Begeisterung zugehört hatte — ein Gemüsehändler aus Berlin —, bat mich einmal: „Fräulein, lachen Sie bitte nicht, aber wissen Sie, als Kind mochte ich so furchtbar gerne ‚Schneeweißchen und Rosenrot‘. Können Sie das nicht mal erzählen?" Ich konnte es leider nicht, begann aber noch am selben Abend mit dem Lernen. Als ich es endlich konnte, war mein Gemüsehändler schon lange entlassen.

Aber wehe, wenn man den Bogen überspannt! Wenn man sich in dem Glauben wiegt, daß man das, was einmal oder einige Male glückte, nun beliebig oft mit demselben Erfolg wiederholen könnte. Eine kleine, noch dazu literarisch interessierte Gruppe in einem großen Lazarettsaal bat mich eines Tages um ein „richtiges Kindermärchen", wohl auch mit der Absicht, es später zu Hause an die eigenen Kleinen weiterzugeben. Und da habe ich nun eine böse Erfahrung machen müssen. Ich erzählte das Grimmsche Märchen von „Brüderchen und Schwesterchen". Der weitaus größere Teil der Zuhörer waren junge ausgelassene Aufstehpatienten. Es war noch vor 20 Uhr, und das elektrische Licht brannte. Wie konnte ich nur damals denken, daß das gut gehen würde! Es war noch ein Wunder und höchst anerkennenswert von meinen Zuhörern — so denke ich heute —, daß das gewaltige Gelächter erst in der Mitte des Märchens losbrach. Dann aber gab's kein Halten mehr. Mich damit zu kränken, war weniger der Grund als die Unmöglichkeit, sich in einer solchen Situation noch länger zu beherrschen.

An zwei Fälle erinnere ich mich besonders deutlich, wo es mir, glaube ich, gelungen ist, die Anteilnahme und das Interesse der Landser für Stoffe zu gewinnen, die den meisten von ihnen sehr fernliegen mußten. Einmal war es das „Erdkühlein" und ein anderes Mal „Der arme Heinrich" von Hartmann von Aue, in der Übersetzung der Brüder Grimm.

Mit dem „Erdkühlein" war es so: In einem Lazarettsaal mit vielen, nun schon „alten Bekannten", wo ich mich ohne langes Reden vorher, gleich wenn ich kam, in eine Ecke setzte — die brennende Kerze stand bereits auf dem Tisch — und ohne weiteres mit dem Erzählen beginnen konnte, da war es im Anschluß an ein ernstes Märchen zu einer Unterhaltung gekommen; worüber, das weiß ich heute nicht mehr. Von dem Inhalt des Gesprächs her war leicht ein Übergang zum „Erdkühlein" zu schaffen. Die Stimmung, die Stille waren da; auch der Wunsch, noch etwas zu hören, auf das hin „es sich dann so schön einschlafen läßt". Ich sagte zögernd, ich wüßte wohl noch ein altes Märchen, darin wäre gerade von dem die Rede, was der Inhalt unseres Gesprächs gewesen sei. Man müßte sich manchmal wundern, wie wir doch immer wieder dieselben Gedanken und Gefühle, die Menschen bewegen können — auch uns heute, uns hier soeben in dieser Stunde — in den ältesten Märchen wiederfänden. Mir schiene, sagte ich, die Menschen veränderten sich im Grund wenig. „Wie heißt denn das alte Märchen, von dem Sie da sprechen?" — „Ach, das ‚Erdkühlein' heißt es; aber ich glaube, daß es nicht recht was für Sie ist; ist auch sehr, sehr alt." — „Erzählen Sie's uns doch! Warum soll das nichts für uns sein?" — „Nun ja, wenn Sie durchaus wollen! Wem es zu langweilig wird, der kann ja einschlafen." — „Bewahre, was werden wir schlafen!" — Nachdem ich nun noch etwas über das „Erdkühlein" und über das hohe Alter dieses Märchens geredet hatte, begann ich sehr langsam mit dem Erzählen. Die Kerze, dessen erinnere ich mich noch genau, stand an dem Abend auf einem Tisch ein großes Stück von mir entfernt, und ich erzählte ins Dunkel hinein: „Ein guter armer Mann hat eine Frau und von ihr zwei Töchterlein . . ." — In der Stunde war alles da, was dem Märchen Eingang verschaffen konnte — es glitt hinein in sein Element. So empfanden es die Zuhörer. Was sie im einzelnen nachher sagten, habe ich vergessen; aber das weiß ich, daß dieses Mal der dritte der drei Äpfel, von denen die Schlußwendung im georgischen Volksmärchen spricht, wirklich in den Abgrund und nicht ins Leere gefallen ist. Soweit ich mich erinnere, war es das einzige Mal, daß ich das „Erdkühlein" vor Soldaten erzählt habe. Ich wagte es später nicht wieder.

64

Den „Armen Heinrich" von Hartmann von Aue erzählte ich in einem Lazarett auf Föhr in der trostlosen Zeit November/Dezember 1945. „Hier zu uns kommt so selten jemand von der kulturellen Lazarettbetreuung", klagten mir die Soldaten, „hier will niemand her, jetzt im Winter bei der Kälte schon gar nicht!" — Kein Wunder übrigens, muß ich nachträglich selber sagen, Unterbringung und Verpflegung waren so erbärmlich, wie ich sie anderswo noch nicht erlebt hatte. Das schlimmste aber von allem war, daß die Kranken, die Verwundeten ebenfalls hungerten und froren. Manchmal gab mir einer der Soldaten eine seiner dünnen Decken ab, drängte sie mir geradezu auf. Ich wickelte mich hinein, setzte mich hin und erzählte. Ich wäre sonst, bei der Kälte in den ungeheizten Sälen, nicht dazu imstande gewesen. Ab und zu sangen wir auch mal Weihnachtslieder zusammen, alles ohne vorherige „Programmgestaltung".

Jahre danach kam ich auf einer Rundreise durch Föhrer Schulen auch in das Dorf Utersum auf Föhr und fragte den Schulleiter, ob er eine Märchenstunde für seine Schulkinder wünschte. „Aber selbstverständlich! Jederzeit! Seien Sie uns herzlich willkommen!" Ich wunderte mich, und dann kam's heraus: Er hatte damals als Verwundeter in jenem Eispalast von Lazarett gelegen und war einer meiner Hörer gewesen. Ich habe dann fünf oder sechs Jahre hintereinander jedes Jahr einmal in der kleinen Schule in Utersum — am Rande der Welt — den Kindern Märchen erzählt. Für den Lehrer und für mich war es ein eigenes Gefühl. Die Erinnerung an die Vorweihnachtszeit 1945 wurde jedesmal in uns lebendig.

Aber ich wollte ja vom „Armen Heinrich" erzählen. Wenn ich diese über 750 Jahre alte Dichtung des Hartmann von Aue auch in der hochdeutschen Fassung der Brüder Grimm vortrug, wie ich sie damals im Herbst 1945

gerade gelernt hatte, so war die Sprache doch altertümlich, und der Inhalt für Ohren, die das Anhören von
langen Geschichten nicht gewöhnt waren, eine große
Zumutung. Unmöglich war es wiederum, im Text etwas
zu verändern, zu kürzen. Wie hätte ich das bei einer
Dichtung wohl wagen dürfen! Eines Abends habe ich den
„Armen Heinrich" aber doch erzählt. Zum allerersten Mal.
Und zwar habe ich den Soldaten einfach gesagt, ob ich
wohl mal eine Bitte, eine große Bitte aussprechen dürfte.
Ich hätte nämlich eine lange Geschichte gelernt, und die
müßte ich nächstens in Flensburg vor einem großen Kreis
von Menschen erzählen; sie dauerte ungefähr 60 Minuten.
Ich wäre noch etwas unsicher darin und fürchtete, stek-
kenzubleiben. Nun würden sie mir einen großen Gefallen
tun, wenn ich bei ihnen die Hauptprobe sozusagen
machen dürfte. Hier wäre es so schön still, und sie
würden mir sehr helfen damit. Sie brauchten gar nicht
alle zuzuhören, nur einige unter ihnen vielleicht. — Gewiß
wollten sie das hören! So schwer würde das schon nicht
sein, daß sie das nicht kapierten! — Ich gab eine kurze
Einleitung und konnte dann ohne Stocken die lange
Geschichte erzählen, ohne die allergeringste Störung.
Welch ein schönes Gefühl, wenn man etwas mit Mühe
Gelerntes zum ersten Mal erzählt und auf einmal weiß, es
trägt dich ja.

Als wir uns hinterher noch darüber unterhielten und
ich fragte, ob der erste Teil der Geschichte, der „Märe" —
bevor es ansetzt auf den dramatischen Höhepunkt zu —,
ihnen nicht allzu lang und weitschweifig vorgekommen
wäre, meinte einer, wieder einmal eine Stimme aus dem
dunklen Hintergrund des Krankenzimmers: „Könnte man
denken! Aber sehen Sie mal, Fräulein: das kleine Mädchen da in Ihrer Geschichte *muß* doch so lange auf ihre
Eltern einreden, um von ihnen die Erlaubnis zu bekommen, sich für den kranken Herrn zu opfern und ihm

damit seine Gesundheit zurückgeben zu dürfen. Sie muß
sie einkreisen mit ihren Gründen von allen Seiten, bis sie
nicht mehr anders können, als es ihr zu erlauben. Welche
Eltern täten das denn sonst! Ach nein, Fräulein, lassen Sie
man! Das ist schon richtig so. Das muß so sein."

Als ich auf das altertümliche Deutsch hinwies und auch
halb fragend meinte, daß manches in der Gesinnung der
damaligen Zeit uns Menschen von heute doch fremd
geworden wäre und schwer verständlich, da sagte ein
anderer: „Fremd? Vielleicht, ja —, aber wenn wir vor
einem mittelalterlichen Dom stehen, vor einem Bildwerk,
vor Heiligenstatuen, dann kann uns das wohl auch fremd
oder besser noch: ungewohnt vorkommen. Aber wir
fühlen doch, daß der Geist, die Gesinnung oder der
Glaube oder wie man das nennen will, aus dem die
Werke in ihrer Zeit geschaffen wurden, echt war. Und vor
dieser Echtheit und Ehrlichkeit müssen wir allein schon
Ehrfurcht haben. Ich meine, das ist dann doch etwas
Großes. So habe ich es empfunden, als Sie vorhin erzählten."

Vor dem Erzählen des „Armen Heinrich" hatte ich die
Krankenschwester gebeten, wenn irgend möglich, zwischendurch nicht hereinzukommen. Ich hätte mit dem,
was ich erzählen wollte, ein Wagnis vor und wüßte nicht,
ob es gelänge. Am nächsten Tag sagte mir die verständnisvolle Schwester, als ich sie fragte, ob die Verwundeten
sich ihr gegenüber noch geäußert hätten, vielleicht auch
in abfälligem Sinne, das würde mich noch mehr interessieren. „Nein, gar nichts Abfälliges!" Sie wären nachdenklich zu ihr in die Küche gekommen und hätten ihr erzählt,
das wäre „was Altes" gewesen, „mal ganz was anderes",
und: „Aber da war was dran, Schwester!" — So hätten sie
ihr berichtet. Natürlich hatte ich großes Glück in diesem
Fall, mindestens zwei Hörer gehabt zu haben, die fähig
waren, ihre Gedanken auszusprechen. Zudem vertieften

sich durch das, was meine Gesprächspartner äußerten, auch für die anderen Zuhörer das Verständnis und die Wirkung. Nicht allzu häufig wird einem Erzähler solches Glück zuteil.

Daß mein Hinweis auf eine notwendige Hauptprobe vor einer demnächst stattfindenden „Erstaufführung" in Flensburg eine kleine List war, muß ich allerdings bekennen. Aber eine Lüge ist es hinwiederum auch nicht gewesen, denn dieses Erzählen vor den Verwundeten auf Föhr ist in der Tat *die* Probe für viele folgende Male gewesen. Wenn man so will, hielt sich diese List genau in der Mitte zwischen Schlange und Taube.

Das Grimmsche Märchen, das den Soldaten in den Lazaretten den tiefsten Eindruck gemacht hat, ist das Märchen vom „Treuen Johannes". Oft redeten sie mich später noch darauf an: „Davon haben wir noch die halbe Nacht geredet. Für uns ist es das schönste deutsche Märchen. Und es ist so gut zu wissen, daß Sie das Märchen genau so erzählen, wie es vor über hundert Jahren die Brüder Grimm aufgezeichnet haben. Wir haben hier nämlich immer Angst vor ‚Propaganda', von welcher Seite sie nun auch kommt. Uns soll immer hintenrum etwas beigebracht werden. Als wenn wir das nicht merkten!" — Von mir aus hätte ich den „Treuen Johannes" wohl nie gelernt. Die eine grausige Stelle hielt mich immer wieder davon ab, es zu wählen. Da fragte mich eines Tages mein Bruder, kurz bevor der Rußlandfeldzug 1941 begann, in dem er gleich in den ersten Tagen gefallen ist: „Was meinst du, willst du nicht mal das Märchen vom ‚Treuen Johannes' lernen?" — Ich lehnte erschrocken ab. Das könnte ich nicht erzählen, daß ein Vater seinen eigenen Kindern den Kopf abschlüge. — Er, der mir immer nur riet, mich nie zu überreden versuchte zu irgend etwas, sagte auch jetzt: „Ja — du magst recht haben. Das ist auch grausig. Aber ich finde das so schön, das mit der großen Treue."

Wenn ich bei den Verwundeten die Frage „zu grausig oder nicht zu grausig" leise einmal antippte, hieß es immer wieder: „Ach wo denn! Das können wir vertragen. Wer wird sich das denn als Wirklichkeit in allen Einzelheiten ausmalen, und außerdem — darum geht's doch gar nicht in dem Märchen. Es geht doch um die Treue!" Oder sie meinten: „Man träumt doch auch mal was Schreckliches, und hinterher ist alles wieder gut." Einer sagte: „Mir hat das als Junge überhaupt nichts ausgemacht. Ich fand das alles ganz in Ordnung. Das konnte gar nicht anders sein. Ich weiß aber noch, daß ich bei mir ernsthafte Überlegungen anstellte, was passiert wäre, wenn der treue Johannes die Köpfe nun verkehrtherum wieder aufgesetzt hätte."

Auf Sylt, im damaligen Luftwaffenlazarett, gelang einmal eine Märchenstunde besonders gut, vor Verwundeten, die im Saal auf Stühlen vor mir saßen; darunter mehr als sonst junge Leute — Abiturienten, Studenten. Da habe ich das „Erdkühlein" doch noch einmal erzählt, gegen Schluß der Stunde. Hätte ich es nur den Schluß sein lassen! Ich ließ mich verleiten, getragen von der Woge einer besonderen Bereitschaft und Aufmerksamkeit, hinterher noch „Allerleirauh" zu erzählen. Dummerweise dachte ich, daß das „Erdkühlein" diesem oder jenem doch zu kindlich vorgekommen sein möchte. Begonnen hatte ich den Abend mit der „Gänsemagd" und dabei sofort gespürt, wie das Märchen in all seiner Schönheit genossen wurde.

Der deutsche Offizier, der die kulturelle Betreuung der Soldaten leitete, ein hochgebildeter Mann (einarmig), bat mich, als ich fortgehen wollte, zu einer Tasse Tee, damit wir uns über den Abend noch etwas unterhalten könnten.

Er drückte mir erst einmal seine große Freude und seinen Dank aus für die erzählten Märchen, deren Schönheit ihm und seinen Leuten heute abend so recht beglückend von neuem oder zum ersten Mal aufgegangen wäre. Er sagte mir freundlichste Worte über meine Tätigkeit, lobende, bewundernde geradezu. Dann aber meinte er zögernd: „Wenn ich etwas zu kritisieren hätte, dann würde ich vielleicht sagen: es war etwas zu viel. Das „Erdkühlein" ist ein so tiefes, symbolbeladenes Märchen, daß man es eigentlich nur zum Schluß hören kann. So sehr ich sonst „Allerleirauh" liebe, und so schön und altertümlich es in der Tat ist — gegen das „Erdkühlein" kommt es nicht an. Wenn ich Ihnen diesen Rat geben darf: Lieber etwas zu wenig erzählen als zu viel! Und dann noch eines. Aber ob meine Empfindung da richtig ist, weiß ich nicht. Vielleicht sollte ich es Ihnen lieber gar nicht sagen, denn es ist ja überhaupt schon so wunderschön, daß wir die Märchen von Ihnen in der kostbaren Sprache der Brüder Grimm hören durften. Aber überlegen Sie einmal selber: Haben Sie nicht beim Erzählen das Gefühl, Schätze, sprachliche Schätze vor Ihren Zuhörern auszubreiten? Nun, sehen Sie: Das tun Sie vielleicht um eine Schwebung zu bewußt. Man merkt Ihnen das Behagen, die Freude an und das Bemühen auch, jede einzelne sprachliche Schön·heit ins helle Licht zu rücken, und das wird dann um eine Spur zu viel." Er unterbrach sich selbst und fuhr fort: „Aber, wie gesagt, ich bin mir noch nicht ganz klar darüber. Ich muß noch weiter darüber nachdenken. Mög·licherweise ist es doch richtig, wie Sie es machen, und ich habe Sie nur verwirrt. Vergessen Sie lieber ganz, was ich gesagt habe."

Diesem Mann, der im Privatberuf Maler und Lehrer für musische Erziehung war, kann ich gar nicht genug für seine Worte danken. Er hatte recht. Ich wußte schon, was er meinte. Es kann einem beim Erzählen geschehen, daß man sich an dem herrlichen Sprachklang förmlich berauscht. Unwillkürlich geraten die Töne ins Wogen, besonders dann, wenn man hingegeben zuhörendes Publikum vor sich hat. Da liegt eine große Gefahr: Nun will man es ganz besonders schön machen, und schon wird es zu viel.

Am nächsten Tag traf ich eine Schwester, die mit dabeigewesen war. Ich fragte besorgt, ob ich auch nicht zu lange erzählt hatte, der Verwundeten wegen, denen langes Sitzen auf Stühlen oft schwerfällt. — „Aber ganz gewiß nicht! Wir hätten noch stundenlang zuhören können. Haben wir alle gesagt." — Und doch weiß ich, daß die Mahnung des Offiziers im Grunde berechtigt war und daß er mir einen großen Dienst erwies, indem er mir seinen Eindruck von meinem Erzählen so offen schilderte. Maßhalten können — darauf kommt es an. Das ist aber leichter gesagt als getan. Zuweilen kommt es auch heute noch vor, daß ich nach einer Märchenstunde denke: wieder etwas zu viel!

„Wie halten Sie das nur aus, wie machen Sie das: ohne heiser zu werden stundenlang, fast ohne Unterbrechung, zu erzählen?" So werde ich immer wieder gefragt. Ja, das verdanke ich einer Kunsthistorikerin, die gleichzeitig eine ausgezeichnete Sprecherzieherin war — als Flüchtling bei Kriegsende von Berlin nach Flensburg verschlagen. In den wenigen Unterrichtsstunden, die sie mir erteilte, bewies sie mir, daß Sprecherziehung und Natürlichkeit sich wunderbar miteinander vertragen. Den besten Beweis dafür lieferte einmal ein Junge, der nach einer Märchenstunde begeistert nach Hause kam, seiner Mutter ausführlich davon berichtete, und dann: „Aber Mutti — sonst sah sie wie eine gewöhnliche Frau aus, und sie sprach auch wie eine gewöhnliche Frau!"

Meine Erinnerungen an die Zeit, als ich in Lazaretten vor Verwundeten Märchen erzählte, möchte ich mit einem köstlichen, mir unvergeßlichen Erlebnis beschließen. Ich pflegte den Verwundeten außer Märchen zuweilen auch von kleinen Vorkommnissen zu erzählen, die ich selbst mit diesem oder jenem Märchen erlebt hatte oder die mir von anderen, Eltern, Lehrern und Erziehern, berichtet wurden. Sie lachten so gerne über Aussprüche von Kindern, wie sie drollig und unbefangen und oft so erstaunlich treffend ihre Gedanken und Ansichten über ein Märchen äußern.

Eines Abends amüsierten sie sich königlich, als ich erzählte, was eine deutsche Lehrerin in Nordschleswig vor vielen Jahren mit dem Grimmschen Märchen vom „Süßen Brei" erlebt hatte. — Zuvor hatte ich den Verwundeten den Inhalt des Märchens wieder ins Gedächtnis zurückgerufen: Ein kleines Mädchen bekommt von einer alten Frau ein Töpfchen geschenkt, ein Wundertöpfchen. Sagt man „Töpfchen koche", so kocht es süßen Brei; sagt man „Töpfchen steh", hört es wieder auf. — Einmal hat das Töpfchen, gehorsam dem Befehl, süßen Brei gekocht. Aber der Mutter, die in Abwesenheit des Kindes das Töpfchen süßen Brei kochen ließ, war das Zauberwort entfallen — und sie konnte dem fortkochenden Töpfchen keinen Einhalt gebieten. Küche, Haus, Straße, das ganze Dorf drohte überschwemmt zu werden. Endlich kam das Kind heim, sagte „Töpfchen steh", und da — so schließt Grimm: „Da steht es und hört auf zu kochen; und wer wieder in die Stadt wollte, der mußte sich durchessen." — Heute läßt uns der Gedanke an so viel süßen Brei ziemlich kalt. Aber damals, 1945, als ich das Märchen im Lazarett den Soldaten erzählte, da lief einem bei der Vorstellung davon buchstäblich das Wasser im Munde zusammen.

Die nordschleswigsche Lehrerin hatte also ihren Schulkindern dieses Märchen erzählt. Mitten drin hält sie inne, fragt die Kinder: „Was hättet ihr nun gemacht anstelle der Leute, mit dem Töpfchen, das nicht aufhören will zu kochen, mit diesem viel zu vielen süßen Brei?" — Wer von den Kindern aufgepaßt hat — denkt sie —, der muß jetzt antworten: „Ich hätte gesagt ‚Töpfchen steh‘." Kein Kind meldete sich. Schließlich steht ein kleiner Junge auf: „Ik weet 'n goden Rat." — „Nun?" — Der Junge: „Schwien rut!"

Das gab ein Gelächter! Einer erzählte, er hätte dies kleine Märchen vor Jahren als Trickfilm gesehen: „Meine kleine Tochter, zwei oder knapp drei Jahre alt war sie damals, die saß auf meinem Schoß, und ich weiß noch, daß ich mich fragte, ob sie wohl was erkennt und versteht von den Vorgängen auf der Leinwand? Sie guckte und guckte und guckte, sagte aber nichts. Und dann, auf einmal, rief sie ganz laut, und alle Leute im Kino haben's gehört: ‚Dolle Schweinerei!‘"

Nach acht Tagen erzählte ich im selben Krankenzimmer wieder Märchen. Aber an diesem Abend war es nicht wie sonst. In einer Ecke des großen Raumes — die kleine Kerze neben mir auf dem Tisch erreichte mit ihrem Schein ja kaum die Betten — wurde dauernd geflüstert, getuschelt, geraschelt. Ob da welche Karten spielten? Aber wie machten sie das bloß im Dunkeln? Die Störung hörte nicht auf. Ich erzählte weiter, beschloß aber nebenher in Gedanken, in diesem Zimmer mit Märchenerzählen ein paar Wochen auszusetzen; ich war wohl zu oft hier. Man kann es ja verstehen. Es ist ihnen langweilig geworden — nun ja! Ich ließ mir nichts anmerken, nahm meine Kerze, sagte gute Nacht und zog ab. Das heißt, ich wollte es, kam aber nur bis zur Tür. Ein Verwundeter sagte: „Bitte, Fräulein, bleiben Sie noch einen Augenblick bei uns! Wir haben eine kleine Überraschung für Sie vorbereitet — als Dank nämlich für viele schöne Märchenstunden. Durch die Geschichte vom „Süßen Brei" neulich, die uns so viel Spaß gemacht hat mitsamt dem, was der kleine Junge aus Nordschleswig dazu gemeint hat — dadurch sind wir auf die Idee gekommen, ob wir Ihnen unsererseits mit süßem Brei vielleicht auch eine Freude machen könnten."

Nach dieser feierlichen Ansprache trat aus der dunklen Störecke von vorhin ein anderer Verwundeter heraus — ging ganz langsam und vorsichtig auf den Tisch in der Mitte des Zimmers zu, an dem ich noch eben beim Erzählen gesessen hatte. Und was trug er in seinen Händen? Ich traute ja meinen Augen nicht: ein tiefer Teller, bis zum Rand voll — süßer, weißer, heißer Griesbrei! Mit Rosinen drin, vielen Rosinen! Nicht etwa als „Sondermeldung", wie wir damals die ein bis drei Rosinen nannten, die ein Glücklicher — vielleicht — in seiner Suppe fand. Das war ein Festmahl! Selten hat mir etwas so gut geschmeckt wie dieser süße Brei, und selten mich ein Dank für Märchen, die ich erzählt hatte, so herzlich erfreut wie der, den die Verwundeten für mich ersannen. Gerührt, vergnügt und satt wie lange nicht mehr, ging ich endlich fort, drehte mich in der Tür — übermütig geworden — noch einmal um, und: „Nächstes Mal erzähle ich das Märchen von der ‚Goldenen Gans'!" — „Da können wir aber nicht mehr mit!" war das letzte, was ich durch die schon geschlossene Tür noch hörte.

Draußen im Flur kam ich an der Küche vorbei. Die Schwester steckte den Kopf heraus, lachte und fragte: „Na, hat's geklappt? Das war heute ein Gewese den ganzen Tag, Sie glauben's nicht! Es sollte doch nur ja genug Griesbrei sein; und auf die Rosinen in ihrer eigenen Milchsuppe haben sie heute abend alle verzichtet, Ihretwegen! Und dann gab's ein proßes Palaver, wie man den Brei heißhalten sollte, so lange, bis Sie mit dem Erzählen fertig wären." Mir ging ein Licht auf — die Flüsterecke! Daher also!

Aus meinen Tagebüchern 1945—1960

Was ich noch wiedergeben will von meinen Erlebnissen beim Märchenerzählen, wähle ich aus meinen ständig geführten Tagebüchern aus, und ich erhalte dabei das Gerüst der chronologischen Ordnung; wenn ich gelegentlich auch vorgreife, um die Zusammenhänge deutlich zu machen. Es wird auf diese Weise etwas von dem großen Wandel sichtbar, den wir alle in den letzten 15 Jahren erlebt haben. Ein Märchenerzählen wie das in den Trümmern von Hamburg-Hamm im September 1947 wäre heute undenkbar, wie umgekehrt damals die Klage der Großmutter aus dem Herbst 1959 über die „Konkurrenz" des Fernsehschirms nicht hätte ertönen können.

Winter 1945/1946

Als ich vor vielen Jahren, 1945/46, die ersten tastenden Versuche unternahm, einer größeren und auch sehr großen Anzahl von Kindern verschiedenen Alters Märchen zu erzählen, da habe ich mich — ahnungslos, wie ich diesen Dingen gegenüber damals noch war — an Aufgaben gewagt, die ich heute als unverantwortlich, sowohl den Kindern wie auch den Märchen gegenüber, ablehnen würde.

Mit dem verwegenen Mut, den Unkenntnis von Gefahren einem zu verleihen pflegt, stürzte ich mich in eben diese Gefahren, jedoch bald erkennend, daß das, was ich da machte, ein Unding war, daß es so nicht ging und daß mich niemals, selbst scheinbar und nach außen hin gute Resultate, die ich auf diese Weise erzielte, befriedigen würden. Seitdem bin ich von Märchenerzählstunden vor 50, 100, 200 und mehr Kindern verschiedenen Alters (von 2 bis 13 Jahren) gänzlich abgekommen. Es ist zwar nicht geschehen, daß mir eine solche Versammlung von Kindern mittendrin auseinandergelaufen ist, aber oft war es kurz davor, und der Erfolg oder überhaupt die Durchführung einer solchen Stunde stand auf des Messers Schneide.

Einer solchen Schreckensszene erinnere ich mich noch deutlich: Es ist lange her, kurz nach dem zweiten Weltkrieg mag es gewesen sein, da sollte ich im Auftrage des Jugendamtes einer großen Stadt in einem Außenbezirk mit Industriebevölkerung vor Kindern Märchen erzählen.

Das Heim lag frei und etwas erhöht im Gelände. Als ich mich ihm näherte — oh, ich sehe es noch vor mir wie heute! —, da strömten schon von allen Seiten Scharen von Kindern zum Heim hinauf, in schier endlosen Schlangen, an den Enden jedesmal auslaufend in winzig kleine Geschwister, die von den größeren Kindern hinter sich hergezogen wurden. Vor der noch geschlossenen Tür des Heimes staute sich die Menge, die immer noch wuchs — unter ohrenbetäubendem Lärm selbstverständlich.

Jetzt wurde die Tür von innen geöffnet. In Sekundenschnelle ergoß sich eine Flut von Kindern in den viel zu kleinen Saal, der alsbald zum Überlaufen voll war von aufgeregten, schreienden, gestikulierenden, sich balgenden Kindern.

Mit mir zur Tür hereingequetscht wird eine junge Frau mit ihrem Zweijährigen auf dem Arm. So freundlich, wie es mir in der Eile und Aufregung nur möglich ist, bitte ich sie inständig, mit dem Kleinchen lieber wieder fortzugehen. Ich versuche sie davon zu überzeugen, daß das Kind nicht das geringste Gute davon haben würde, wenn sie mit ihm bliebe. Die Frau sah von sich aus die Sache anders an und ließ sich nicht überzeugen: „Ach was! Die sieht Kasper auch ganz gerne!" — Daß die Frau stehen mußte, mitten im Kindergedränge, weil längst alle Plätze besetzt, beängstigend eng besetzt waren, tat mir leid, aber mich ihrer weiter anzunehmen war unmöglich in dieser Situation.

Endlich war es der Helferin vom Jugendamt und mir unter Aufbietung all unserer Stimmkräfte gelungen, die Kinder einigermaßen zur Ruhe zu bringen. Als ich nun mit dem Märchen von „Brüderchen und Schwesterchen" begonnen hatte und die Kinder eben anfingen, sich in das Märchen hineinzuverlieren, als sie unter dem bannenden Zauber der Sprache wirklich still geworden waren — in diesem entscheidenden Augenblick, nicht nur dieser, sondern jeder Märchenstunde! —, da erhob das kleine Wesen auf dem Arm seiner Mutter ein wildes, zorniges Geschrei, genau, wie zu erwarten gewesen war und wie ihm das auch niemand verübeln konnte, denn: *Wo* blieb jetzt der Kasper?!

Nun fingen auch andere kleine Kinder an zu weinen und zu schreien. Es wurde laut und immer lauter — bis sich nach einer Zeit, die mir endlos erscheinen wollte, die Tür hinter der Mutter mit dem Schreihals geschlossen hatte und ich weiter erzählen konnte.

Durchgekommen bin ich durch diese Stunde, das weiß ich noch; auch, daß die Helferin vom Jugendamt mir ihr Erstaunen ausdrückte darüber, wie doch die Märchen, im Wortlaut der Brüder Grimm erzählt, die Kinder zu fesseln vermöchten. Sie habe bei Beginn der Märchenstunde große Ängste ausgestanden und immer nur gedacht: „Das hier geht ja nie im Leben gut!"

Aus der Erfahrung dieses Nachmittags und ähnlicher Experimente — Angstpartien, könnte ich auch sagen — habe ich gelernt, daß Märchenstunden sorgfältig geplant und vorbereitet werden müssen. Denn: Daß man nur „durchkommt" durch eine solche Stunde — das genügt nicht! Damit war es noch lange nicht gutgegangen, wie die freundliche Helferin meinte. Märchenerzählen ist keine Massenangelegenheit. Wer es dennoch unternimmt, vor einer großen Kinderschar zu erzählen, der tut nach meinen Erfahrungen gut daran, die unberechenbaren kleinen Vorschulkinder, vielleicht auch die Kinder vom ersten Schuljahr herauszulassen.

Die Kleinen sollen darum ja nicht zu kurz kommen — gerade sie doch am allerwenigsten. Immer bin ich in solchen Fällen bereit, diesen Kleinen vor oder nach der „Hauptversammlung" — dem Erzählen vor der Menge der größeren Kinder also — ein oder zwei kleine Extramärchen zu erzählen, und es ist mir dann ganz gleich, ob es sich dabei um 10 oder 15 oder auch nur um ein oder zwei dieser Kleinen handelt.

Es gehört in der Tat zu den größten Schwierigkeiten meines Berufes, Erwachsene von der Notwendigkeit, von der Dringlichkeit des eben Gesagten zu überzeugen, sie zu bewegen, doch Verständnis zu zeigen und nicht immer wieder meinen Bitten entgegenzuhandeln. Ich kann es noch so vorsichtig formulieren und zu erklären versuchen — es kommt trotzdem vor, daß ich mir so bitterböse Reden anhören muß wie: „Sie mögen ja keine kleinen Kinder!" oder: „Sie wollen die ja nicht dabeihaben!"

Viele Beispiele könnte ich anführen, wo eine Märchenstunde vor 50 oder 100 und mehr Kindern, bei der trotz dieser großen Menge sonst alle Voraussetzungen für ein gutes Gelingen gegeben waren, gestört und auch zerstört wurde durch wenige, bisweilen nur ein oder zwei solcher Unruhestifter, die den eben gesponnenen Märchenfaden wieder und wieder zerrissen.

„Ja — aber heißt es denn nicht allgemein, daß Märchen für *alle* Kinder da sind? Und daß selbst kleine Kinder, die noch nicht zur Schule gehen, still und andächtig zuhören, wenn nur *richtig* erzählt wird, nämlich langsam, deutlich, lebendig?"

So fragt man mich oft, und ich antworte dann etwa: „Ja, gewiß! Es ist sogar erstaunlich, wie gut und auch wie lange diese Kleinen — zum mindesten ein Teil dieser Kleinen — zuhören können. Aber sie können es in den allermeisten Fällen nur, wenn der erzählende Erwachsene die Möglichkeit hat, jedes einzelne Kind persönlich anzusprechen, ihm während des Erzählens nahe zu sein und in die Augen zu sehen und daraus abzulesen — wie aus einem aufgeschlagenen Buch abzulesen, ob das Kind mitgeht oder nicht."

„Und die märchenerzählende Großmutter auf alten Bildern", so wendet man weiter ein, „die hatte doch nicht nur die Größeren und Großen, sondern auch die ganz kleinen Kinder um sich versammelt — man sieht sie auf solchen Bildern auf dem Schoß der Großmutter sitzen, oder sie spielen, während diese erzählt, am Fußboden mit Wollknäuel, Hund oder Kätzchen. Sie scheinen da keineswegs zu stören, sondern gehören notwendig mit zum Ganzen."

Ich glaube manchmal, daß dieses uns allen liebe und vertraute Bild der märchenerzählenden Großmutter, das auch diejenigen Erwachsenen unserer Zeit noch in Kopf und Herz haben, die sich sonst von allem, was Märchen heißt, weit entfernten — daß dieses Bild zu dem Mißverständnis, zu dem Fehlschluß beiträgt, daß kleine Kinder ohne Bedenken zu Erzählstunden mitgenommen werden dürften, die nur für größere Kinder oder gar Jugendliche angesetzt sind.

Es ist aber doch etwas ganz anderes, ob einerseits im kleinen, vertrauten Familienkreis die Großmutter oder die Mutter Märchen erzählt, als wenn, andererseits, es sich um ein Erzählen vor 50 oder 100 oder noch mehr Kindern handelt, die allesamt sich in ungewohnter Umgebung befinden, die sich untereinander nur wenig oder gar nicht kennen und die nun von einem märchenerzählenden

Erwachsenen — den Kindern vorerst noch gänzlich fremd — angesprochen und gefesselt werden sollen.

Es kann vorkommen, daß ich — etwa in einer einklassigen Dorfschule — einen Kinderkreis antreffe, der, was die Verschiedenheit der Altersstufen angeht, ungefähr dem gleichkommt, was auf den erwähnten alten Bildern sich um die märchenerzählende, im Lehnstuhl sitzende Großmutter an Kindern versammelt hat. Einer solchen Stunde erinnere ich mich — einer von vielen ähnlicher Art.

In einer einklassigen Dorfschule hatte ich ein Häufchen Kinder um mich herumsitzen. Der Lehrer war aus irgendeinem Grunde nicht anwesend. Alle Altersstufen waren vertreten: 1. bis 9. Schuljahr — im ganzen etwa 20 Kinder. Ein paar befanden sich darunter, die noch nicht zur Schule gingen: Fünfjährige, aber auch winzige Drei- und Vierjährige — beim Märchenerzählen hatten sie doch gar zu gerne mit dabeisein wollen! Ich holte sie mir gleich nach vorne, nahm eins auf den Schoß, setzte die anderen vor und neben mich — jedenfalls so, daß sie in mir erreichbarer Nähe blieben. Ein ganz kleiner Junge saß unmittelbar neben mir, auf einem Schemelchen. Und dieser kleinste von allen war zugleich auch der ruhigste. Bemerkbar machte er sich nur in den Pausen zwischen den Märchen; dann nämlich lehnte er sich jedesmal an mich an, stupste mich sachte mit seinem Kopf wie ein Böcklein, und wenn ich mich zu ihm hinunterbeugte, hörte ich ihn jedesmal mit leiser, tiefer Stimme, die in komischem Gegensatz zu seiner Winzigkeit stand, sagen: „Un nu *Wroschkönig!*"

Bei den anderen Kleinen aber war ihr geringes Quantum Stillsitzenkönnen bald aufgebraucht. Sie fingen an zu zappeln, zu rutschen, zu lutschen oder was ihnen gerade einfiel. Während ich erzählte, überlegte ich: So geht's nicht weiter. Was mache ich nur? Die Großen werden ja dauernd abgelenkt — ganze Sätze, wichtige, besonders schöne, kriegen sie nicht mit. Ich selber kann mich auch nur mit Mühe konzentrieren. Die Kleinen hinausschicken? Nein, das geht nicht. Sie sind mit den größeren Geschwistern gekommen, sie finden nicht allein nach Hause; sie sind auch zu klein, um unbeaufsichtigt draußen auf dem Schulhof spielen zu können. Schließlich unterbreche ich meine Märchenerzählung und sage zu den Schulkindern, besonders zu den Großen: „Wißt ihr — die Kleinen, die können noch nicht so lange stillsitzen wie ihr. Das können sie einfach noch nicht. Wir wollen sie mal ruhig ein bißchen wühlen lassen, meint ihr nicht auch? Uns stört das ja nicht. Oder stört es euch?"

Allgemeines Kopfschütteln. Ich hatte Glück. Die Kleinen setzten zwar ihre Wühlereien fort, brummelten vor sich hin, schwenkten ihre Pudelmützen, untersuchten Tintenfässer sowie Unterseiten von Stühlen und pulten an allem herum, wo es nur etwas zu pulen gab. Aber sie redeten wenigstens nicht laut dazwischen, fingen auch nicht an zu schreien, wenn ich sie mit ein paar unauffälligen Bewegungen wieder zurechtrückte, die Köpfchen sachte nach vorn drehte; und vor allem bestanden sie nicht darauf, zwischen den großen Schulkindern umherzulaufen. Ich atmete auf. Für die Schulkinder schienen die wühlenden Kleinen nun nicht mehr zu existieren. Sie sahen sie gar nicht mehr — die Entrückung ins Märchen war gelungen.

Langsam fanden sie hinterher, als ich geschlossen hatte, in die Wirklichkeit zurück, und ich hütete mich auch wohlweislich, diese Augenblicke des Erwachens, des Wiederauftauchens aus dem Traum in die Wirklichkeit, zu stören, eingedenk der Worte eines alten Lehrers: „Nicht gleich etwas sagen hinterher! Nicht gleich die Kinder anreden! Ein, zwei oder auch drei Minuten ganz ruhig sitzenbleiben und abwarten, bis die Kinder von selbst anfangen, sich zu rühren, sich zu recken und leise untereinander zu flüstern; glauben Sie mir: Die Kinder brauchen das, um wieder zu sich zu kommen." Eine kostbare Mahnung, die ich beherzige, wo es nur irgend möglich ist. Ihre Wichtigkeit und Richtigkeit bestätigte mir einmal ein zwölfjähriges Mädchen, als es nach einer Märchenstunde ausrief: „Ach — jetzt hab' ich bald gar nicht mehr gewußt, daß wir hier alle sitzen!"

Meine Dorfschulkinder äußerten sich nicht. Ich erwartete es auch nicht von ihnen. Etwas verlegen, etwas abwesend, aber mit selbstverständlicher Freundlichkeit gaben sie mir alle beim Abschied die Hand, ergriffen ihre kleinen Geschwister und drängten zur Tür hinaus. Ich möchte fast glauben, daß auch diese kleinen Geschwister auf ihre Kosten kamen, denn — immerhin — sie waren doch mit dabeigewesen! Genauso mit dabei wie die ganz Kleinen, die auf den alten Bildern zu Füßen der Großmutter sitzen und spielen mit Wollknäuel, Hund und Kätzchen.

Und wer — so wage ich vorsichtig hinzuzufügen — vermöchte mit Sicherheit zu sagen, ob dabei nicht doch das eine oder das andere Märchenwort, gleich einer kleinen, schimmernden Perle, in die Seelen der Geschwisterchen hinabgesunken ist, in jenen unergründlichen Brunnen, von dem das Grimmsche Froschkönigmärchen erzählt: „. . . und der Brunnen war tief, so tief, daß man keinen Grund sah."

Herbst 1947

Im September 1947 in Hamburg. Ganz Hamm-Borgfelde war von Bomben zerstört. Zwischen den Trümmern wildwucherndes Gestrüpp und Unkraut, an einigen Stellen regelrechte kleine Urwälder — ich machte vier

Wochen Laborvertretung im Krankenhaus Bethesda. Da immer wieder Überfälle aus den unübersehbaren Trümmerfeldern verübt wurden, war es gefährlich, nach Dunkelwerden allein auf der sehr breiten, einsamen Straße zu gehen. Eines Nachmittags, kurz vor dem Dunkelwerden, lief ich schnell noch zum Briefkasten. Der Abend war so schön, wie ein Septemberabend nur sein kann. Der wolkenlose Himmel strahlte in den zartesten Farben. Ich erinnere mich dessen noch, daß ich im Gehen den Kopf zurücklegte und in diesen reinen Himmel blickte und dachte: Nur so kann man es hier aushalten, nur, wenn man immer nach oben sieht.

Plötzlich kam aus den Ruinen rechts der Straße mit Geschrei eine Horde Jungen herausgerast, etwas jünger als Halbwüchsige. Zum Fürchten sahen sie aus. Mit Geheul rasten sie auf mich zu, umringten mich und schrien alles Freche, was sie wußten. Ganz wohl war mir nicht dabei, ich tat aber gleichmütig-gelangweilt und ging ruhig weiter, drehte mich nach ein paar Schritten um und rief — mehr lustig als streng: „Na wartet! Wenn ich mal in eure Schule komme, dann erzähle ich euch aber keine Geschichte." Geheul hinter mir, dann wurde es still. Ich sah mich nicht um und ging weiter bis zum Briefkasten.

Als ich auf dem Rückweg wieder an die Stelle kam, stand nur noch ein Junge da. Er und ich ganz allein auf der breiten, menschenleeren Straße. Ich wollte vorbeigehen. Da kam er mit zögerndem Schritt auf mich zu. „Sie, was erzählen Sie denn für Geschichten?" — „Märchen, die ihr nicht kennt." Ich ging weiter, er kam mir nach. Von irgendwoher waren die anderen plötzlich auch wieder da. Er rief: „Sie, Tante! Erzählen Sie uns doch mal so 'ne Geschichte!" Ich drehte mich um. „Nein, euch nicht! Ihr seid mir zu frech!" Sie standen um mich herum. „Doch bitte!" — „Ja, aber wo denn? Hier mitten auf der Straße geht das doch nicht." Ich wollte weitergehen. „Nee, hier nicht, aber da oben, da haben wir 'ne Höhle, da geht das."

An der Straße links eine hohe Mauer, oben, weiter hinten hatte eine Villa gestanden: nur noch wüstes Trümmerfeld. Wuchernde undurchsichtige Wildnis; Bäume, Büsche, hohes Gras und Unkraut. Einen schmalen, schrägen Pfad zogen wir nun, einzeln hintereinander gehend, hinauf. Tief gebückt in der urwaldähnlichen Wildnis. Oben ein kleines, grasbewachsenes Plateau. Ich setzte mich auf einen abgebrochenen, niedrigen Steinsockel. Die Jungen, etwa sieben bis neun, in kleinem Halbkreis mir zu Füßen ins Gras. Etwas komisch fanden wir es wohl alle. Ein paar prusteten unterdrückt, andere grinsten. Der Rest und ich taten, als wäre alles ganz selbstverständlich.

„Na, was soll ich euch denn nun erzählen?" Im Chor: „'ne Räubergeschichte!" — „Ja, die sind auch gut, aber ich will euch nun mal das Märchen vom ,Eisenhans' erzählen." Sie guckten sich an: „Was 'n das? Nie gehört!" Ich fing an: „Es war einmal ein König, der hatte einen großen Wald bei seinem Schloß . . ." Prusten. Ich erzählte langsam, sehr langsam, fast ohne die Stimme zu heben oder zu senken, weiter. Das Prusten verstummte. — „Siehst du, der Goldbrunnen ist hell und klar wie Kristall . . ." Jetzt hatte das Märchen sie, jetzt war keine Gefahr mehr. Einer der Jungen, der zweite von links, fing an, Grasbüschel auszurupfen und in die Luft zu werfen; emsig und angestrengt arbeitete er. Ich wußte wohl: Er weiß gar nicht, daß er es tut, er ist ganz im Märchen. Nun begann er aber die anderen zu stören, die Grashalme flogen ihnen ins Gesicht. Ich unterbrach mich und sagte leise, aber bestimmt: „Komm, laß das lieber, das stört die anderen." Er ließ das Rupfen sofort, saß unbeweglich mit gesenktem Kopf da. Während ich nun ruhig weitererzählte, sah ich, daß der Nebenmann des Grasrupfers diesen mit dem Ellenbogen in die Seite stieß, und ich hörte, wie er ihm

Jugendferienwerk Schleswig-Holstein, Tagebucheintragung:

"17. 7. 1959 . . . Ich hatte dringend darum gebeten, die Jungen während meines Erzählens nicht zu photographieren. Man sagte es zu, tat es dann aber doch, heimlich aus dem Küchenzelt heraus, so daß wir nichts davon ahnten.

Ich erzählte: Der treue Johannes, Der Grabhügel, Der singende Knochen, Der alte Großvater und sein Enkel . . ."

drohend zuraunte: „Mensch! Du fällst auch immer aus die Rolle!" — Von da an ging das Märchen ohne Störung zu Ende.

Aus der Dämmerung war Dunkelheit geworden. Ich weiß noch, wie ich im Erzählen dachte: „Träumst du dies hier eigentlich?" Von den Jungen konnte ich nur noch einen Schimmer der hellen, mir zugewandten Gesichter erkennen. Sie rührten sich nicht. „. . . Als sie aber an der Hochzeitstafel saßen, da schwieg auf einmal die Musik, die Türen gingen auf, und ein stolzer König trat herein mit großem Gefolge. Er ging auf den Jüngling zu, umarmte ihn und sprach: Ich bin der Eisenhans und war in einen wilden Mann verwünscht, aber du hast mich erlöst. Alle Schätze, die ich besitze, die sollen dein Eigentum sein."

Einen Augenblick völlige Stille. Dann stand ich langsam auf. „Ja, das war das Märchen vom Eisenhans, Nun, gute Nacht, Jungs." Gemurmel im Gras. Sie saßen noch immer unbeweglich da. Ich tastete mich zu dem Schlängelpfad im Gebüsch und fand schließlich auf die dunkle Straße, ging aber in der Verwirrung erst ein paar Schritte in falscher Richtung, kehrte dann um und ging unten an der hohen Mauer entlang langsam auf Bethesda zu. Oben über mir hörte ich jetzt die Jungen im Gras herumstolpern. Sie ahnten nicht, daß ich noch hören konnte, was sie redeten. Viel war's auch nicht. Sie sprachen nicht laut. Einer sagte langsam: „O Mensch, du! *Die* Geschichte! Da war alles dran!"

Sommer 1948

Der Autobus, der mich in ein Städtchen nahe der schleswig-holsteinischen Westküste gebracht hat, hält auf dem Marktplatz. Kaum stehe ich draußen, bin ich von einer kleinen Schar Kinder umringt. Wir kennen uns schon. Vor einem halben Jahr war ich dort in ihrem Kinderheim ein paar Tage zu Gast zum Märchenerzählen. Jetzt begrüßen sie mich fröhlich und unbefangen, entreißen mir Tasche und Köfferchen, und wir machen uns zusammen auf den Weg ins Heim. Es war ein Heim für schwererziehbare Kinder, zum Teil aus ungeordneten sozialen Verhältnissen. Die Leitung lag in der Hand einer Diakonisse, einer der mütterlichsten Frauen, die ich je kennenlernte.

Indem wir so dahingehen, erzählen mir die Kinder allerlei Neuigkeiten aus dem Heim und auch, was sie noch erinnert an meinen letzten Besuch. Neben mir, mit meinem Koffer in der Hand, läuft barfuß ein großer, kräftiger Junge, etwa 11 Jahre alt. Ich erkenne ihn wieder — ein auffallendes Gesicht, ungeformt, abstoßend auf den ersten Blick. Der Junge redet eifrig auf mich ein: „Tante, erzählen Sie uns heute das Märchen vom ‚Blumennarren‘?" — „Nein! Euch ganz gewiß nicht. Das ist nur etwas für große Leute. Es ist viel zu lang und zu schwer, und ihr würdet euch langweilen. Für euch hab' ich was Besseres, was euch mehr gefallen wird: ‚Die weiße Schlange‘ und ‚Der Grabhügel‘ und ‚Das blaue Licht‘."

Nun fällt mir ein, daß ich beim letzten Besuch den Erwachsenen im Heim nach dem Abendessen das chinesische Märchen vom „Blumennarren" erzählt habe und daß zwei oder drei der älteren Heimkinder, große Mädchen, ausnahmsweise dabeisein durften. — Die Heimleiterin war eine große Blumenfreundin — alle Fenster des Heims prangten in ungewöhnlich reichem Blumenschmuck. Wie sie die Kinder liebte, so liebte sie die Blumen und brachte das kümmerlichste Pflänzchen wieder zum Blühen. Deshalb wohl hatte ich das Märchen damals in jener Abendstunde für die Erwachsenen gewählt. Es handelt von dem sanften Wirken eines alten Chinesen, dem Freude an Blumen und Blumenpflege zum Lebensinhalt wurde und der alles andere aufgab und opferte, nur um ihnen zu dienen. Nie wäre ich auf den Gedanken gekommen, dieses Märchen elfjährigen Kindern und gar noch Jungen zu erzählen, wo doch bei diesen gemeinhin die Hauptregel bei der Märchenauswahl lautet: Vor allen Dingen spannend!

Der Junge redet weiter, beschwörend geradezu: „Die großen Mädchen, die dabeisein durften, haben uns das Märchen erzählt. Sooo schön wär das!" Ich frage: „Aber was haben sie euch denn davon erzählt? Was war denn so schön und hat dir so gefallen?" Er: „O Tante! Wie der alte Mann sich so gefreut hat, wenn eine schöne Blume aufging — wie er sich da Tee gemacht hat und Wein getrunken hat, nämlich zum Geburtstag von der Blume. Und denn hat er ihr vorgesungen und hat ihr gewünscht, daß sie zehntausend Jahre lang leben soll. Bitte, Tante, erzählen Sie uns das doch!"

Wir waren im Heim angelangt, und im Empfangsjubel und -trubel war mir der Junge samt seiner Bitte aus dem Sinn gekommen. Nachmittags, als wir endlich alle zusammensaßen und ich eben mit dem Erzählen für die Kinder beginnen wollte, kam mein Kofferträger noch einmal mit seiner Bitte. Und wiederum bemühte ich mich, sie ihm sanft auszureden, und dann erzählte ich, was ich für richtig hielt und was dem Alter der Kinder, unter denen auch eine Anzahl kleinerer war, entsprach — viele, viele Märchen. Sie sollten doch einmal so richtig satt werden!

Am nächsten Tag wollte ich mittags abreisen. Eine Stunde vor dem Mittagessen kam die leitende Schwester zu mir und sagte: „Die größeren Kinder, die elf-, fünfzehnjährigen, lassen mir keine Ruhe und bitten immerfort darum, daß sie den „Blumennarren" noch hören dürften. Tun Sie's nur! Natürlich ist es viel zu lang und schwer und zu wenig spannend, aber wenn Sie jetzt anfangen, werden Sie bis zum Mittagessen vielleicht gerade noch fertig. Ich muß Sie jetzt schon selber darum bitten." — So zog ich denn mit meinen zwölf Unentwegten hinauf in eines der Schlafzimmer, setzte mich in eine Ecke — die Kinder auf die Betten ringsherum, wie es gerade kam. — Aufmerksameren Zuhörern habe ich das Märchen nie wieder erzählt. Dabei erließ ich ihnen nichts, keine noch so breit und behaglich ausgeschmückte Beschreibung des Gartens und der Blumen, die für den alten Chinesen „sein Leben", sein Paradies auf Erden bedeuteten. Dreiviertel Stunden Erzähldauer!

Eben hatte ich geschlossen, da läutete es zum Mittagessen. Als ich mich später von der Heimleiterin verabschiedete, sagte sie: „Denken Sie nur, die Kinder sind sofort nach dem Märchen — noch vor dem Mittagessen — strahlend zu mir gekommen und haben gesagt: ‚Das war das allerschönste Märchen von allen, die die Tante erzählt hat!'"

Winter 1949

„Passen Sie um Himmels willen auf, daß Ihre Ansprüche auf Angestelltenversicherung nicht verfallen! Erkundigen Sie sich genau, ob alle Unterlagen vorhanden sind und ob auch sonst alles in Ordnung ist!"

Dieser Rat — diese Beschwörung eines Bekannten war mir in die Knochen gefahren, und so saß ich denn schon am nächsten Tag im diesbezüglichen Amtszimmer des Versicherungsgebäudes einem Beamten gegenüber — einem freundlichen, älteren Herrn, den ich um Rat fragte und dem ich meine Angelegenheit samt allen einschlägigen Papieren unterbreitete.

Ruhig und sachlich stellte er Fragen: „Also damals waren Sie medizinisch-technische Assistentin in Hamburg, und in welchem Beruf sind Sie jetzt tätig?" — „Ich bin

Märchenerzählerin." — „Wie? Was? Märchenerzählerin?"
— Der würdige, gesetzte Beamte wurde auf einmal ganz
lebhaft, nahm seine Brille ab und sah mich interessiert an.
Ich erklärte so kurz wie möglich, wie ich zu diesem Beruf
gekommen war und daß ich nun auch dabei bleiben
wolle, da mir immer klarer würde, daß Märchenerzählen
notwendig sei, wenn auch wenige Menschen wüßten, wie
sehr und warum.

„Ach ja — Märchen bedeuten viel für Kinder!" — Sein
Blick schweifte ab und zum Fenster hinaus; aber seine
Gedanken waren nicht bei meinen Versicherungsmarken
und den Papieren, die ich vor ihm ausgebreitet hatte.
„Wissen Sie, ich bin auf dem Lande aufgewachsen. Ich
erinnere mich noch lebhaft eines Knechtes, der sommers-
über draußen auf dem Felde arbeitete. Aber einen
Winter lang ist er bei uns auf dem Hof gewesen, zum
Dreschen. Jeden Tag habe ich als kleiner Junge neben
ihm auf der Tenne gesessen und ihm zugehört, denn er
konnte viele Märchen erzählen. Ach — wie war das
schön! Ein Märchen nach dem anderen — von 'n grooten
Klaas und kleenen Klaas und all die anderen Märchen —
unvergeßlich und wunderbar!"

Anfang 1949 war noch Hungerzeit für viele Menschen
in Deutschland. Wer von den Städtern es irgend konnte
oder Beziehungen hatte, machte Hamsterfahrten aufs
Land — ein frisches Landei war immer noch eine Kost-
barkeit.

Am 8. Februar 1949 kam ich zum Märchenerzählen in
ein städtisches Altersheim. Jahre zuvor war ich schon
einmal dort gewesen, und nun hatte mich die Leitung
zum Wiederkommen aufgefordert. Aber diesmal: „Märchen! Wieso denn das?! Wir sind doch keine kleinen
Kinder!" Als Flüsterparole war diese Rede im Altersheim
unter den Insassen umgegangen, noch ehe der angesetzte

Märchenabend stattfand. Betrübt teilte mir die leitende Schwester bei meinem Kommen mit, daß von den 40 Heimalten heute nur etwa 20 erschienen seien. Diese freilich freudig gespannt und interessiert: „Eine alte Frau, eine ewige Querulantin und Intrigantin, die uns allen hier im Heim das Leben sauer macht, hat diese für Ihren Märchenabend unfreundliche Stimmung verbreitet und ja auch sichtlich viele damit angesteckt." Ich beruhigte die gute Schwester — für die 20 Erschienenen wollte ich nun ganz besonders schön erzählen. Das versuchte ich denn auch nach Kräften, besonders auch nach Stimmkräften. Alte Menschen, auch wenn sie nicht direkt schwerhörig sind, haben es gerne, wenn sehr laut und langsam erzählt wird. „Wir können dann leichter folgen. Es strengt nicht so an", sagen sie oft. Ich saß oben an der Querseite eines langen Eßtisches. Meine alten und uralten Zuhörer verteilten sich an den drei übrigen Tischseiten. Mir gegenüber, an der anderen Schmalseite des Tisches, ein alter Mann. Er saß die ganze Zeit über, während ich erzählte, tief gebückt, Hand und Kinn auf seinen Stock gestützt. Drei Grimmsche Märchen erzählte ich: „Die Gänsemagd", „Der Bärenhäuter" und „Meister Pfriem".

Kaum hatte ich das letzte Wort gesprochen und den Märchenabend beendet, da stand der alte Mann am anderen Ende des Tisches auf, und noch bevor alle anderen sich von ihren Plätzen erhoben hatten, humpelte er mit auffallender Eile und Behendigkeit zur Tür hinaus. Ich sah es und dachte: Der hat's eilig, ins Bett zu kommen, ist müde, hat gewiß mehr als genug vom Märchenerzählen und ist froh, daß endlich damit Schluß ist. Die anderen Zuhörer kamen noch zu mir heran, umringten mich und sagten freundliche, dankbare Worte: „Ja, ja! Die alten Märchen!" murmelten sie. „Das war ein feiner Abend!" — „Kommen Sie bald mal wieder, Fräulein!" — „Das war mal ganz was anderes, das war richtig schön!"

Als ich mich im Hausflur von der leitenden Schwester verabschiedete, da erschien auf einmal der alte Mann wieder auf der Bildfläche, der vorhin nach dem Erzählen so schnell und als erster den Raum verlassen hatte. Er war ganz außer Atem: „Da, liebes Fräulein, das sollen Sie haben für Ihre schönen Märchen! Ganz frisch sind sie — habe ich heute mittag vom Lande geholt!" Zwei Eier legte er mir in die Hände und strahlte dabei übers ganze Gesicht vor Vergnügen. So schnell ihn seine alten Beine trugen, hatte er sie mir aus seiner Stube geholt. Ich konnte nur denken, wie Hans im Glück: „. . . Was wird meine Mutter eine Freude haben!"

Aber ob im Jahre 1961 wirklich noch jemand nachfühlen kann, was damals zwei frische Landeier bedeuteten?

Seither habe ich noch viel in Altersheimen Märchen erzählt, auch vor größeren und großen Kreisen von 70 bis 80 Zuhörern; und immer wieder stelle ich fest, daß es eine besondere Freude ist, gerade diesen alten Menschen zu erzählen. Es wird doch sichtlich vieles verstanden, was jüngere Menschen und Kinder, denen die lange Lebenserfahrung der Alten fehlt, eben noch nicht verstehen; und manches weiße Haupt nickt an dieser und jener Stelle zustimmend und bekräftigend und seufzt wohl auch einmal dazu: „Ach ja, ach ja — so geht's!"

Vor angehenden Kindergärtnerinnen in Hamburg hatte ich Märchen erzählt. Das Jugendamt hatte diese Stunde angesetzt, um die jungen Mädchen durch eigene Freude am Hören anzuregen, es selber mit dem Erzählen zu versuchen. Mir schien diese Märchenstunde unbefriedigend verlaufen zu sein. Bedrückt schrieb ich ins Tagebuch nur die kurze Notiz: „Nicht recht gelungen." Aber eigentlich war's schlimmer, mir schien die Unternehmung völlig mißglückt zu sein — die unvorteilhafte Zeit um 8 Uhr morgens; das unaufhörliche Getöse des Motorenlärms von der Straße her; die unbeteiligt und verschlafen wirkenden Mienen der jungen Mädchen — schreckliche Mühe hatte ich gehabt, auch nur das kleinste Gespräch mit ihnen in Gang zu bekommen. Kurz — ich mochte nie gerne an diese Stunde zurückdenken, weiß noch, wie ungern ich das Geld dafür annahm.

Drei Jahre später erzählte ich wiederum im Auftrag desselben Jugendamtes vor Kindergärtnerinnen. Diesmal in einem anderen Kindertagesheim. Eine Jugendleiterin, die an der Märchenstunde teilnahm, war vor drei Jahren mit dabeigewesen, als ich nach dem Erzählen so unbefriedigt und bedrückt nach Hause gegangen war. Sie erinnerte sich der Stunde und redete mich darauf an: „Die Mädels haben damals hinterher zu mir gesagt: ‚O wie schade, daß es schon zu Ende ist! Wir hätten noch stundenlang zuhören mögen!'" Den Straßenlärm, gegen den anzuerzählen ich Mühe gehabt hatte, die Ungemütlichkeit der frühen Stunde und der ganzen Situation hatten die Mädchen also nicht gestört. Wie mich das nachträglich erfreute und erleichterte!

An den tröstlichen Bericht der Jugendleiterin schloß sich noch ein Gespräch an. Ich hatte hingewiesen auf die betrübende Tatsache, daß das Elternhaus der Großstadtkinder in bezug auf Märchenerzählen immer mehr — praktisch völlig versage. „Ja, leider!" stimmte mir die Jugendleiterin zu und fuhr fort: „Sie glauben nicht, wie vielen Müttern ich schon geraten habe, es mit dem Erzählen doch wieder zu versuchen. Im Augenblick sehen sie es ein, tun es aber nicht. Man muß Verständnis haben für die Mütter. Sie sind alle überarbeitet. Viele haben den Mann im Krieg verloren. Sie sind froh, wenn sie es schaffen, ihre Kinder mit Essen, Trinken und Kleidung zu versorgen. Sie bringen den Schwung zum Märchenerzählen nicht mehr auf. Haben keine Zeit dafür und kennen die Märchen selber auch nicht mehr. Wie soll man sie

dazu bringen, die entschwundenen Erinnerungen durch
Nachlesen in einem Märchenbuch wieder aufzufrischen?
Bei einer einzigen Mutter ist es mir gelungen. Diese Frau,
deren Mann gefallen ist, kam eines Tages zu mir und
klagte, sie könnte mit ihren Kindern nicht mehr fertig
werden; sie habe das Gefühl, daß sie ihr entglitten. Sie
gehorchten ihr nicht mehr. Der rechte Familienzusam-
menhalt sei verlorengegangen. Ich habe ihr geraten, ihre
Kinder doch ab und an — am besten in der Dämmerstunde — um sich zu versammeln und ihnen ein schönes
Märchen zu erzählen. Zwar dürfe sie die Mühe nicht
scheuen, sich dafür vorzubereiten, die Märchen ein paarmal durchzulesen. Beim Nähen und Stopfen, bei Hausar-
beiten mechanischer Art würde sie vielleicht doch die
Möglichkeit einer solchen Vorbereitung haben. Und diese
Mutter — eine von hundert, denen ich im Laufe der Jahre
dasselbe riet — hat meinen Rat befolgt. Nach einiger Zeit
kam sie wieder zu mir und berichtete strahlend von der
Wandlung, die sich durch das Märchenerzählen in ihrer
Familie vollzogen habe. Durch das gemeinsame Erlebnis
habe sich auch der innere Kreis wieder geschlossen, habe
sie ihre Kinder wieder zurückgewonnen. Viel leichter
wären sie jetzt zu leiten. Und sie alle freuten sich von einer
Märchenstunde auf die andere."

Winter 1950

Ich wußte: der Schulleiter erzählt selber Märchen. Er ist
ein hervorragender Laienspieler. Soweit der Lehrplan
seiner Schule es zuläßt, pflegt er in seiner Schule alles
Musische. Vor zwei Jahren hatte er mir auf meine Anfra-
ge, seinen Schulkindern Märchen erzählen zu dürfen,
freundlich, aber entschieden eine Absage erteilt: „Wir
erzählen nämlich selber Märchen, und ich bitte Sie des-

halb zu verstehen ..." Jetzt nun hatte er mich aufgefordert zu kommen. Ich freute mich darüber, besonders auch, weil er noch hinzugefügt hatte: „Wir können uns ja hinterher mal über Märchenerzählen unterhalten." — Das geschah dann auch, nachdem die Erzählstunde vor der Oberstufe seiner Schule beendet war.

Er war sehr nachdenklich und sagte mir etwa dieses: „Ich habe heute eine wichtige Entdeckung gemacht. Vorhin, während Sie meinen Großen erzählten, ist mir klargeworden, daß ich mir im Laufe der Jahre — hier im Dorf ganz auf mich gestellt — beim Märchenerzählen immer mehr angewöhnt habe, den Kindern die Märchen nicht zu erzählen, sondern sie ihnen vorzuspielen. Die Kinder beobachten und bewundern mich in erster Linie als Schauspieler — die Geste ist wichtiger geworden als das Wort. Ich habe nun gesehen, wie tief meine Schulkinder von Ihrem Erzählen gepackt waren, tiefer als wenn ich ihnen erzähle. Ich habe Sie genau beobachtet, wie Sie so ganz ruhig dasaßen und erzählten, nicht unbeweglich, nicht unlebendig, aber mit ganz sparsamen Bewegungen, die sich von selbst, einzig und allein aus dem Märchen heraus ergaben, jedenfalls ohne Anwendung aller dramatischen Mittel, die mir als Laienspieler zu Gebote stehen und die anzuwenden ich gewohnt bin — auf der Bühne wie beim Märchenerzählen. Ich glaube jetzt erkannt zu haben, daß Laienspiel und Märchenerzählen unter verschiedenen Gesetzen stehen und daß es vielleicht gar nicht so einfach ist, ein guter Schauspieler und zugleich ein guter Märchenerzähler zu sein."

Am 1. Februar 1950 morgens in der Frühe und den ganzen Tag über war es bitter kalt, und ein Schneesturm von ungewöhnlicher Wucht fegte übers flache Land, über die Straßen Südangelns im Landkreis Flensburg. Schritt für Schritt kämpfte ich mich von der Bushaltestelle zu der kleinen Dorfschule hin, in der ich mich zum Erzählen angemeldet hatte. Ich kannte den Weg nicht genau; es war noch dunkel so früh am Morgen. Kaum konnte man die Hand vor Augen sehen; der Schnee peitschte mir gerade ins Gesicht und machte mich halb blind. Keine Menschenseele weit und breit. Schwacher Lichtschein nur aus den einzelnen, verstreut liegenden Bauernhöfen. Aber wie dahinkommen und nach dem Weg fragen? Hohe Schneewehen und dann wieder freigewehte Stellen ließen überhaupt keinen Weg mehr erkennen.

An Wetterunbill jeglicher Art auf einsamen Landstraßen bin ich gewöhnt. Das ergibt sich im Laufe der Jahre von selbst, wenn der Beruf es verlangt, daß man ganze Landkreise sommers und winters — von Dorfschule zu Dorfschule wandernd — durchstreift: Landkreis Flensburg, Südtondern, Husum, Eiderstedt, Schleswig, Eckernförde. Aber die Expedition an diesem 1. Februar überstieg doch fast das Maß dessen, was ein Großstadtmensch, der ich im Grunde doch bin, zu bestehen vermochte.

Schließlich fand ich dann doch die kleine einklassige Schule und taumelte mehr tot als lebendig über die Schwelle. Welch ein Glück, daß der Bus mich schon um 7 Uhr abgesetzt hatte! So kam ich um 8 Uhr zum Schulbeginn doch noch rechtzeitig an. Der Schulleiter, so hörte ich, sei erkrankt. Ich möchte nur erstmal mit der Mittelstufe, 4. bis 6. Schuljahr, beginnen. Sie kamen auch wirklich, dick vermummt, halb erstarrt vor Kälte, die meisten von ihnen hatten einen längeren Weg gehabt als ich. Einige Kinder fehlten. Die Eltern hatten sie gewiß nicht fortgelassen in dem Unwetter. Der kleine eiserne Ofen glühte, was er nur konnte, aber der wütende Sturm drang trotzdem durch alle Fensterritzen herein — es wehte geradezu im Klassenraum — und auf den Fensterbrettern lag dicker Schnee. Unmöglich konnten die Kinder auf ihren gewohnten Plätzen sitzen. Die freundliche junge Lehrerin half mir, und wir schoben rasch ein paar Pulte so eng wie möglich um den Ofen herum. Dann schwang ich mich auf einen der Tische, und im Nu saßen alle Kinder ringsherum, ebenfalls auf den Tischen; so eng zusammengedrängt wie möglich, hatten wir bald alle feurrote Backen, und ich erzählte und erzählte, bis 10 Uhr, bis die Großen kamen.

So vieler schöner Märchenstunden erinnere ich mich, aber diese war eine der allerschönsten! Heute noch meine ich die vom Öfchen ausstrahlende Hitze auf der Haut zu fühlen, sehe vor mir seine rotglühenden Wände, weiß um mich die lauschenden, verzauberten Kinder und höre hinter mir und ums Haus herum das Heulen und Pfeifen des Sturmes.

Am Montag der nächsten Woche kam ich wieder in dieselbe Gegend, ins Nachbardorf. Um 7 Uhr hielt der Bus vor dem Gasthaus, das Gott sei Dank nicht verschlossen war. Eine junge Frau, die die Gaststube reinmachte, brachte mir eine Tasse Kaffee. Ich erklärte ihr, warum ich so früh schon dort sei und sie bei der Arbeit störte, weil ich nämlich um 8 Uhr in der Schule schon Märchen erzählen müsse. Da hält die Frau beim Aufwischen des Fußbodens inne, dreht sich lebhaft und erfreut zu mir um: „Ach, *Sie* sind das? Haben Sie nicht vorige Woche in Großenwiehe auch erzählt? Meine Kinder gehen da zur Schule. Die haben erzählt: Es war wunderschön! O Mutti, die hat Märchen erzählt, so schön, als wenn es wirklich war!" Später beim Aufräumen der Gaststube redete sie weiter, mehr vor sich hin und für sich, als zu mir hin. — „Für Märchen sind ja alle Kinder begeistert — aber man kommt da ja nich mehr dazu. Och — und es is nich mal die Zeit, die Zeit allein mein ich, die einem fehlt: Man is nich in Stimmung, man hat da auch keine rechte Lust zu. Die Sorgen, die man zu Haus' hat, sind soo groß! Und denn, Fräulein, das müssen Sie ja verstehen: das is das

Letzte, wenn man Geld knapp hat, daß man denn'n Märchenbuch kauft!"

Nach über drei Jahren erzählte ich wieder Märchen in der Dorfschule, die ich damals an jenem dunklen Februarmorgen fast nicht gefunden hätte. Tagebuch: „Sehr erfreulich alles. Die Großen erinnerten sich noch, was ich damals, 1950, erzählte: daß ich im Schneesturm morgens ankam, daß wir alle um den Ofen herumsaßen, daß ich sehr heiser war. — Erstaunlich!"

Als ich einem Schulleiter davon berichtete und ihm sagte, daß ich sehr oft Ähnliches und noch viel Erstaunlicheres erlebte an Äußerungen von Kindern und Jugendlichen, die weit länger zurückliegender Märchenstunden sich in allen Einzelheiten erinnerten, da meinte er: „Gar nicht erstaunlich! Ich selbst erinnere mich ja noch einer Märchenerzählerin, die einmal — leider nur ein einziges Mal — in unsere Schule kam, als ich noch ein kleiner Junge war. *Die* Stunde vergesse ich mein Leben lang nicht, so schön war das! Darum freue ich mich auch so sehr, daß Sie zu uns gekommen sind, weil ich meinen Schulkindern ein ähnlich tief ins Gemüt sich prägendes Erlebnis gönnen wollte. Besonders tief haftet bei den Kindern ja eine solche Märchenstunde, weil hier einmal ein fremder, von außen kommender Mensch ihnen erzählt und nicht der den Kindern bekannte Lehrer. Das ist doch ein Ereignis in der Schule!"

Ich erwiderte dem Schulleiter, daß solche Worte mich mehr als er ahnen könnte erleichterten und beruhigten, denn es gehörte zu den betrüblichsten und bedrückendsten Erfahrungen in meinem Beruf, wenn eine Ablehnung meines Angebotes, in einer Schule oder einem Kinderheim Märchen zu erzählen, mit der Begründung erfolgte: „Wir wollen uns von Ihnen das Märchenerzählen nicht wegnehmen lassen!" Da rief der Lehrer: „Aber das ist ja ein ganz enger und kleinlicher Standpunkt, wo Sie doch nur im Abstand von Jahren wieder in dieselbe Schule kommen! Und Sie erzählen doch fast ausschließlich Märchen, die den Kindern und meist auch uns Lehrern unbekannt sind und dabei doch so wunderschön, daß selbst jeder Erwachsene mit Spannung zuhört und nur bedauert, daß die große Menge des Wissensstoffes, der den Kindern in der Schule nun einmal vermittelt werden muß, es nicht zuläßt, daß wir Lehrer mehr Zeit dafür erübrigen können. Glauben Sie mir, das ist sehr schmerzlich für uns. Um so mehr sollte man sich freuen, wenn Sie sich zum Erzählen anmelden. Unser Schularzt sagte mir neulich wörtlich, als wir auf das Thema Kind und Märchen zu sprechen kamen: ‚Wenn mehr Märchen erzählt würden, so hätten wir Ärzte weniger zu tun!‘ "

Zu meiner Freude ist es mir im Laufe der letzten zehn Jahre gelungen, die anfängliche Ablehnung, da wo sie vorhanden war, weitgehend zu zerstreuen — zu überzeugen, daß es sich um nichts „Schulfremdes" handelt, sondern um eine Art Ergänzung zum Deutschunterricht, in den oberen wie in den unteren Klassen. Daß hier und da meine Art zu erzählen abgelehnt wird, ist nur natürlich — die Ansichten darüber, wie man „richtig" Märchen erzählt, sind verschieden, und immer auch einmal geschieht es, daß mir eine Märchenstunde mißglückt. Ich habe es allmählich gelernt, aus noch so schroffer und negativer Kritik für mich selber *das* Körnchen Wahrheit herauszupikken, das allemal darin enthalten ist. Auch überlege ich mir, wie ich selbst als Lehrerin oder Kindergärtnerin im ersten Augenblick darauf reagieren würde, wenn ein gänzlich fremder Mensch mir anvertrauten Kindern Märchen erzählen wollte — ob ich wohl sofort freudig dazu bereit wäre.

In einer großen Mädchenvolksschule der Altstadt Schleswigs hatte ich am Vormittag fünf Stunden hintereinander in einzelnen Klassen Märchen erzählt. Soweit ich es beurteilen konnte, war es schön gewesen. Der Rektor war selber ein Märchenfreund und hatte mich mit Freudigkeit aufgenommen; wie das trägt und beflügelt! Nun war ich aber ehrlich müde, wenn auch fröhlich und zufrieden, schlenderte die Hauptstraße entlang von der Altstadt zum Schleiufer hin, so recht in dem Zustand: Wenn dich jetzt unterwegs bloß niemand mehr anredet! Irgendwo auf meinem Weg ragt die Querwand eines hohen Hauses einige Meter weit in die Straße hinein, der größte Teil der Wand von einem grellbunten Filmplakat bedeckt — Szene aus einem Gangsterfilm: in Todesangst verzerrte Gesichter, Pistolenläufe, die Griffe in „nervigen Fäusten".

Hinter mir auf der Straße kommen jetzt zwei kleine Schulmädel heran. Ich erkenne sie wieder, sie saßen vorhin in der Schule vor mir in der ersten Reihe. Ihre verklärten Gesichter beim Grimmschen Märchen von den „Sechs Schwänen" waren mir aufgefallen, besonders bei der einen Stelle: „. . . Als der Tag herankam, wo das Urteil sollte vollzogen werden, da war zugleich der letzte Tag von den sechs Jahren herum, in welchen sie nicht sprechen und nicht lachen durfte, und sie hatte ihre lieben Brüder aus der Macht des Zaubers befreit." Und dann weiter: „. . . Die Schwäne rauschten zu ihr her und senkten sich herab, so daß sie ihnen die Hemden überwerfen konnte: und wie sie davon berührt wurden, fielen die Schwanenhäute ab, und ihre Brüder standen leibhaftig vor ihr und waren frisch und schön . . ." — Ich hatte den Klang des vorhin Erzählten selbst noch im Ohr.

Ich muß gestehen, als ich die Mädelchen herankommen sah, blieb ich vor dem Plakat stehen, als besähe ich es mir; ich hatte im Augenblick nicht mehr die Kraft, mich mit den Kindern zu unterhalten, wie ich es sonst so gerne auf dem Nachhauseweg nach einer Märchenstunde tue. — Da bleiben die beiden aber auch stehen, stellen sich neben mich, sehen zu dem Plakat auf, und die eine sagt in klagendem Ton: „Da war ich zweimal drin. Oh — schrecklich! Aber ich muß ja immer mit, mit mein' großen Bruder. Der mag so gerne Stücke sehen, wo einer geschossen wird. Ich mag das aber nich! Wenn das knallt — ich wein' denn immer — oh, ich wein'!"

Herbst 1950

In einem großen städtischen Kindertagesheim waren die Eltern der Kinder zu einem Märchenabend geladen. Bis zum letzten Augenblick hatte ich überlegt, was ich erzählen sollte, beriet mich mit der Heimleiterin, und wir kamen schließlich überein, es doch einmal mit dem zweitausend Jahre alten indischen Märchen „Sawitri" zu wagen. In mein Tagebuch schrieb ich nur eine kurze Notiz über diese Märchenstunde: „Schöner Abend. Schön zu erzählen. Anscheinend alle zufrieden."

Als ich einige Wochen danach mit der Leiterin des Heims wieder zusammentraf, berichtete sie mir von dem tiefen Eindruck, den das Märchen auf viele Eltern — sowohl Mütter wie Väter — ihrer Heimkinder gemacht habe.

„Am meisten aber", sagte sie, „habe ich mich über eine der Mütter gefreut. Diese Frau kam an jenem Abend, bevor Sie mit dem Erzählen begannen, zu mir ins Büro, um rasch noch eine Rechnung zu begleichen. Dann wollte sie gleich wieder fort, nach Hause. Ich redete ihr zu, doch zum Märchenabend dazubleiben. Aber sie wehrte ab — sie wäre todmüde, käme direkt von der Arbeit, hätte zu Hause noch so viel zu tun, nicht mal mehr fürs Kino würde sie jetzt die Kraft haben. Ich habe ihr zugeredet, sie fast ein bißchen bedrängt — sie könnte sich ja in den Hintergrund setzen und die Augen zumachen, niemand würde es sehen, da der Raum nur von wenigen Kerzen erhellt sei. Schließlich hat sie nachgegeben und ist dageblieben. Am nächsten oder übernächsten Tag kam sie zu mir ins Heim. Sie sagte, sie müßte sich für den Märchenabend und dafür, daß ich ihr zugeredet hätte, zu bleiben, noch einmal herzlich bedanken; sie wäre — offen gesagt — nur mir zuliebe dageblieben und hätte nicht für möglich gehalten, was dann geschah. Nämlich, statt müder zu werden und womöglich einzuschlafen, sei sie im Gegenteil immer wacher geworden und habe mit Spannung zugehört. Und dabei hätte sie doch bei den vielen fremden Namen tüchtig aufpassen und sich anstrengen müssen. — Zum Schluß sagte sie wörtlich: ‚Sie mögen es glauben oder nicht, ich bin hinterher viel frischer gewesen als vorher und ordentlich beschwingt nach Hause gegangen!'"

Welch ein Bogen von der müden, abgearbeiteten Mutter im Groß-Hamburg unserer Tage bis zur Märchengestalt des alten Indien, bis zur Königstochter „Sawitri", die durch ihre Liebe und Treue selbst den Tod, den „gerechten", den „unerbittlichen" bezwingt, so daß er ihr am Ende das erflehte Leben des Gatten zurückgibt! Immer wieder dieser große Bogen; oder auch, anders ausgedrückt: immer wieder die Aufnahmefähigkeit für solche uralten Märchenstoffe überall da bei Menschen, deren seelische Wurzeln noch hinabreichen und gespeist werden aus dem großen Strom, dem „Wasser des Lebens".

In einem Müttererholungsheim in Angeln erzählte ich eines Tages „Sawitri". Es waren jüngere Frauen, intelligent, interessiert und sehr bei der Sache. Halb im Schatten einer Säule der hübschen Diele, in der der Märchenabend stattfand, sah ich eine Frau sitzen, die mir gar nicht in diesen Kreis zu passen schien. Später sagte man mir, sie wäre hier nicht recht am Platze, fühlte das auch wohl selber. Sie war älter und anders als die anderen. Eine

deutsche Bäuerin, aber erst vor kurzem aus dem hintersten Polen in den Westen gelangt. Deutsch sprach sie und
verstand sie gut. Aber die Anpassung an westliche
Lebensart war ihr noch in keiner Weise gelungen. So war
sie schlimm dran; aber die anderen, denen manches im
engen Zusammenleben mit ihr einfach unerträglich war,
auch. Vierschrötig, breitbeinig saß sie da in ihrem Sessel,
den Kopf geneigt, die Augen auf den Fußboden zwischen
ihren Knien geheftet. Ich dachte flüchtig: Für die Frau
dahinten ist die „Sawitri" nun ganz und gar nichts! Wie
schwer ist es doch, für alle Zuhörer das Richtige zu
treffen!

Der Märchenabend war zu Ende. Ganz leise gesungen
verklang das abendliche Schlußlied, und die Frauen suchten ihre Schlafräume auf. Man sah: Sie waren noch im
Märchen, noch bei „Sawitri". Die Frau, die hinter der
Säule gesessen hatte, erhob sich schwerfällig. Dann kam
sie zu mir, tippte mir leise auf die Schulter — und das war
kein plumpvertrauliches Auf-die-Schulter-Schlagen! —
und sagte leise, langsam und mit großem Ernst: „Das war
a gut's Mädche!"

In einem Heim der „Offenen Tür" in Hamburg. Märchenabend für 60 Jugendliche. Junge Männer, junge
Mädchen. Schon zweimal in den letzten Jahren hatte ich
dort erzählt; die meisten kannten mich also. Und doch —
ich habe selten solche Angst gehabt wie vor diesem
Abend, und es wurde dann schön wie selten!

Während des ersten Teiles einige Unruhe. Im Hintergrund machte ein junger Mann Krakehl — redete, lachte.
Der Unwille der anderen jungen Leute darüber war
deutlich; ebenfalls, daß der Knabe mindestens ein Glas
Bier zu viel getrunken haben mußte. Wenn jetzt die
anderen, die so schön ernsthaft zuhörten, von seiner
Albernheit angesteckt wurden — in einem Kreis wie

diesem hing das an einem seidenen Faden —, dann war der Märchenabend aus und hin. Das geschah nun nicht; aber die Störung war doch erheblich und häßlich gewesen. Wir machten nach dem ersten, langen Märchen, dem Indianermärchen von dem „Mädchen, das nicht weinen konnte", eine größere Pause.

Mit Erleichterung sah ich die Heimleiterin — eine der besten Pädagoginnen, die mir je begegnet sind — den bösen Buben hinausbefördern, und zwar energisch. Als sie zurückkam, bat sie mich leise: „Wollen wir's nun nicht doch mit der ‚Sawitri' wagen?" Von einer Veranstaltung für Jugendleiterinnen her kannte sie das Märchen. Wir hatten es für diesen Abend in Aussicht genommen, falls, aber eben nur falls die Stimmung dafür geeignet sein würde. Ich war skeptisch. War jetzt für „Sawitri" noch die nötige Sammlung da? Mir schien das Wagnis allzu groß. Ohne Zureden und Bitten von Fräulein D. hätte ich mich nicht dazu entschlossen.

Die Pause ist zu Ende. Alle sitzen wieder auf ihren Plätzen. Auf dem Tisch neben mir Kerzen, aber nur wenige, so daß sie niemanden blenden, sondern das schöne Dämmerlicht schaffen, bei dem sich am besten erzählen und zuhören läßt; leider aber auch günstig für Leute, die gerne im Dunkeln munkeln, wie vorhin der junge Mann. Ich denke gerade: was für ein Glück, daß der draußen ist! Da öffnet sich die Tür — ich traue meinen Augen nicht: Die Heimleiterin mit eben diesem jungen Mann kommt herein! Er verschwindet wieder in den Hintergrund der Zuhörerreihen. Die Heimleiterin setzt sich leise auf den Stuhl neben mich, nickt mir zu, und ich verstehe: Alles in Ordnung!

Nun — sie mußte es ja wissen! Und sie wußte es auch. — „Stellen Sie sich vor", sagte sie mir hinterher, „ich hatte ihn doch nach Hause geschickt, war recht böse mit ihm gewesen; gegen Schluß der Pause vorhin, vor der ‚Sawitri', gehe ich noch einmal ins Büro, und da sitzt doch der große Junge und heult, daß er nicht mehr mit dabeisein darf! Fast hätte ich gelacht! Ein Glas Bier zu viel — das wär's gewesen, und eigentlich hätte er auch gar nicht stören wollen." Darauf hatte sie ihn wieder mit hereingenommen, und tatsächlich: Er hat sich nicht mehr gerührt!

Sommer 1951

April — Mai — Juni — Juli 1951: Märchenwanderungen und Fahrten von Schule zu Schule durch den Kreis Husum.

Mit dem Dörfchen Joldelund im Norden fing's an; dann im Osten des Kreises hinunter bis zum entzückenden Schwabstedt, diesem Juwel im Treenetal. Westlich wieder hinaus bis Bredstedt und Bordelum. Die Koogschulen — Nordstrand, Pellworm —, die Halligen: Hooge, Gröde, Langeneß, Oland. Ganz herumgekommen bin ich nicht, denn mit dem Beginn der Sommerferien schlossen sich die Pforten der Schulen. Daß sie sich mir so bereitwillig geöffnet hatten, verdankte ich der freundlichen Empfehlung des Schulrates in Husum, und diese Empfehlung wiederum der Befürwortung des Bibliotheksdirektors i. R., Herrn Dr. Franz Schriewer, der damals die „Beratungsstelle für kulturelle Arbeit im Landesteil Schleswig" eingerichtet hatte und leitete. Der eine kleine Satz: „Ich komme im Auftrage von Herrn Dr. Schriewer" — dieses Zauberwort hat mir viele Türen aufgeschlossen, ein wahres „Sesam, öffne dich!" für mich im ganzen Lande zwischen Flensburg und Eider.

Es war der ausdrückliche Wunsch des Schulrats, die kleinen Halligschulen nicht zu vergessen, die wegen ihrer Abgelegenheit bei der kulturellen Betreuung des Kreises sonst fast immer links liegengelassen würden. „Aber ob sich das lohnen wird? Das Herumgondeln im Wattenmeer kostet eine Stange Geld!" setzte der Schulrat zögernd hinzu. Mit der Stange Geld hatte es freilich seine Richtigkeit. Aber wenn ich an die strahlende Freude in den Augen der Insel- und Halligkinder denke, daran, wie glückselig sie waren, daß die Märchentante wahrhaftig auch zu ihnen gekommen war, dann hatte es sich doch gelohnt. „Ich dachte, für mich allein würden Sie nicht kommen", sagte die kleine Olga Nommensen, das einzige Schulkind auf Hallig Gröde.

In großen Zügen war der Rundreiseplan durch den Kreis Husum von Anfang an und im voraus schon festgelegt. Aber die Wochen nach den Pfingstferien wiesen im Terminkalender Lücken auf, die es noch auszufüllen galt. Es sollte doch möglichst jeder Wochentag bis an die Sommerferien heran besetzt sein. Da führte mich eines Tages ein freundlicher Zufall in ein Gasthaus in Bredstedt. Und ausgerechnet an diesem Nachmittag, als ich verstaubt und müde nach langer Wanderung dort eintraf, tagte hier eine Lehrerversammlung. Wie ich durch Befragen des Kellners erfuhr, alles Schulleiter, bei denen ich mich zum Erzählen noch hatte ansagen wollen; nun waren sie hier alle beieinander! Welch ein Glück wär's, wenn ich sie sprechen könnte! Aber wie in den Sitzungssaal nebenan eindringen? Durch die Tür hörte ich Stimmengewirr — eine lebhafte Diskussion schien im Gange zu sein. Gänzlich ausgeschlossen, daß ich da stören durfte.

Da griff der Zufall zum zweiten Mal ein: Die Tür zum Konferenzzimmer öffnete sich, und der Rektor der Bredstedter Volksschule, der mir als großer Märchenfreund bekannt war und in dessen Schule ich bereits erzählt hatte, kam herein. Er begrüßte mich freundlich und hatte in zwei Minuten mein Anliegen begriffen: „Warten Sie hier noch ein Weilchen. Ich hole Sie herein, wenn der Augenblick günstig ist."

So hatte ich Zeit, mich zu fassen und mir schnell mein Sprüchlein zurechtzulegen. Eine Viertelstunde später stand ich vor den Lehrern und trug ihnen meine Bitte vor, d. h. weit kam ich nicht damit. Der dritte und wunderbarste Zufall dieses Nachmittags ereignete sich. Kaum nämlich hatte ich ein paar Worte gesagt, da sprang ein Lehrer auf: „Ach — *Sie* sind das ja! Sie brauchen uns gar nichts weiter zu erzählen. Jetzt lassen Sie mich mal reden!" Und dann begann er zu aller Verblüffung — und nicht zum wenigsten zu meiner eigenen — in lebhafter Weise zu erzählen, wie er nach dem Kriege als Verwundeter in Flensburg im Lazarett gelegen hätte und wie ich da immer zum Märchenerzählen gekommen wäre ... Auf einmal erkannte ich ihn wieder. Natürlich! Das war ja der Verwundete, der dabei war, als die Sache mit dem süßen Brei passierte; derselbe, der mich damals nach der Märchenstunde zurückgehalten hatte, er und seine Kameraden hätten eine Überraschung vorbereitet.

Diese Geschichte wurde nun erzählt. Es ergab sich dann von selbst, daß mir die Aufträge wie reife Früchte in die aufgehaltene Schürze fielen und ich sie nur einzusammeln brauchte — ja geradezu Mühe hatte, die mir von allen Seiten zugerufenen Daten schnellstens in meinen Kalender einzutragen. Genau wie im Märchen war es: „Siebene auf einen Streich!"

So leicht und mühelos ging es natürlich nicht überall mit den „Engagements"! Aber viele Märchenfreunde in Stadt und Land, in ganz Schleswig-Holstein und Hamburg halfen immer wieder mit gutem Zuspruch und finanziellen Zuschüssen über Enttäuschungen, Rückschläge und verzweifelte Situationen hinweg. Als Märchenerzählerin ist man nun einmal in bürgerliche Berufe nirgends einzuordnen. Eine „Besoldungsstufe" gibt es nicht dafür.

Die Kinder freilich, wenn es nach denen ginge, die haben so ihre eigenen Ansichten von der Sache, von dem nämlich, was ihnen mündlich erzählte Märchen wert sind. Hier drei Kinderstimmen dazu, aufgefangen während der Märchenreise durch Husum-Stadt und -Land.

In der obersten Klasse einer Knaben- und Mädchenmittelschule hatte ich das indische Märchen „Sawitri" erzählt. In der Pause nach der Märchenstunde überreicht mir die Lehrerin dieser Klasse das Honorar für ihre Schüler: „Eigentlich sollte Ihnen dieses Geld nach der Stunde von einem meiner Schüler übergeben werden; er hatte von mir den Auftrag erhalten, es einzusammeln und Ihnen abzuliefern. Jetzt eben kommt der große Junge zu mir, mit dem eingesammelten Geld in der Hand. ‚Nun, hast du denn das Geld nicht abgeliefert?' — ‚Nein. Geben Sie es ihr bitte. Ich konnte ihr doch nicht lumpige 2,60 DM für so was Schönes geben!'"

In der Gegend von Langenhorn, im Norden des Kreises, wandere ich auf der Landstraße dahin. Es ist früh am Morgen. Auf leisen Sohlen hatte ich das Gasthaus, in dem ich übernachtete, verlassen, den Hausschlüssel verabredungsgemäß in ein Mauerloch hinter der Scheune gelegt: „Nee, Fräulein, so früh sind wir noch nicht auf", hatte die Wirtin am Abend vorher bedauernd gesagt. Auf halbem Weg zur zwei Stunden Fußmarsch entfernten Schule, wo um 7 Uhr das Erzählen beginnen soll, höre ich von einem Acker her Kinderstimmen. Zwei Mädel — mittlere Schulstufe etwa — unterhalten sich über anscheinend beträchtliche Entfernung hinweg; um sich gegenseitig verständlich zu machen, müssen sie schreien. Hell und deutlich klingen ihre Stimmen in der Morgenstille. Die eine ruft: „Heute kommt die Geschichtenfrau zu uns. Gestern war die doch bei euch. Wie weer dat denn?" — „Oh — ik segg di: vel to schön för tein Penn!"

Vom abgelegenen Behrendorf, wo ich den Vormittag über Märchen erzählt habe, fahre ich mittags mit dem Bus zurück in ein Dorf an der Hauptstraße. Auf dem Platz neben mir eine Bäuerin. Der Busschaffner kommt kassieren und sagt lachend: „Ah — da ist ja wieder unsere Märchentante!" — Von irgendwann und irgendwoher muß er sich meiner erinnern. Die Bäuerin an meiner Seite wendet sich mit einem Ruck zu mir hin: „Sie sind das also?! Haben Sie heute morgen in der Schule Märchen erzählt? Ach, das ist aber nett, daß ich Sie noch treffe! Mein Kleiner aus dem ersten Schuljahr war dabei. Heute früh hat er beim Fortgehen gesagt, er müßte einen Groschen mithaben für die Märchentante. Ich hab da ja wohl erst 'n büschen gebrummt: Ach ihr mit eurem ewigen Geld-mit-in-die-Schule-Bringen! Nu schon wieder 'n Groschen! Dat warrt mi aver bald to vel! — Vorhin kam er ja nun nach Haus. Das hätten Sie mal erleben sollen! — ‚Oh, Mutti!' hat er gleich gerufen, ‚dat weer nich schön för tein Penn — dat weer schön för een Mark!' Und dann eben vor'm Mittagessen — setzt er sich in unseren großen Sessel am Fenster, so ganz vorn setzt er sich da hin, kratzt sich vor Aufregung immer seine kleinen blanken Knie und Oberschenkel bis zu den Hosen hinauf, und: ‚So, nun setzt euch mal alle hin. Nu will ik ju dat vertellen!' — Wir mußten alle lachen, und denn wollt' er ja loslegen! Aber wir hatten keine Zeit, mußten schnell essen, damit ich diesen Bus kriegte. War richtig schade!" — Der Bus hält. Ich muß aussteigen, rufe schnell noch der Mutter zu: „Bitte! Vergessen Sie das nicht! Geben Sie Ihrem Kleinen Zeit, daß er die Märchen, die er Ihnen so gerne erzählen will, auch wirklich noch los wird!" — Der Bus fährt davon. Durchs Fenster nickt mir die Frau eifrig zu und winkt.

Winter 1951

Nach mancherlei Schwierigkeiten und Umwegen war es möglich geworden, daß ich in Hamburg-Fuhlsbüttel, im Frauengefängnis, Märchen erzählte. Eine Gerichtsvertreterin der Hamburger Jugendbehörde hatte sich dafür eingesetzt und die Sache in die Wege geleitet.

Noch nie war ich in einem Gefängnis gewesen, hatte noch nie erlebt, wie beklemmend sich die Formalitäten bei der Ankunft, beim Einlaß in ein Gefängnis — das Auf- und Zuschließen der großen Tore, dieses von allen Seiten hoch und eisern Umgittertsein — einem Neuling aufs Herz legen. Der Oberregierungsrat, der die Genehmigung für eine Märchenstunde im Gefängnis erteilt hatte, war selbst gekommen: „Mich interessiert das. Ich muß mir einmal anhören und sehen, wie es auf die Frauen wirkt. Leider können wir Ihnen Ihren Wunsch, in mehreren kleinen Abteilungen zu erzählen, nicht erfüllen. Das läßt die Gefängnisordnung nicht zu. Sie werden also in dem großen Gemeinschaftsraum alle Frauen vor sich haben; aber wenn Sie auf einem Tisch sitzen, denke ich, daß Sie doch alle — auch die in den hintersten Reihen — im Auge haben werden. Ich selber verziehe mich in eine Ecke, in eine Art kleinen Verschlag, so daß ich für die Frauen unsichtbar bin und sie doch beobachten kann."

Nun saß ich also auf diesem Tisch, den großen Saal voll Frauen in Anstaltskleidung vor mir. Ich erzählte Grimmsche Märchen, ernste und heitere — solche, die mich selber immer wieder von neuem ergreifen, die zum Nachdenken, zum Nachsinnen anregen; die jedes Gemüt, wo überhaupt noch etwas davon vorhanden ist, bewegen müssen. Unter anderem erzählte ich „Spindel, Weberschiffchen und Nadel", „Die Brautschau", „Der Bärenhäuter", dann „Das Totenhemdchen" und „Die Gänsehirtin am Brunnen".

Der Anblick der Frauen erschütterte mich. Ich dachte an die große Summe von Leid, die ich nahe vor mir hatte, und empfand nur den einen Wunsch, den Frauen mit den Märchen etwas Schönes zu bringen. Ich konnte nicht viel davon bemerken, wie die Frauen auf die Märchen reagierten — war auch zu sehr befangen in dem, was ich erzählte. Natürlich gab es Gelächter, wenn ich zwischendurch komische Erlebnisse, drollige Aussprüche von Kindern zum besten gab.

Nach Schluß der Erzählstunde wurde ich freundlich, aber schnell hinausgeleitet. Der Oberregierungsrat begleitete mich zu meiner Straßenbahnhaltestelle, sagte viele freundliche Worte, die ich im einzelnen nicht behalten habe. Ich weiß aber noch, daß er sich über die Ruhe während des Erzählens gewundert hat und daß er nachdenklich meinte: „Das wäre doch auch was für unsere Jungen in Hahnöfersand! Ich werde versuchen, da etwas anzubahnen."

Längere Zeit danach, als ich mich wieder einmal für mehrere Wochen märchenerzählend in Hamburg aufhielt, kam kurz vor Weihnachten ein Anruf, ob ich am Nachmittag des 23. Dezember, einem Sonntag, im Jugendgefängnis Hahnöfersand Märchen erzählen könnte. Ich würde am Bootssteg Blankenese mit einem Polizeiboot abgeholt und zur Insel übergesetzt werden und sollte vor 80 bis 100 männlichen jugendlichen Strafgefangenen erzählen.

Mir war sofort klar, daß man mir mit diesem Auftrag ein großes Vertrauen entgegenbrachte — wenn ich nun auch vorgehabt hatte, am 22. Dezember nach Flensburg zu fahren, so war dies doch wichtiger und hatte allem anderen vorzugehen. Wenn es glückt — dachte ich—, das wäre mein schönstes Weihnachtsgeschenk!

Lange mußte ich auf dem Bootssteg in Blankenese auf das Polizeiboot warten. Ein paar Männer meinten: „Da kommt bestimmt kein Boot heute, Fräulein — bei dem Nebel! Sehen Sie doch selbst, man kann kaum die Hand vor Augen sehen! Und wie sollen die von drüben Ihnen denn Nachricht geben! Mann, oh Mann, das ist gefährlich jetzt auf der Elbe, das dürfen die gar nicht riskieren, zu fahr'n. Grad neulich sind da welche steckengeblieben, auf'm Schweinesand. Mußten warten bis zur nächsten Flut, ganze Nacht durch!" — Neben mir eine alte Frau hat sich fest in ihr Umschlagetuch eingewickelt. — „Huh, dieser Nebel! Geht aber auch überall durch!" Unter den Arm geklemmt hält sie mühsam einen großen Pappkarton, darin der selbstgebackene Weihnachtskuchen. Den will sie für ihren Sohn mit der Barkasse hinüberschaffen lassen. Tränenreich ihre Erzählung, wie ihr Sohn ins Jugendgefängnis nach Hahnöfersand gekommen ist. — „Er hat es da aber nicht schlecht! Ich sag' immer zu meinem Mann: Vielleicht is es gut für ihn. Kann sein, er kommt da wieder zurecht. Schlecht is er nich, mein Junge; nee, schlecht nich! Aber schlimm is es doch!" — Sie weint wieder.

Große graue Schatten gleiten langsam, gespenstisch im Nebel auf der Elbe vorüber. Fast unaufhörlich Warnungstuten. Da endlich leises, lauter werdendes Tuckern — das Polizeiboot kommt doch, legt an. Der Karton mit Weihnachtskuchen wird übernommen. Eine freundliche Stimme redet mich an, bittet um meinen Ausweis. „Hier! Halten Sie sich fest! Kommen Sie nur herüber! Um Sie zu holen, sind wir ja hier."

Es ist Herr J., der Deutschlehrer der jungen Leute, denen ich erzählen soll. Er ist mit nach Blankenese herübergekommen, um mich schon im voraus etwas über Hahnöfersand und alles, was damit zusammenhängt, zu informieren, auch wohl, um mich kennenzulernen und das Märchenprogramm in Ruhe mit mir zu besprechen. „Die Leute hier auf dem Boot", sagt er leise, „sind fast alles

Gefangene. Auch der, der steuert. Ist gewaltig stolz, daß er das darf! Kein leichtes Stück hier im Nebel auf der Elbe! Bis zur letzten Minute haben wir überlegt, ob wir's wagen sollten, Sie zu holen, oder die ganze Sache abblasen."

Unter den geflüsterten Informationen des Herrn J. geht mir eine neue, bisher unbekannte Welt auf: „Die meisten unserer jugendlichen Gefangenen in Hahnöfersand sind nicht im eigentlichen Sinne kriminell veranlagt. Sie sind Gestrandete, Gestrauchelte. Krieg und Nachkriegszeit haben sie auf die schiefe Bahn gebracht. Der Kern ist gesund bei den meisten. Und so kommen sie auch wieder zurecht und finden den Weg zurück in ein geordnetes Leben. Daß wir Erzieher ihnen dabei nur helfen wollen, das spüren sie auch sehr bald." Endlich taucht als dunkler Umriß die Insel Hahnöfersand auf. In einen kleinen Hafen fahren wir hinein. Im dichten Nebel und durch den Schlick anscheinend ein schwieriges Manövrieren.

Nun sind wir da. Ich werde an Land und in ein Bürohaus geleitet, wo erst einmal allerlei Formalitäten erledigt werden müssen: „Frauen ist der Aufenthalt auf der Insel nur in Ausnahmefällen gestattet. Und jetzt sollen Sie erst mal gehörig Kaffee trinken, Kuchen essen und vor allen Dingen warm werden!" — Dann, etwas leiser: „Bewegen Sie sich bitte ganz unbefangen; aber Sie müssen wissen: alle, die uns hier bedienen, sind Gefangene."

Ich höre, daß es am Nachmittag, kurz bevor ich kam, für die Erzieher großen Kummer gegeben hat. Einer der Jungen hat aus Wut, weil er sich irgendwie zurückgesetzt fühlte, draußen mit dem Spaten Gräben durchstochen und damit eine Überschwemmung verursacht, schwere Arbeit seiner Kameraden zunichte gemacht. Er hat sich versteckt. Man sucht ihn noch. — Ich frage, ob oft versucht wird, schwimmend übers Wasser zu entkommen. „Ab und zu! Nützt ihnen aber wenig. Werden fast alle wieder eingefangen. Daher abends die großen Scheinwerfer!"

Nach dem Kaffeetrinken gehen wir zu einem hohen, neuen Haus hinüber. „Haben unsere Jungens alles selbst gebaut! Das ganze Haus mit allem Drum und Dran. Auch die anderen Häuser, die Sie hier sehen. — Und dies ist nun also der Gemeinschaftsraum, in dem Sie erzählen sollen. Aber ich bitte Sie dringend: Keinesfalls länger als dreiviertel Stunden! Ich bin überhaupt etwas besorgt, die Jungens sind unruhig heute, einen Tag vor Weihnachten! Das geht den meisten bös auf die Nerven. — Was für eine Beleuchtung wünschen Sie? Jetzt geht's ja noch eben ohne Licht. Aber später?" „Ach — lassen wir's ruhig dämmrig werden! Helles, grelles Licht ist scheußlich."

Die jungen Leute sind schon versammelt. Der Deutschlehrer, der mich abgeholt hatte, und der freundliche, aber sichtlich besorgte Oberinspektor sitzen an der Seite, hören mit zu. Ich beginne damit, daß man mich bitte berufen möge, wenn ich zu leise spräche, drücke meine Freude aus — ich empfand sie auch wirklich —, nach vielen Wochen Erzählen vor Kindern, nun Erwachsene vor mir zu haben. Ich erkläre, daß ich solche Märchen erzählen will, die auch den verwundeten Soldaten in den Lazaretten gefallen hätten. Da diese Zuhörer hier fast ebenso reagierten, vergaß ich beim Erzählen tatsächlich, daß ich Gefangene vor mir hatte. Schlimme Gesichter, aber auch erstaunlich gute, offene, intelligente. Was für einen Start ins Leben haben die jungen Menschen wohl gehabt!

Mitten im Märchen — ich glaube, es war das Grimmsche vom „Grabhügel" — dachte ich gerade besorgt: jetzt wird's allmählich doch zu dunkel! Da ging draußen der große Scheinwerfer an. Eine bessere, für diese Märchenstunde günstigere Beleuchtung — ausreichend, völlig natürlich und sogar ein wenig gespenstisch — konnte ich mir in diesem Augenblick gar nicht wünschen. Keine gewollte, „stimmungsvolle" Kerzenbeleuchtung hätte so gut dahin gepaßt!

Aus dreiviertel Stunden waren unversehens anderthalb Stunden geworden. Ich dachte die ganze Zeit: Wenn nur jetzt nichts dazwischenkommt! — Es kam nichts! Nur, nachdem ich geschlossen hatte, ein Augenblick Stille und dann lauter, kräftiger Beifall. Als Dank für mich sangen sie gemeinsam „Grün ist die Heide". In der gewaltigen Lautstärke — sie hätte einen umwerfen können — machte sich die angestaute Erregung Luft.

Beim Abendessen gestand mir der Oberinspektor, er hätte vorher doch große Bedenken gehabt und eine so andächtige Stille einfach nicht für möglich gehalten. Er war ganz herzlich vor lauter Freude und Erleichterung. Der Oberlehrer J. bat mich, bald wiederzukommen. Im Sommer schon!

Viele dicke Brote bekam ich noch mit auf den Weg. Beide Herren brachten mich fürsorglich zum Polizeiboot. — Der Nebel hatte sich gelichtet. Trotzdem war es eine ungemütliche Fahrt wegen der Sandbänke, bis wir endlich offenes Wasser und die richtige Fahrrinne erreicht hatten. Gott sei Dank! Das Festsitzen auf dem Schweinesand blieb uns erspart!

Und nun tauchte — ein Märchen aus Tausendundeiner Nacht — im Wasser sich spiegelnd, lichterstrahlend, Blankenese auf. Ein zauberhaftes Bild.

Sommer 1952

In einer Schule im Landkreis Flensburg. Dort fand ich eine ganz besonders reizende junge Lehrerin; man mußte wünschen, noch einmal klein zu sein und von ihr unterrichtet zu werden. Nach Schluß, allein, unterhielt ich mich mit der Frau des Hauptlehrers über sie und erfuhr, daß sich die junge Lehrerin vor meinem Kommen zunächst gefürchtet hätte, bedrückt gewesen wäre bei dem Gedanken, daß sie vor der Vollkommenheit einer berufsmäßigen Märchenerzählerin unsicher werden könnte in ihrer eigenen Art, Märchen zu erzählen. Nun aber sei sie ganz glücklich und erleichtert, denn ich hätte — so hieß es wörtlich — „auch natürlich erzählt", ohne schauspielerische Steigerung.

Ich war froh; denn nichts liegt mir ferner, als jungen Lehrern Mut und Freudigkeit zum Märchenerzählen zu nehmen. Ich rezitiere Märchen nicht, sondern ich erzähle sie, und zwar so, wie es meine Art ist. Damit stelle ich keine nachahmbare beste Form des Erzählens auf, sondern bestätige andere Erzähler durchaus in ihrer eigenen Art; das habe ich immer wieder erfahren.

Regennaß und frierend treffe ich in der kleinen Dorfschule bei Flensburg ein, werde besonders herzlich empfangen und erkenne in dem Lehrerehepaar alte Bekannte aus Nordschleswig wieder, von der Insel Alsen. Acht Jahre zuvor hatte ich dort bei ihnen in ihrer alten Heimat schon einmal Märchen erzählt. Das war eine Freude! Ich bekomme sogleich heißen Kaffee und Butterbrote; und dann beginnt das Märchenerzählen in der Schule.

In der ersten Stunde alle Kinder zusammen, vom ersten bis neunten Schuljahr, was an sich schwierig und in den meisten Fällen, des großen Altersunterschiedes wegen, nicht günstig ist. Dann ziehen die Kleinen ab, und in schöner Ruhe kann ich den Großen drei Grimmsche Märchen erzählen; als letztes, wie sooft, den „Treuen Johannes", den kaum eines der Kinder kannte.

Ich ahnte nicht, daß es am Tage zuvor fast zu einer kleinen Palastrevolution gekommen wäre. Der Schulleiter hat es mir hinterher erzählt. Seine großen Jungen vom achten und neunten Schuljahr hatten nämlich gestreikt:

„Nee! M·ä·r·c·h·e·n? Für uns?! Und denn noch 20 Pfennig?" Sie wollten nicht. Endlich hatte der Lehrer gesagt: „Jetzt aber Schluß! Ihr kommt und ihr bezahlt. Und wenn ihr mir nach der Märchenstunde sagt, daß es euch nicht gefallen hat, dann will ich zugeben, daß ich mich geirrt habe." Auf diese Bedingungen war man, wenn auch widerwillig und brummend, eingegangen, und jeder hatte ordnungsgemäß seine 20 Pfennig abgeliefert.

Da ich von diesem Vorspiel nichts wußte, erzählte ich die Märchen unbefangen und in aller Gemütsruhe und freute mich, wie ernsthaft und aufmerksam zugehört wurde. Beim letzten Märchen gar legte ein großer Junge seinen Kopf auf den Tisch und weinte heimlich ein bißchen, so heimlich, daß ich dachte, vielleicht hat er doch nur einen Schnupfen. Aber der Lehrer fragte mich hinterher, ob ich es wohl bemerkt hätte, daß einer seiner Großen sich die Tränen abgewischt hätte. „Nur gut", sagte ich, „daß die anderen Kinder das nicht gesehen und darüber gelacht haben!" — „Ach, die anderen waren ihrer selbst wohl auch nicht ganz sicher, sonst hätten sie wohl Notiz davon genommen. Ich kenne meine Gesellschaft!"

Mittags war ich Gast bei dem Lehrerehepaar. Frau K. erzählte bei Tisch, daß nach Schulschluß die Großen auf dem Nachhauseweg nahe an ihrem Küchenfenster vorbeigekommen wären. Da hätte sie zufällig gehört, wie der größte Meckerer und Märchenverächter vom Tage vorher zu seinem Freund sagte: „Oh, Mensch, du! Dat weer warraftig nich to düür!"

An einem heißen Sommertag um die Mittagszeit saß ich auf den breiten Steinstufen, die zum Eingang des Dorfgasthauses hinaufführten. Drinnen in der Gaststube lärmten fröhliche Zecher, und da ich von sieben Uhr früh an in der Schule fast pausenlos erzählt hatte, fühlte ich mich dem Poltern und Gegröhle nicht mehr gewachsen und

Ein kleiner ‚Film'

Oberes Bild: 2. Advent 1977. Bunter Abend im Campingclub. Eltern und Kinder waren mir vorher nicht bekannt. Erster Programmpunkt: Märchen. Ich erzählte das allgemein wenig bekannte Grimmsche Märchen vom ‚Wasser des Lebens'. Was der 10jährige Junge von Märchen hält, bringt er gleich zu Anfang unmißverständlich zum Ausdruck.

Unteres Bild: Derselbe Junge – eine halbe Stunde später.

versaß die kleine Stunde bis zur Ankunft meines Omnibusses, mit dem ich weiterfahren wollte, lieber hier draußen. Aber heiß war's, und immer wieder schaute ich ungeduldig auf meine Armbanduhr, den Bus sehnlich erwartend.

Auf einmal, hinter mir — tapp, tapp, tapp. Ich drehe mich um. Da steigt langsam und bedächtig ein kleiner dicker Junge zu mir herunter und setzt sich neben mich auf die Steinstufe. Aufmerksam betrachtet er mich, sagt aber nichts, und da ich auch nicht zum Reden aufgelegt bin, so sitzen wir schweigend ein Weilchen nebeneinander. Allmählich erwache ich aus der Lethargie, die mich befallen hatte, und betrachte mir meinen kleinen Nachbarn genauer, rufe unwillkürlich bewundernd aus: „Oh — bist du aber fein! " — Tatsächlich, blitzsauber von oben bis unten. Und das mitten am Tage, in Hitze und Staub und alltags! Akkurat wie ein Puppenjunge aus einem Spielwarengeschäft! Die Wirtsfrau, seine Mutter, muß wohl drinnen im Haus meinen Ausruf gehört haben. Sie steckt den Kopf aus der Tür und sagt stolz: „Er hat Geburtstag! Er wird heute drei!"

Nun bin ich aber ganz wach und frage den Kleinen, ob er Märchen kennt. Er nickt ernsthaft. — „Soll ich dir mal Rotkäppchen erzählen? Kennst du Rotkäppchen?" — Andeutung eines Kopfschüttelns. — „Dann will ich dir's mal erzählen. Weil du heute Geburtstag hast." Ich denke bei mir: Mit dem Märchen wirst du gerade noch fertig, bis der Bus kommt, und das wäre doch was, wenn das glücken würde — darauf könntest du dir direkt was einbilden!

Also ganz langsam und eindringlich beginne ich zu erzählen: „Es war einmal eine süße kleine Dirne, die hatte jedermann lieb, der sie nur ansah ..."

Der Kleine rührt sich nicht, schaut vor sich hin. Den Kopf, wie lauschend, ein wenig zu mir hingedreht. Ich

117

frohlocke innerlich. Er hört tatsächlich zu. Erstaunlich! Als nun das Märchen auf seinem Höhepunkt angelangt ist, wo es geradezu atemberaubend spannend wird — da rührt sich zum ersten Mal mein Zuhörer. Mit seinem kleinen dicken roten Zeigefinger tippt er drei-, viermal langsam auf das Zifferblatt meiner Armbanduhr und sagt — jedes Wort einzeln betonend —: „So'n Klock mutt ik ok mal hebben!"

Das genaue Gegenstück zum eben Erzählten lieferte mir mein Großneffe Volker. Er ist ein kleiner Quirl. Seine Mutter sinkt ermattet in einen Sessel und seufzt, halb verzweifelt, halb lachend: „Oh Volker, ich bitte dich um alles in der Welt; wenn du doch nur mal eine Minute ruhig sitzen bleiben könntest!" — Er kann es nicht. Eben hat er es versprochen — schon saust er wieder „wie der Blitz, zickzack, hin und her", genau wie das graue Männchen mit seinem kleinen Knüppel im Grimmschen Märchen vom „Blauen Licht"; oder auch wie der junge Wasserdrache eines reißenden Flusses im chinesischen Märchen, der seinem älteren, ruhigeren Bruder nach jeder wilden Unbesonnenheit stets aufs neue versichert, sich in Zukunft gesittet benehmen zu wollen und kein Unheil mehr anzurichten. Das Märchen erzählt, wie oft der bekümmerte ältere Bruder ihn schilt und mahnt: „In Zukunft darfst du so etwas nicht wieder tun." — Tsiän Tang versprach's. — Zur Vorsicht, weil immer wieder Schreckliches vom wilden Drachenbruder angerichtet wird, fesselt man ihn schließlich an eine Säule des Palastes. Aber auch das hilft nicht. Alsbald überkommt es ihn wieder; mit Donnergetöse reißt er sich los, bricht aus und — „die Säule, an der er angefessselt war, schleppte er an seiner Kette durch die Luft".

Zum Glück gibt es ein Mittel, ein einziges, den wilden kleinen Volker in seinem unbändigen Bewegungsdrang einzufangen, an eine Säule zu fesseln, von der sich loszureißen ihm noch nie gelungen ist. Und diese Säule heißt: Märchen erzählt bekommen.

Schon mit drei Jahren sitzt er dabei, wenn ich seiner älteren Schwester Märchen erzähle, mich dabei eigentlich mehr an sie wendend, denn ich kann mir nicht vorstellen, daß der kleine Junge den Märchen zu folgen vermag. Was auch immer ihn gerade beschäftigen mag, mitten im schönsten Spiel — die Ankündigung eines Märchens wirkt auf ihn wie die Berührung mit einem Zauberstab. Im Handumdrehen sitzt er neben mir, sitzt still und rührt sich nicht, bis ich streike, bis ich sage: Nun kann ich aber nicht mehr! Volker kann noch lange. Er hat nie genug. Zuweilen redet er dazwischen, und ich staune. Was er da sagt, zeigt mir, daß er die ganze Zeit über haarscharf aufgepaßt hat und dem Gang der Handlung sehr wohl gefolgt ist.

Eines Tages bin ich in Unruhe. Eben jenes chinesische Märchen, in dem der nicht bösartige, aber unbezähmbare Wasserdrache seinem Bruder wieder und wieder verspricht, sich zu bessern, wozu er seiner Natur nach nicht imstande ist — dieses sehr lange Märchen will ich am nächsten Tag vor Oberschülern erzählen, zum ersten Mal. Es sitzt. Ich kann es. Aber außer den vier Wänden meines Zimmers hätte ich es gerne vorher noch einem oder mehreren Erwachsenen, einem richtigen Publikum von lebendigen Menschen erzählt.

Aber niemand ist zur Hand, niemand hat Zeit. Es ist wie verhext. Wo nehme ich jetzt einen Zuhörer her? Greifbar für mich ist allein Volker. Ich überlege und sage dann zu dem Kleinen: „Volker, willst du mir mal helfen, tust du mir einen großen Gefallen? Ich muß dir nämlich ein Märchen erzählen." — Sofort unterbricht er sein Spiel, kommt zu mir hergelaufen, sieht mich freudig und erwartungsvoll an. „Ein neues, das ich noch nicht kenne?" — Ich erkläre ihm, daß es ein Märchen für Erwachsene ist, ein langes, schweres, und daß ich morgen in einer Schule großen Jungen und Mädchen erzählen muß, daß er dieses Mal wirklich nicht viel davon verstehen wird. — „. . manches verstehe ich selber nicht. Ich bin ja keine Chinesin. Du bist noch klein, du gehst noch nicht zur Schule — noch lange nicht; aber wenn du nun auch nicht so ganz der richtige Zuhörer bist, den ich im Augenblick eigentlich brauchte, so weiß ich doch, daß du lange stillsitzen und aufpassen kannst, besser als die meisten kleinen Jungen in deinem Alter." — Wir ziehen uns in einen stillen Winkel zurück, wo uns niemand stören kann, und dann beginne ich: „Zur Tang-Zeit lebte ein Mann namens Liu I, der war in seiner Doktorarbeit durchgefallen. So reiste er wieder nach Hause zurück . . "

Volker hört, wie immer, gespannt zu. An der Stelle, wo der wilde Drache unter Donnergetöse erscheint und mitsamt der Säule, an der er angefesselt war, durch die Luft dahergebraust kommt, kann er sich vor Lachen doch nicht mehr halten, was mir willkommene Gelegenheit bietet, die schwierige Stelle gleich vier- oder fünfmal zu wiederholen. Zehnmal hätten Volker auch nichts ausgemacht.

Die Chinesen lieben es, in ihren Märchen Situationen lang und breit auszumalen — Landschaften, Paläste, Festlichkeiten werden bis ins einzelne beschrieben. Philosophische Unterhaltungen der Märchenpersonen untereinander, die mit dem Ablauf der Geschehnisse an sich gar nichts zu tun haben, unterbrechen oft die Handlung, „stören" nach unserer Auffassung den straffen, knappen Aufbau des Ganzen, an den wir in unseren europäischen Märchen gewöhnt sind. Ich ließ nun aber während des Erzählens von diesen uns wesenfremderen Teilen des chinesischen Märchens nichts aus. Auf meinen Volker konnte ich mich verlassen. Wenn er auch nicht viel davon verstehen konnte, so nahm er es doch hin, wie es war. Das genügte ihm.

Liu I, der im Doktorexamen Durchgefallene, sich auf der Heimreise Befindende, muß lange auf den Drachenkönig, den er zu sprechen wünscht, warten. Er fragt einen Diener nach dem Grund und erhält die Antwort: „Der Herr geruht jetzt eben auf dem Korallenturm mit dem Sonnenpriester über das Heilige Buch des Feuers zu reden. Es wird wohl bald zu Ende sein." — Liu I fragte weiter: „Was hat es mit dem Heiligen Buch des Feuers auf sich?" — Die Antwort: „Unser Herr ist ein Drache. Die Drachen sind groß durch die Kraft des Wassers. Mit einer Woge können sie Berg und Tal bedecken. Der Priester ist ein Mensch, die Menschen sind groß durch die Kraft des Feuers. Mit einer Fackel können sie die größten Paläste verbrennen. Feuer und Wasser bekämpfen sich, da sie in ihrer Wesensart verschieden sind. Darum bespricht sich unser Herr nun mit dem Priester, um einen Weg zu finden, wie Feuer und Wasser sich ergänzen können." — Da vergißt Volker, daß er mich im Märchen nicht unterbrechen will und sagt eifrig: „Ja, das ist nämlich auch richtig, mit Wasser kann man Feuer ausmachen!"

Herbst 1952

Sorgenvolle Gedanken bewegen mich. Das Finanzamt — es war einmal, ich weiß nicht wo, jenseits von sieben mal sieben Königreichen und noch weiter . . ., dieses mein Finanzamt also hatte mich vor seine Schranken zitiert.

Ich ahnte schon: Es ging um die Umsatzsteuer — ob ich sie bezahlen müßte oder nicht. Leider bin ich unbegabt und unbewandert in Steuerangelegenheiten und betrat daher, von heimlicher Angst erfüllt, das Zimmer Nr. X.

„So, nun erklären Sie uns bitte mal, was Sie eigentlich sind! Sie schreiben „Märchenerzählerin". Aber sehen Sie: einen solchen Beruf gibt es gar nicht. Den führen wir nicht in unseren Listen. Wo sollen wir auch so was buchen?! Könnten Sie uns nicht eine andere Bezeichnung für Ihre Tätigkeit nennen?" Man reichte mir eine Aufstellung. „Freie Berufe" steht darüber. Ich soll mir das Passendste auswählen. Meine Augen gehen suchend auf dem großen Bogen hin und her. Ich schüttele betrübt den Kopf, reiche das Blatt zurück: „Nein, das paßt alles nicht! Aber wenn es denn unbedingt etwas sein soll, würde vielleicht ‚Künstlerin' am ehesten hinkommen. Das andere paßt ja noch weniger." — „Künstlerin?! Entschuldigen Sie, aber da muß ich erst mal mit unserem Oberhäuptling sprechen."

Ich saß also und wartete auf sein Wiederkommen. Ein anderer Beamter, der am Nebentisch saß, blickte auf von seinen Akten: „Ja, wissen Sie — das ist nämlich der springende Punkt, auf den es ankommt: Künstlerische Berufe von allgemein kulturellem Wert sind bis zu einer bestimmten Höhe der Einnahmen umsatzsteuerfrei." Nach einer Weile kam der erste Beamte zurück und sagte lachend: „Also der Oberhäuptling hat gemeint, Künstlerin, das könnte jeder sagen! Wenn wir Ihnen das glauben sollten, dann müßten Sie uns eigentlich jetzt und hier ein Märchen erzählen und uns damit von der Richtigkeit Ihrer Angabe überzeugen."

Nun galt es also! Courage! Das Gespenst der Umsatzsteuer vor Augen, ging ich in Sekundenschnelle mein Märchenrepertoir durch. — Schon hatte ich es! Allen guten Feen Dank für den Einfall! Ehe sich's der Finanzbeamte versah, war ich schon mitten drin im Erzählen und nach drei Minuten bereits glücklich am Ende angelangt.

Das kleine chinesische Volksmärchen von jenem Zau-
berfaß[2] das sich immer wieder von neuem mit Geld füllt,
so viel man auch aus ihm herausschaufelt, war wie
geschaffen dafür, in einem Finanzamt erzählt zu werden!
Ich hatte es eben erst gelernt. Es saß noch gar nicht
sicher; aber — oh Wunder! — alles ging gut. Mit Schwung
sogar und ohne Stocken. Nicht auszudenken, wenn ich
steckengeblieben wäre! — Man lachte herzlich, und von
Umsatzsteuer war fortan nicht mehr die Rede.

Winter 1952

In dem „Kulturheim" eines Großstadtrandbezirks mit
reiner Arbeiterbevölkerung soll eine Märchenstunde für
Kinder stattfinden. An der Haltestelle der Vorortbahn
steige ich aus, sehe um mich und denke: Hier leben und
wohnen müssen — wenn das keine Strafe ist! Der düstere
Dezembernachmittag ließ alles noch viel trostloser
erscheinen, als es in Wirklichkeit wohl war. Ich frage mich
hin zum „Kulturheim", einem langgestreckten Bau. Als ich
hinkam und der Haustür des Heims zustrebte, hörte ich,
wie ein großes Mädchen zwei kleineren, die unschlüssig
vor der Tür standen, über eine ziemliche Entfernung hin
zurief: „Geht schnell rein! Die sind schon alle drinne. Kino
geht gleich los!" Ich erzählte das später den Heimeltern:
„Ja", sagte die Frau, „das ist ja das Schlimme hier: Die
Kinder kennen nur Kino!" — Kahler, ungemütlicher
Raum. Grelles elektrisches Licht. Die Frau vom Heimleiter
treibt auf meine dringende Bitte hin noch eine kleine,
dicke, rote Kerze auf. Nichts war ein wenig adventlich
vorbereitet. Es war nicht einmal richtig warm. Die Kinder
behielten ihre Mäntel an, saßen eng gedrängt. So mögen

[2] Siehe Anhang Seite 213

sie nicht allzusehr gefroren haben. 40 Kinder, Jungen und Mädchen. Einige Vorschulpflichtige, Geschwister der Großen, dazwischen. Ich saß auf einem Tisch und erzählte den andächtig lauschenden Kindern vier Grimmsche Märchen: „Das Erdmännchen", „Die Alte im Wald", „Einäuglein, Zweiäuglein, Dreiäuglein" und „Die Bienenkönigin". Als ich nach dem ersten Märchen das zweite ankündigte, sagte, das hieße „Die Alte im Wald", rückte ein Mädel, das nahe vor mir saß, noch näher zu mir heran, zog den Kopf zwischen die Schultern, rieb sich in Vorfreude die Hände und sagte eifrig: „O ja — von Wald! Erzählen Sie das! Ich mag so furchtbar gern von Wald."

Die eine kleine, rote Kerze neben mir, auf den groben Holztisch aufgeklebt, genügte vollkommen, um eine dem Märchen günstige Stimmung zu schaffen. Die Kinder sahen in die Flamme, sie sahen mich an, und es war — ja, wie will ich es beschreiben — es war, wie ein Junge einmal seiner Mutter eine Märchenstunde beschrieb — „so schön, Mutti, wie man das gar nicht sagen kann!"

Ein Glück, daß auch die ganz kleinen Willis und Heinis unter meinen Zuhörern ruhig blieben. Sie sind in solchem Fall unberechenbar. Verständlich, daß die Mütter sie älteren Geschwistern mitgeben! Wie können sie ahnen — und das ahnen überhaupt die wenigsten Menschen von heute —, um was für ein zerbrechliches, leicht zerstörbares Gebilde es sich bei einer Märchenstunde handelt.

Als ich fortging, standen vor dem Heim, am Weg im Dunkeln, so daß ich sie kaum erkennen konnte, ein paar von den größeren Jungen, die mit dabeigewesen waren. „Wart ihr eben dabei?" — „Ja." — „Ihr großen Jungen seid vielleicht ein bißchen zu kurz gekommen; aber das seht ihr ja ein — wenn so viele Kleine dabei sind, dann kann ich sehr lange und schwerere Märchen ja nicht erzählen." — „Nö, das könn' die ja nich versteh'n. Wann kommen Sie denn wieder, Tante?" — „Möchtet ihr das

124

denn? Und möchtet ihr wohl, daß ich dann mal nur für euch Größere erzähle, ohne die Kleinen?" — „Ja, das möchten wir. Tun Sie das?" — „Ich kann das nicht bestimmen. Fragt doch den Heimleiter, er ist ja noch drinnen — im Januar bin ich jedenfalls wieder in Hamburg." — „Komm schnell!" — Und drinnen waren sie. Da kamen sie auch schon wieder. — „Ja, Herr X. hat gesagt: ‚Im Januar!'" Einem der größeren Jungen heute hatte „Die Bienenkönigin" am besten gefallen. Acht Stunden, so sagten die Kinder, wollten sie mal hintereinander Märchen hören!

In einem Kindertagesheim in Hamburg durfte ich mehrere Jahre hintereinander um die Weihnachtszeit herum ein Zimmerchen beziehen. Anders wäre es mir nicht möglich gewesen, mich wochenlang beruflich märchenerzählend in Hamburg aufzuhalten. Heute noch fühle ich mich in jenem Heim, sooft ich es besuche, wie zu Hause, und man weiß dort auch, was eine Wohnmöglichkeit für mich und meine Arbeit damals bedeutete und wie dankbar ich dafür war.

Tagebuch: „Morgens, nach dem Kaffeetrinken, in meinem Zimmer, besuchen mich jetzt immer drei reizende junge Herren aus der Gruppe der Vierjährigen. Sie setzen sich sofort an mein Bett, verlangen, daß die Kerze angezündet wird — es ist jetzt im Dezember um die Zeit ja auch noch fast dunkel —, und dann geht's los: „Nu erzähl' uns das von der weißen Taube und das vom Mond und das von der häßlichen Kröte!" — Jeder hat seine eigene Geschichte, die er nun mit mir zusammen, mit meiner vorsichtigen Nachhilfe erzählt. Der Schluß, der letzte Satz vom Mondmärchen[3] ist schwierig: „. . . bis jemand kömmt, der ihm ein Röcklein thut kaufen." — Ich denke bei mir: Ob der

3 Siehe Anhang Seite 214

Kleine wohl versteht, was das heißt? Ich hatte ihm die Stelle nicht erklärt. Ich sage nun also langsam: „. . . deswegen muß nun der arme Schelm nackt und bloß am Himmel laufen, bis . . .", ich mache eine Pause und sehe den Jungen erwartungsvoll an. Er denkt nach. Dann fröhlich und triumphierend: „. . . bis jemand kommt, der ihm ein Kleid schenkt!"

Ab 1953

Von 1953 an habe ich sehr viel in Müttererholungsheimen Märchen erzählt. Mit der Leiterin eines dieser Heime verabredete ich das Datum für einen Märchenabend. Wie immer, so bat ich auch dieses Mal, mich vorher etwas über meine Zuhörerinnen zu informieren, um geeignete Märchen auszuwählen. Diesmal wurden mir ausschließlich ältere und alte Frauen angekündigt: „Ach, sie sind lieb und so rührend dankbar für alles und freuen sich auf den Märchenabend!" — Ich erzählte nach langer Zeit wieder einmal „Hans im Glück". Hinterher im Hinausgehen aufgefangene Aussprüche: „Ja, das war was für uns. Was von früher her." — „Das konnten wir gut verstehen. Das war alles so solide!" — „Das wollen wir doch auch mal wieder tun — auch mal wieder versuchen, Märchen zu erzählen."

Ich erzählte in einem großen, schönen Müttergenesungsheim der Elly-Heuss-Knapp-Stiftung. Nachdem die Zeit fast verstrichen war, fragte ich: „Was möchten Sie nun zum Schluß? ‚Allerleirauh' oder ‚Das singende, springende Löweneckerchen'?" Da sagte eine junge Mutter — und wohlig reckte sie sich bei ihren Worten: „Ach, wenn sie schön sind, bitte, alle beide!" Ich lachte und erzählte einmal „Allerleirauh". Dämmerig, fast dunkel war es. Ein trüber, regenschwerer Tag ging draußen zu Ende. Die Bäume rauschten, die hohen alten Bäume im Park am

Plöner See. Die letzten Worte von „Allerleirauh" waren verklungen. Sofort eine Stimme: „Nun noch ‚Das Löweneckerchen'!"

Ich machte eine bedenkliche Miene — sie blieben einfach sitzen! Und dann blühte das Löweneckerchen-Märchen förmlich auf. „Oh, wie schön war das!" so seufzte es durch die Reihen, als ich geschlossen hatte. Eine auffallend elend und verhärmt aussehende, ältere Frau, die vorne saß — wie aus einem Traum aufwachend —: „Ja, tatsächlich, das ist wahr: das erleichtert!" Sie machte mit den Händen Bewegungen nach links und rechts, als würfe sie Lasten fort.

Die Heimleiterin, die nicht hatte dabei sein können, kam gegen den Schluß des Märchens herein, hatte gedacht, ich wäre längst fertig. Ihr Hereinkommen, gerade auf dem Höhepunkt des Märchens, störte in diesem Fall aber gar nicht. Von einem gewissen Zeitpunkt an kann es sein, daß überhaupt nichts mehr stört.

Am anderen Morgen saß ich kaffeetrinkend mitten zwischen den Müttern. Eine blasse, zarte Frau rief mir von ihrem Platz an einem anderen Tisch aus zu: „Ich hab' so gut geschlafen wie noch nie hier, wirklich!"

Es war an einem Sonntagabend im Oktober, als ich vor einem großen Kreis erholungsbedürftiger Mütter Märchen erzählte. Das Wetter an diesem Tage war trostlos, es goß unaufhörlich und stürmte, war überhaupt nicht recht Tag geworden. Mit viel Sorgfalt aber war innen im Heim alles für den Märchenabend vorbereitet. Ich merkte, wie sich alle auf den Abend freuten, lehnte mich beruhigt und entspannt in meinen Sessel zurück und horchte auf die Lieder, die ein kleiner Chor junger Mütter als Auftakt zum Märchenabend eingeübt hatte und vortrug. Es wurde ein richtiger, echter Märchenabend. — „Schönste Stimmung und Aufmerksamkeit", vermerkte ich in meinem Tagebuch. Und doch gab es hinterher noch einen Mißklang! Als ich kurz nach Abschluß des Abends an einem der Aufenthaltsräume vorüberging, schallte aus der offenen Tür Radiomusik — häßliche, schrille Schlagermelodien in voller Lautstärke, und ich sah dort junge Frauen tanzen — albern lachend, die Texte mitsingend. Drei oder vier Paare. Die junge Frau, die den Abend so gut vorbereitet hatte und gestalten half, führte mich, da ich im Heim übernachten durfte, in mein Zimmer, und wir unterhielten uns noch über diese merkwürdige Reaktion bei einem kleinen Teil der Frauen. — „Ach, es sind immer dieselben", klagte sie, „die haben nichts im Sinn, als sich zu amüsieren, schlechte Witze machen, Groschenromane zu lesen und alles und jedes im Heim zu bemäkeln. Von den Märchen haben sie gesagt, die wären ihnen zu trübsinnig gewesen. Das ‚Totenhemdchen' wäre doch allzu traurig, und von so was wollten sie nichts hören. — Die anderen Frauen sind ganz böse darüber. Das wäre doch ein so schöner Abend gewesen, und sie könnten nicht begreifen, wie die nach so was noch tanzen möchten. Sie haben gesagt, es wäre doch so viel Fröhliches und Lustiges auch dabeigewesen, was ich erzählt hätte, und die ‚Kristallkugel' am Schluß sooo schön!"

Ich selber war erschrocken; nicht so sehr entrüstet, nein überhaupt nicht entrüstet, als vielmehr bedrückt, daß ich diesen Frauen offensichtlich nichts gegeben, im Gegenteil sie vielleicht erst recht in ihre innere Leere hineingestoßen hatte. Denn das steht doch dahinter: ich will mich von nichts rühren lassen. Mich soll nichts ergreifen, denn dann — dann ist es ganz aus. Oft sind auch — glaube ich — verworrene, verfahrene Familienverhältnisse zu Hause daran schuld, daß sie Angst haben, zur Besinnung zu kommen. — Hören sie dann plötzlich so ein altes Märchen, das ihnen — ob sie es wollen oder nicht — ans Herz greift, dann wehren sie sich, dann können sie es nicht ertragen, oder sie meinen, es nicht ertragen zu können. Und sie rennen zum Radio, stellen möglichst laute Schlagermusik an und tanzen und toben und lachen und sind im Grunde kreuzunglücklich.

Ich überlegte mir in dieser Nacht immer wieder: Darfst du in Zukunft ein Märchen wie das vom Totenhemdchen noch erzählen? Vor einem Kreis wie gestern? Dann überlegte ich: Aber ist das Märchen vom Totenhemdchen nicht im Grunde ein trostreiches Märchen? Trostreich nicht nur für den Schmerz einer Mutter, die ihr Kind verloren hat, sondern auch für jeden anderen Schmerz, mit dem ein Mensch glaubt, nicht fertig werden zu können? In Gedanken sagte ich mir das Märchen noch einmal Wort für Wort vor, bis zum letzten Satz: „. . . da befahl die Mutter dem lieben Gott ihr Leid und ertrug es still und geduldig, und das Kind kam nicht wieder, sondern schlief in seinem unterirdischen Bettchen." — Am nächsten Tag sagte mir eine junge Frau beim Abschied: „Oh, ich möchte Ihnen noch einmal danken. Es war gestern abend so schön. Ich war den ganzen Tag bedrückt gewesen, mußte schließlich weinen, wie Balsam war der Abend für mich, wirklich, wie Medizin! Die Märchen haben mir geholfen. Vielen, vielen Dank! Und das ‚Totenhemdchen' — das war das schönste; das tröstet ja so."

Die Leiterin eines Müttererholungsheimes hatte mich gebeten, keine allzu ernsten, traurigen Märchen zu wählen, und ich war ihr dankbar für den Hinweis. Wenn ich mich nun auch, wie ich meinte, weitgehend nach diesem Wunsche gerichtet hatte, so sagte sie mir hinterher unter vier Augen doch ganz offen, daß meine Auswahl der Märchen ihr doch noch „zu schwer" erschienen sei. Ich konnte es beim besten Willen nicht finden. Außerdem hatte ich zwischendurch so viel Heiteres erzählt, die

Frauen hatten laut gelacht, damit mußte das zu Ernste wohl ausgeglichen worden sein. — „Ja, aber die ‚Jungfrau Maleen' zum Beispiel, da passierten doch so viel traurige Dinge, und dadurch kommt dann den Frauen so viel in Erinnerung, was sie erlebt haben. Das wollen wir in Zukunft doch lieber vermeiden."

Die „Jungfrau Maleen" war in der Tat das ernsteste Märchen gewesen, das ich an dem Abend erzählt hatte. Bedrückt saß ich später in meinem Zimmerchen, grübelte darüber nach und dachte: Wenn nur jetzt beim Gute-Nacht-Rundgang die Frauen der Heimleiterin nicht klagen, daß es „zu traurig" gewesen sei! Alles, was ernst war, löste sich doch am Schluß so wunderschön auf, und gerade bei der „Jungfrau Maleen"! — Als ich am nächsten Morgen mit einer Gruppe von Müttern am Kaffeetisch saß, merkte ich, daß sie alle heiter waren und sich angeregt über die Märchen vom Abend vorher unterhielten. „Welches Märchen hat Ihnen am besten gefallen?" — Einstimmige Antwort, ohne Zögern: Die „Jungfrau Maleen"! — Meine Nachbarin, eine wohl krankhaft dicke Frau, sprach mich an: „Das war schön gestern abend, Fräulein! Ich bin damals von Hamburg aus evakuiert, wohne heute noch in einem Barackenlager, bin Rentnerin und nicht gesund; ich habe zwei Kinder, acht und zehn Jahre alt. Wir sind so arm, wir können uns kein Radio, kein Kino, kein Fernsehen leisten. Nicht einmal ein Märchenbuch kann ich meinen Kindern kaufen. Ich muß meinen Kindern die Märchen erzählen — was soll ich sonst machen? — Nu weiß ich doch wieder neue!" — So treuherzig kam das heraus. Ich dachte, wie reich doch diese armen Kinder seien! — Und mir fiel ein, daß ich zu Hause eine ungekürzte Ausgabe der Grimmschen Märchen doppelt besaß. Ich schickte dieses Exemplar an die Heimleiterin und bat, sie möchte es der Frau mit einem herzlichen Gruß von mir geben. Ich hätte mich sehr gefreut, daß sie ihren Kindern so eifrig Märchen erzählte, wüßte ich doch, daß es nicht nur Freude, sondern auch Mühe bedeute für eine Mutter, und dieses Märchenbuch hätte schon lange auf jemanden wie sie gewartet.

Wochen später erzählte ich wieder in diesem Heim und erfuhr, welche Freude meine Sendung ausgelöst hatte. Die Frau ließ mir ausrichten, wenn ich ihr tausend Mark geschenkt hätte, würde sie sich darüber nicht so gefreut haben wie über dieses Buch. Oft habe ich an die kleine Familie gedacht, in die mein Märchenbuch gewandert ist; welche Herzensbildung sprach aus den Worten dieser schlichten Frau, mit denen sie mir ihren Dank ausdrückte.

Im vorletzten Sommer, anderthalb Jahre später, erzählte ich in einem Jugendferienlager in Glücksburg vor sehr vielen Kindern, an hundert Jungen und Mädchen im Alter von zehn bis vierzehn Jahren. Zu Beginn fragte ich die Kinder: „Wer von euch kennt das Grimmsche Märchen vom ‚Krautesel'?" — Aus Erfahrung weiß ich, daß es so gut wie unbekannt ist. Da ruft mit heller Stimme ein Junge: „Ich! Aus dem Buch, das Sie meiner Mutter geschenkt haben. Ich kenn' das ganze Buch — alle, alle Märchen!"

Am selben Nachmittag in Glücksburg erzählte ich nach dem „Krautesel" noch ein langes, zweitausend Jahre altes chinesisches Märchen. Ich wollte doch meinem Krautesel-Kenner etwas bieten, was er noch nicht kannte! In diesem Märchen erscheint ein wirklich gräßlicher, böser Geist. — Nun war die Erzählstunde zwar ausdrücklich nur für 10—14jährige Jungen und Mädchen angesetzt; aber irgendwie waren doch zwei kleine achtjährige Mädchen dazwischengeraten. Ich hatte sie mir gleich aus dem großen Haufen herausgepickt und links und rechts neben mich auf den Tisch gesetzt. Von einem Tisch aus, also erhöht, kann man beim Erzählen den Kindern in die Augen sehen, und das ist wichtig.

Gut, daß die kleinen Mädchen neben mir saßen, so daß ich — besonders als jenes Ungeheuer auftauchte — sachte die Arme um sie legen konnte. Sie waren sehr beruhigt, als endlich alle neun Köpfe abgeschlagen und das Ungeheuer ohne allen Zweifel mausetot war.

Ein Einwand, der oft von Müttern gemacht wird, wenn ich sie zu überzeugen versuche, wie schön und wie wichtig es ist, den Kindern wieder Märchen zu erzählen, ist ihre Sorge, daß die „Grausamkeiten" in Volksmärchen den Kindern schaden könnten. Durch die Diskussion, die über diese Frage seit 1945 im Gange ist, werden die Mütter stutzig. Es ist schwer, in kurzen Worten Müttern klarzumachen, daß bei normalen, gesunden Kindern ihre Sorge unbegründet ist. Wo es mir angebracht scheint, nehme ich die Gelegenheit wahr und frage, ob die Balkenüberschriften der Sensationspresse ihnen nicht ungleich größeres Unbehagen, größere Sorgen verursachten. Ich weiß von meinem vielen Herumreisen her, wie diese Zeitungen, besonders die riesengroßen Schlagzeilen über Mordaffären und andere aufregende Tagesgeschehnisse von den Kindern im Vorbeigehen mitgelesen werden. Jedermann liest sie, hält sie vor sich ausgebreitet, man kann mit hineinsehen — sie liegen überall herum, kein Mensch regt sich auf! Das aber ist dann Wirklichkeit: Berichte von tatsächlich geschehenen Greueln, sensationell aufgebauscht und in meist schlechtem Deutsch. Ich sage den Müttern, was ich von meinen eigenen Erfahrungen mit Märchenerzählen vor Kindern her weiß, daß z. B. die Altersstufe des Kindes eine große Rolle spielt, ob es ein Märchen „verträgt" oder nicht. Die Großen, die den Zusammenhang begreifen und imstande sind, ein Märchen als Ganzes aufzunehmen — die fühlen, worauf es ankommt. Sie empfinden das „Grausame" nicht als allein und für sich stehendes grausiges Bild, sondern als notwendigen Baustein im Gebäude der Erzählung, in der sehr deutlich Gut und Schlecht gegeneinandergesetzt ist. Es kann vorkommen, daß ich große Kinder vor der Erzählung eines Märchens auf erregende Szenen vorbereite, um die Spannung zu mildern. Habe ich das Märchen dann erzählt, vielleicht selbst leise besorgt um eine allzu heftige Wirkung, dann fragen immer einige Kinder — und manchmal sind es sogar die Lehrer: „Aber wo war denn nun das Grausige dabei?" — Sie hatten das Märchen als ein Ganzes, als Unzerlegbares angehört und aufgenommen, und sie taten gut daran.

Aber bei kleinen Kindern, die in ihrer Art, wie sie Märchen aufnehmen, unglaublich unterschiedlich reagieren, bin ich doch sehr vorsichtig. Schon aus diesem Grunde allein dringe ich darauf, daß ich bei ihnen nur in ganz kleinem Kreis, der nahe um mich herumsitzt, erzähle. Nur so kann ich den Ausdruck der Gesichter beobachten. Nur so weiß ich, wie weit ich gehen darf im Hinblick aufs Gruselige, wo es im Märchen vorkommt. Ich weiß, daß manches kleine Kind noch nicht imstande ist, dem Ablauf der Geschehnisse zu folgen. Man kann ihm einen seelischen Schaden zufügen durch ein schreckliches Bild — so schrecklich, weil es nicht im Zusammenhang gesehen ist und darum eine zu starke Rolle spielt.

Einiger weniger Schreckensbilder, auf solche Weise entstanden, erinnere ich mich aus meiner eigenen Kindheit. Solchen Märchen ging ich instinktiv aus dem Wege, würde sie auch heute Kindern nie erzählen. Märchen sind keine speziell für Kinder geschriebene Geschichten. Als die Brüder Grimm die deutschen Volksmärchen zu sammeln begannen, taten sie es in erster Linie aus wissenschaftlichem Interesse an der Volkskunde. Jacob Grimm erklärte, er habe das Märchenbuch gar nicht für Kinder geschrieben, aber er freue sich, wenn es ihnen „erwünscht komme". Wilhelm Grimm aber hat offenbar bei einigen Zusammenfassungen und bei der Auswahl der vorliegenden Varianten an die Kinder gedacht, die diesen „Hausschatz" selber lesen würden, wenn sie diese Kunst beherrschten. Beim Erzählen kennt man die Geschichten ja, und man kennt auch die Kinder, die man vor sich hat, und weiß, was man ihnen zumuten kann. Aber das Märchenbuch der Brüder Grimm aufschlagen — irgendwo an einer beliebigen Stelle — und ein Märchen vorlesen, ohne es zu kennen, das ist unverantwortlich! Dabei kann man tatsächlich an Märchen geraten, die für kleine Leute — und noch dazu leicht erregbare — ganz und gar nicht bekömmlich sind. Manch eine Mutter, die auf meinen Rat hin das Grimmsche Märchenbuch anschaffte, hat trotz meiner Warnung diesen Fehler begangen, daraufhin empört das Buch zugeschlagen und mir bei nächster Gelegenheit erklärt: „Sie mögen sagen, was Sie wollen — nie wieder Grimm!"

Ob nicht manche landesüblichen Drohungen wie: Wenn du jetzt nicht artig bist, dann kommt der „Schwarze Mann", dann kommt die böse Hexe und holt dich weg! — die Kinder mehr beunruhigen und ängstigen als die Märchen selber?

Daß man nervösen, empfindlichen kleinen Kindern abends vor dem Schlafengehen keine Märchen erzählen sollte, in denen aufregende, schaurige Dinge sich ereignen, das ist wohl eine Selbstverständlichkeit.

Wie viele Kinder aber haben mir schon anvertraut: „Ich mag so gern was Gruseliges hören! Abends im Bett. Wenn's dunkel ist. Unter der Decke! Huuuh, das ist himmlisch!" — „Aber träumst du denn in der Nacht nicht davon?" — „Ich? Nee, überhaupt nich! Ich träum' nie."

Um den Müttern, außer meiner persönlichen Erfahrung und Auffassung, etwas in die Hand zu geben, an das sie sich halten können, dem sie in dieser Frage vertrauen dürfen, gebe ich ihnen oft solche Worte in die Hände (in Form von Schreibmaschinendurchschlägen), die ich im Laufe der Jahre gesammelt habe, die mir meine eigene Ansicht bestätigen und mir als aufschlußreich und richtunggebend für dieses leidenschaftlich diskutierte Problem erschienen.[4]

Nun noch eine amüsante Geschichte zu dem Thema „Grausamkeit im Märchen".

Eine Lehrerin erzählte den Kindern vom ersten und zweiten Schuljahr das Märchen vom „Rotkäppchen". Dicht vor der Lehrerin sitzt in dieser Märchenstunde ein kleines, zartes blondes Mädchen, von dem die Lehrerin weiß, daß es für Leckerbissen eine besondere Vorliebe hegt, überhaupt Freude am Essen hat.

Als die Lehrerin nun von der Begegnung Rotkäppchens mit dem Wolf im Wald erzählt, wo es heißt: „Der Wolf dachte bei sich: Das junge zarte Ding, das ist ein fetter Bissen, der wird noch besser schmecken als die Alte . . .", da sieht die Lehrerin mit einiger Verblüffung, wie das kleine Mädchen vor ihr begehrliche Mundbewegungen macht, sichtlich, ohne daß es sich dessen bewußt ist. Nun, das Märchen nimmt seinen Verlauf, die Lehrerin erzählt: „. . . und da hat der Wolf die Großmutter verschluckt! Wißt ihr: so glatt in einem runter!" — Die Kleine, Zarte kann nicht mehr an sich halten und ruft dazwischen: „Oh, Fräulein Jessen, Fräulein Jessen! Denn konnt' er da ja gar kein Geschmack auf kriegen!"

Wenn ich diese Geschichte, die ich leider nicht selbst erlebte, sondern von der Lehrerin hörte, bei den Müttern in den Erholungsheimen einmal zum besten gebe, will das Lachen darüber kein Ende nehmen. Nur ein einziges Mal meinte eine wohl völlig humorlose Frau, sich sittlich

---

[4] Siehe Anhang Seite 214,
ferner die Kapitel auf den folgenden Seiten 216 und 217

darüber entrüsten zu müssen. Aber da kam sie schlecht an bei den anderen Müttern: „Ach was, Unsinn! Das hat die Kleine doch in aller Unschuld und Harmlosigkeit gesagt! Die wird sicher oft beim Essen von ihrer Mutter die Mahnung gehört haben: ‚Schling nicht so‘!"

Sommer 1953

Märchenerzählen in einer Sylter Volksschule. Drittes Schuljahr. Jungen und Mädchen. Die Schule damals noch in einer Baracke. Holzbaracken mögen als Unterrichtsräume tausend Mängel haben, die es gilt, durch Neubauten so schnell wie möglich abzustellen; aber zum Märchenerzählen sind sie ideal — diese niedrig gehaltenen Holzbauten mit mäßig großen Fenstern erwecken für uns moderne Menschen eine Atmosphäre der Improvisation; aber es dürfte nebenan nicht gerade eine Gesangstunde abgehalten werden!

Ich hatte drei wenig bekannte Märchen der Brüder Grimm erzählt, „Die Rabe", „Das singende, springende Löweneckerchen", „Die Alte im Wald", die nur in den ungekürzten Ausgaben der „Kinder- und Hausmärchen" enthalten und häufig selbst den Lehrern fremd sind. Mitten in einem Märchen stand ein Mädel, das am Ende einer Bank saß, auf, beugte sich vor und blieb so stehen. Es sah mich unentwegt an, wandte keinen Blick von mir; die anderen Kinder merkten es nicht, und ich war der Lehrerin dankbar, daß sie das Kind nicht anrief, ihm auch keinen verweisenden Blick zuwarf. Als ich ihr das hinterher sagte, lachte sie: „Nie im Leben hätte ich das getan! Ich weiß ja selbst, wie das ist, wenn die Kinder sich ganz tief ins Märchen verloren haben und mit offenen Augen träumen. Sie haben über dem Märchen den Erzähler vergessen. Nichts wäre verkehrter, als sie zu wecken. Die Kleine vorhin wußte selber gar nicht, daß sie aufgestanden war."

Ein Junge, der nahe vor mir in der ersten Reihe saß, blieb, nachdem ich geschlossen hatte, ein oder zwei Minuten unbeweglich sitzen, starrte wie gebannt vor sich hin. Dann ging langsam ein breites Lächeln über sein Gesicht — über seinen ganzen Körper, möchte man sagen. Er reckte und streckte sich mit Behagen, guckte mich an, als erkenne er mich erst jetzt, und seufzte: „Oh, das war'n doch nochmal *richtig* Märchen!" — Vielleicht hätte ich ihn jetzt fragen sollen, was er sich denn unter „un-richtigen" Märchen vorstellte. Aber wozu fragen? Ich wußte es ja, ich verstand ihn.

Man mag darüber streiten, ob „Volksmärchen" schöner sind als „Kunstmärchen". Schön — meine ich — kann alles auf seine Weise sein. Ich kenne wunderschöne Kunstmärchen, und auch Kinder sind entzückt von ihnen. Volksmärchen sind anders, und darum sollte man nicht die einen gegen die anderen ausspielen; wo man es tut, ist man sich des Wesensunterschiedes der beiden Formen wohl nicht ganz bewußt.

Besser als die Erwachsenen, so will mir scheinen, wissen es die Kinder, und gerade auch die kleinen Kinder, was „richtige" Märchen sind.

Herbst 1953

In einer großen städtischen Knabenvolksschule erzählte ich den zwei ersten Schuljahren. Intelligente, entzückende Kerlchen. Beim Märchen „Vom Tode des Hühnchens" redete ein kleiner Junge unter lebhaftem Kopfnicken dazwischen: „Ja, das kann passier'n!" (nämlich, daß einem ein allzu großer Kern im Halse steckenbleibt, wie dem unglücklichen Hühnchen im Märchen).

Als ich zwischendurch fragte: „Wer von euch kennt ‚Brüderchen und Schwesterchen‘?", meldete sich ein Junge. — „Woher kennst du das denn, wer hat es dir erzählt?" — „Erzählt nich! Ha' 'ch in Kino geseh'n!" — Dies Märchen wage ich nicht überall im ersten Schuljahr zu erzählen — schon gar nicht bei den „Osterküken". Es ist lang, und es erfordert alle Aufmerksamkeit. Die kleinen Burschen, die ich an diesem Tage vor mir hatte, waren der Aufgabe des Zuhörens jedoch gewachsen, gingen mit wie *ein* Mann. Die Schulstunde war noch nicht um, aber ich wollte nach diesem Märchen aufhören. Mir schien, es sei genug. Die Lehrerin aber meinte, ein kleines Märchen könnte ich noch erzählen. Also schloß ich mit der „Bienenkönigin". Es heißt da am Ende: „. . . Da war der Zauber vorbei, alles war aus dem Schlaf erlöst, und wer von Stein war, erhielt seine menschliche Gestalt wieder. Und der Dummling vermählte sich mit der jüngsten und liebsten und ward König nach ihres Vaters Tod; seine zwei Brüder erhielten die beiden anderen Schwestern."

Ich freute mich, daß das Märchen nicht durch das Klingeln zur Pause gestört worden war; aber jetzt mußte es jede Sekunde läuten. Die Kinder saßen noch mit offenen Mündern da und starrten in die Luft. In diese Stille hinein sagte ein kleiner Junge langsam und mit tiefer, ausdrucksvoller Stimme: „Amen!" — Das war gewiß nicht albern oder vorlaut gemeint. Es war ihm feierlich zumute, und ihn verlangte nach einem würdigen Abschluß — einem Schlußakkord. Verwirrt blickte er sich um, als er einige Jungen flüstern hörte: „Aber du bist dumm! Das sagt man doch beim Beten!" und „Das kommt doch nur vor bei Geschichten vom Herrn Jesus!" — Ich half mit wenigen leichten Worten dem Kleinen aus seiner Verlegenheit und schlug vor, daß wir beim Märchen zum Schluß doch lieber sagen wollten: „Da kam eine Maus, das Märchen war aus!" Fröhliches Kopfnicken und allgemeine Zustimmung — ja, so gefiel es allen besser, auch dem kleinen Amensager. Ein Junge rief: „Oder: und — wenn — sie — nicht — gestorben sind ...", und wir alle im Chor: „... dann leben sie noch heute." Da schrillte die Klingel zur Pause.

In der Schule in Schafflund (Südtondern). Als ich in der Oberstufe (siebtes bis neuntes Schuljahr) mit dem ersten Märchen beginnen will, steht der Lehrer noch einmal auf und sagt: „Über die Märchen, die euch Frau Rougemont jetzt erzählen wird, braucht ihr keinen Aufsatz zu schreiben! Ihr sollt nichts weiter tun als zuhören!" — Ein Seufzer der Erleichterung geht durch die Reihen.

In einer anderen Schule war es genau umgekehrt: Ich habe mit dem Erzählen vor der Oberstufe angefangen, die ersten Sätze schon ausgesprochen, da unterbricht mich der Lehrer: „Bitte, noch einen Augenblick!" Zu den Kindern gewandt, mit erhobenem Arm und mahnendem Zeigefinger: „Das sage ich euch: Daß ihr mir aufpaßt! Morgen wird ein Aufsatz über die Märchen geschrieben. Also nochmals: scharf aufgepaßt!" — Dann wieder zu mir hin: „Bitte weiter!"

Als ich später die Schule verlasse, über den leeren Schulhof gehe, turnen ein paar große Jungen auf dem Eisengeländer einer Kellertreppe herum. Ich nicke ihnen, da sie winken, im Vorbeigehen zu: „Na, hat's euch Spaß gemacht?" — Ein Junge: „Geschichten waren prima — aber man schade: Wir soll'n da 'ne Niederschrift von machen!"

Was pädagogisch richtig ist und was falsch an diesen beiden genau entgegengesetzten Behandlungen der Märchen im Deutschunterricht, wage ich nicht zu entscheiden. Ich glaube, das eine kann so richtig sein wie das andere.

Es kommt auf die Umstände an; auch auf die Art und das Alter der Kinder. Nur eines wäre vielleicht doch zu vermeiden durch eine geschickte Methode, daß die Kinder hinterher nicht sagen: „Aber man schade . . .“

Es gibt Kinder, die begeistert Aufsätze schreiben über Märchen, die sie gehört haben. Ich sah nach einer Märchenstunde ein kleines Mädchen zum Pult hüpfen, wo die Lehrerin und ich noch im Gespräch zusammenstanden. Ungestüm unterbrach sie uns und fragte eifrig ihre Lehrerin: „Dürfen war da 'ne Niederschrift von machen?“

Ein Lehrer sagte mir, als ich ihn um seine Stellungnahme zum Thema „Märchen und Aufsatz“ bat: „Ja, zuweilen kann es richtig sein, gleich darüber schreiben zu lassen oder auch sofort im Anschluß an die Erzählstunde mit den Kindern über die Märchen zu sprechen; aber im Grunde bin ich doch mehr dafür, ein paar Tage oder auch ein paar Wochen damit zu warten. Denn, wissen Sie, das muß doch erstmal sacken bei denen! Läßt man gleich schreiben, dann verhindert man das. Dann sackt das nämlich nie. Es kommt mehr dabei heraus, wenn man etwas Geduld hat und wartet. Schließlich — uns Erwachsenen geht's doch auch nicht anders.“

Am 2. Oktober 1953 hatte ich in Niebüll in der Volksschule Märchen erzählt, kurz vor den Herbstferien.

Am 15. Oktober war ich wieder in der Schule. Die Lehrerin vom zweiten Schuljahr erzählte mir, ihre Kleinen hätten ihr *nach* den Ferien die Märchen beinahe wörtlich wiedererzählt. Sie hätte sehr gestaunt. Sie wollte sich das merken und in Zukunft nicht immer alles Erzählte gleich hinterher aus ihnen herausfragen. Damit habe man nämlich selten Glück.

Die starke Formkraft der Grimmschen Märchensprache kann ich durch viele Beobachtungen belegen, die sicher ähnlich bei den Lesern anklingen werden. Die einzelnen

Bilder bewegen das kindliche Herz so stark, daß sie in den eigenen Sprachschatz übernommen werden, ohne daß man das Kind einer Unehrlichkeit im Sinne des Plagiats bezichtigen könnte.

Ich hatte einem kleinen Siebenjährigen das Märchen von „Rapunzel" erzählt. Nach ein paar Jahren besuchte ich diese Familie wieder. Ich fand den Jungen, jetzt ein Schulkind im dritten oder vierten Schuljahr, eifrig in ein Heft schreibend. Ich darf mir aus der alten Vertrautheit erlauben zu fragen: „Was schreibst du denn da? Das wird wohl ein Aufsatz?" — „Ja, wir sollen uns ein Märchen ausdenken." Er schob mir bereitwillig sein Heft hin, und ich las: „Rosalinde von Oesterreich war das schönste Kind unter der Sonne . . ." — Ich staunte: „Das schönste Kind unter der Sonne! Hast du dir das selber ausgedacht?" — „Nein, aber das haben Sie mir doch erzählt, früher mal, wissen Sie nicht noch? Das kommt doch in ‚Rapunzel' vor!"

Einem fünfjährigen Mädchen erzählte ich das Grimmsche Märchen vom „Eselein", diesem „edlen Tierlein", das auf die Frage, wie ihm die Königstochter gefalle, antwortet: „Aus der Maßen wohl!" Einige Zeit danach stand Bärbel stumm vor Glück vor ihrem festlich geschmückten Geburtstagstisch. Dann sah sie mich an, machte ein schelmisches Gesicht und sagte: „Das gefällt mir — aus der Maßen wohl!"

Ein kleiner Junge von vier oder fünf Jahren bat seine Mutter: „Mutti, erzähl' mir doch wieder von ‚Paleibo'!" — „Aber das kenne ich ja gar nicht! Das habe ich dir gewiß nicht erzählt." — „Doch Mutti, ganz bestimmt! Das war so schön!" Die Mutter konnte sich nicht erinnern, aber eines Tages erzählte sie ihrem Kleinen das Grimmsche Märchen „Brüderchen und Schwesterchen". Als sie nun an die Stelle kam, wo der König an das Bett seiner lieben Frau treten will, um sich an dem neugeborenen Kind zu erfreuen, und die Kammerfrau, die alte Hexe, ruft: „Beileibe, laßt die Vorhänge zu, die Königin darf noch nicht ins Licht sehen und muß Ruhe haben" — da jubelte der kleine Theodor hell auf: „Paleibo! Da ist es ja, Mutti! Oh, wie schön: Paleibo!"

Als ich in einem großen Kreis von Landfrauen einen Abend mit dem Sterntaler-Märchen beschloß, fragte mich die älteste meiner Hörerinnen, die dicht neben mir saß, weil sie schwer hörte: „Wissen Sie, was ich als kleines Mädchen in diesem Märchen am allerschönsten fand und was mir vorhin, als Sie es im Wortlaut der Brüder Grimm erzählten, wieder einfiel — nach über siebzig Jahren wieder einfiel? — Die Worte, die vom neuen Hemdchen sagen: ,... das war vom allerfeinsten Linnen.' — Ich habe das wohl damals gar nicht verstanden, aber es war so schön, so geheimnisvoll."

Ich sitze in einer Gaststube und verzehre mein Frühstück. Die Wirtin führt ihre kleine Tochter herein, ein niedliches Mädchen, etwas altklug. Ostern kommt sie zur Schule. Ich ahne schon, sie möchte ein Märchen hören. Mit Unterbrechungen, da meine Zeit begrenzt ist, erzähle ich dem Kinde, das neben mir auf dem Stuhlrand hockt und wippt, das Grimmsche Märchen von den „Drei Federn". Es hört aufmerksam zu. Während ich mich zum Fortgehen bereitmache, läuft die Kleine nach hinten zum Schanktisch, wo emsig mit Geschirr und Bestecken geklappert wird. Ich höre, wie die Mutter fragt: „Nu sag doch mal, was hat die Tante dir denn erzählt?" Die Kleine: „Ja, ich erzähl dir das! Aber nicht gleich! Morgen oder übermorgen. Ich muß da erst mal scharf über nachdenken! Aber so wie die Frau krie' 'ch das nich hin."

Nach dem, was ich selbst erlebt habe oder was mir Lehrer berichten, sind die meisten Kinder — mehr als

zum Aufsatzschreiben und zum Wiedererzählen der Märchen — freudig bereit, das, was sie da gehört haben, zu
malen und zu modellieren. Mit wahrem Feuereifer rumo-
ren sie in ihren Taschen und Schubladen, können gar
nicht schnell genug Buntstifte oder Malkasten hervorho-
len, um die Fülle der Gesichte zu Papier zu bringen.

In einer zweiklassigen Dorfschule im Landkreis Flensburg hatte der Lehrer der Unterstufe die Kinder nach der
Märchenstunde zeichnen lassen, ohne zu helfen oder zu
lenken. Er zeigte mir die Resultate: das Schloß; der Baum
mit dem Ring und dem Apfel; die Brunnengeschichte mit
den Erdmännchen, die den jungen Jäger wieder hinaufzie-
hen ans Tageslicht — ... an jedem Faden Haar, das er
auf seinem Kopfe hatte ...; die Alte im Wald; das
Täubchen bringt dem Mädchen den Schlüssel.

„Sehr wichtig", sagt der Lehrer, „zu sehen, was die
Kinder am tiefsten beeindruckt hat: eben nicht die Teufel!" (Im Märchen vom Königssohn, der sich vor nichts
fürchtet.)

Ein Lehrer für musische Erziehung an einer Knaben-
und Mädchenoberschule im Ruhrgebiet berichtet mir:
„Ohne Märchen komme ich im Mal- und Zeichenunter-
richt überhaupt nicht mehr aus! Ich lese vor; viel schöner
wäre es natürlich, ich könnt's auswendig erzählen, aber
ich lese so, daß ich kaum ins Buch sehe, damit ich
möglichst immer alle im Auge habe und anspreche. Was
nach dem Vorlesen beim Malen herauskommt — darüber
staune ich immer wieder. Unglaublich, wie durch die
Märchen das innere Leben der Kinder angeregt wird!"

Bei mir zu Hause haben sich im Laufe der Jahre
große Stapel von Kinderzeichnungen, nach Märchenstunden entstanden, angesammelt, die mir von Lehrerinnen
und Lehrern zum Dank nachgesandt wurden. Ich bedau-
re, nicht mit den Kindern zusammen ihre kleinen Werke

ansehen zu können und mir von ihnen erzählen zu lassen, was sie gemeint haben.

Oft erzählt man mir auch, daß Kinder, wenn sie ganz unter sich sind und sich unbeobachtet glauben, ohne Anregung und Anleitung von Erwachsenen das Märchen, das sie gehört haben, in ein Bewegungsspiel mit verteilten Rollen umsetzen. Selbst stille und sonst gehemmte Kinder können dabei aus sich herausgehen und Fähigkeiten entwickeln, die kein Mensch bei ihnen vermutet hätte; so wie es im Märchen vom „Eselein" heißt: „. . . und hätte kein Mensch gedacht, was für einer dahintersteckte."

Leider nur einmal habe ich Gelegenheit gehabt, solch einem kindlichen Märchenspiel zuzusehen. Es ist sehr lange her — ganz im Anfang meiner Märchenreisen. Vormittags hatte ich in einer Schule auf dem Lande Märchen erzählt. Die Schule war längst aus, und ich saß noch lange in einem der leeren Räume vor einem großen Tisch. Wer zufällig von außen hereingesehen hätte, wäre gewiß verwundert gewesen, daß da jemand am hellen Tag, mittags um 2 Uhr, in der leeren Schule saß und anscheinend Patiencen legte. Es war aber der Riesenberg winzig kleiner, schmutziger, zum Teil zerrissener R-Mark-Scheine, den ich sichtete und in Häufchen vor mir auf dem Tisch ausgebreitet hatte. — Als die Kinder vorhin an dem ganzen, noch ungeordneten Segen vorbei nach Hause zogen, hatten sie gestaunt: „Oh, Tante, müssen Sie aber reich sein!"

Endlich waren meine R-Mark-Bündelchen geschnürt, und ich wollte fortgehen. Der Schulhof lag leer und staubiggrau in der Mittagssonne. Als ich ihn überquerte, hörte ich helle, lebhafte Kinderstimmen. In einer Hofecke spielten acht bis zehn kleine Mädchen, zweites oder drittes Schuljahr. Sie waren so versunken in ihr Spiel, daß sie mich erst bemerkten, als ich nahe bei ihnen stehenblieb:

„Was spielt ihr denn da? Das kommt mir doch so bekannt vor! Führt ihr was auf?" Sie hielten einen Augenblick inne, drehten sich halb zu mir um, lachten und winkten: „Ja, Tante, wir spielen ‚Einäuglein, Zweiäuglein, Dreiäuglein'. Das haben Sie uns doch heute morgen erzählt. Das spielen wir gleich. Das macht so 'n Spaß!" — Dann wandten sie sich sofort wieder von mir ab und spielten selbstvergessen und mit glühendem Eifer weiter.

Offenbar drängt es Kinder zur Darstellung, wenn sie innerlich stark von einem Märchen erfaßt worden sind. Wenn sie die Eindrücke zeichnend, singend oder mimisch darstellend objektivieren, gewinnen sie das Gehörte erst wirklich zu eigen. Die Unterstützung durch einfühlsame Erzieher brauchen die Kinder aber, um mit ihrem Ansatz wirklich zum vollen Ausleben zu kommen. Nur dürfte es nicht dahin kommen, daß die Kinder sagen: „man schade!"

Winter 1953

Märchenerzählen in der Volksschule einer größeren Stadt. Die Schule lag in einem Stadtteil mit ausgesprochen ärmlicher Bevölkerung. Die Lehrerin des dritten Schuljahres fehlte seit längerer Zeit. Vom Lehrerkollegium wurde mir geraten, in dieser Klasse lieber nicht zu erzählen. Die Kinder, Jungen und Mädchen, wären ganz besonders schwierig, zum größten Teil aus ungeordneten häuslichen Verhältnissen stammend, frech und faul, einzig interessiert an Groschenheften mit Räubergeschichten und Wildwestfilmen. Ich bat, mich doch erzählen zu lassen, meiner Erfahrung nach wäre eine solche Räuberbande oft das beste Publikum.

Ich durfte allein zu den Kindern gehen, ließ sie mit ihren Stühlen etwas mehr nach vorn kommen. Nun hatte ich sie also nahe um mich herumsitzen. Manche sahen in der Tat wenig vertrauenerweckend aus, der Größe nach mehr in das vierte als in das dritte Schuljahr gehörend, also wohl viele Sitzengebliebene!

Ich erzählte zwei Grimmsche Märchen: „Der Königs-sohn, der sich vor nichts fürchtet" und „Der Eisenofen", keines davon den Kindern bekannt. Ich konnte ohne die geringste Störung erzählen. Wir waren alle zusammen im Märchen drin, die Kinder und ich — wie sollte da eine Störung kommen? — Die Stunde war um — „... die Itschen (Kröten) alle erlöst und lauter Königskinder und waren in voller Freude ...". Einen Augenblick herrschte Stille, nachdem ich geschlossen hatte. In der ersten Reihe saß ein Junge, der aussah, als sei er wohl der Räuber-hauptmann der ganzen Gesellschaft — etwas älter als die anderen, wildes Gesicht, zerraufte Haare, übers Auge herabhängende Strähnen, zerrissene Jacke und die schmutzigsten Hände. Während ich erzählte, hatte er mit verschränkten Armen fast unbeweglich dagesessen, eine Art von düsterem Napoleonsblick in den Augen. Jetzt sagte er langsam und verwundert: „Und — das — alles — für — fünfzehn Pfennig?" — „Ja, fünfzehn Pfennig müßt ihr dafür bezahlen. Nicht für die Märchen, die sind so schön, die kann man gar nicht bezahlen. Aber dafür, daß ich zu euch kommen kann; einen fliegenden Koffer gibt's ja leider nur im Märchen."

Der Junge: „Nee — ich bezahl' dreißig!" — Andere Kinder riefen: „Ich bezahl' auch dreißig!" — „Ich bezahl' fünfzig!" — „Wie schön, daß es euch so gut gefallen hat!", und zu dem Jungen, dem großen, der die Erhöhung meines Honorars angeregt hatte: „Was sagt aber deine Mutter dazu, wenn du dreißig bezahlen willst und die anderen nur fünfzehn? Wißt ihr, wir wollen lieber alle bei fünfzehn Pfennig bleiben!" Ich irrte mich aber sehr, wenn ich meinte, die Debatte damit abgeschnitten zu haben.

Mit großartiger, weit ausholender Armbewegung, als wäre er ein Reisender, der einem widerspenstigen Kunden etwas klarmachen müßte, sagte er zu mir: „Nee! Kiek mal: Kino kost' fuffzig — und dies war doch viel schöner!" — Und das war die schlechteste Klasse der ganzen Schule!

Sommer 1954

In einer Kreisberufsschule erzählte ich innerhalb von drei Tagen in neun Abteilungen, je zwei bis drei Klassen, Märchen und Sagen. Eine Bekannte von mir, die dort den hauswirtschaftlichen Zweig leitete, hatte monatelang schwierige diplomatische Vorarbeit bei dem Direktor und den Lehrkräften der Schule geleistet. Das Vorhaben, in den Lehrplan einer Berufsschule rein musische Stunden einzuschalten, auch nur als Ausnahme, ist tatsächlich schwierig. Um so mehr erkenne ich an, daß die Direktion mir schließlich die Erlaubnis erteilte. Aus den geplanten drei Erzählstunden wurden fünf, weil immer mehr Lehrerinnen zu mir kamen und baten, in ihren Klassen auch Märchen zu erzählen, damit die jungen Schülerinnen die Märchenschätze unseres Volkes in der nicht mehr geübten Weise der Vermittlung durch das für sie gesprochene Wort kennenlernten.

Am dritten Erzähltag nahm ein Jugendpfleger teil, der Heimleiter des Schülerwohnheims der Kreisberufsschule; er bat mich, noch an einem Tag abends zu kommen: „Ich habe nämlich ein Experiment vor. Ein Lehrgang für männliche Berufsschüler ist jetzt eben zu Ende gegangen, und der Abschiedsabend für meine Internatsjungen steht bevor. Würden Sie wohl bereit sein, den jungen Leuten eine Stunde lang Märchen und Sagen zu erzählen — als

ersten Teil des Abends, bevor der gesellige Teil beginnt?"
— Ich sagte zu unter der Voraussetzung, daß ich hinsichtlich der äußeren Bedingungen Wünsche äußern dürfte. Ich schlug vor, mich in der Dämmerstunde erzählen zu lassen, und zwar deshalb, weil die jungen Leute dann nicht abgelenkt würden vom Zuhören durch die Vorstellung, von ihrem Neben- oder Hintermann beobachtet und womöglich angegrinst zu werden. Das für junge Männer leicht Peinliche, sich von einem älteren Fräulein Märchen erzählen zu lassen, die für sie unter den Kindergeschichten rangieren, wird im Halbdunkel bedeutend gemildert. Ich kannte das doch vom Erzählen bei den Verwundeten her!
— Und dann bat ich darum, keine Gäste einzuladen, auch keine Kinder; ferner wünschte ich mir einen ruhigen Raum und die Anordnung der Stühle im Halbkreis. Der Heimleiter versprach, alles nach meinen Wünschen einzurichten. Er verstand es von seinen Berufserfahrungen her, daß eine Märchenstunde für junge Männer eine diffizile Sache ist und sorgsam vorbereitet werden muß.

Am 13. Mai fand ich bei meinem Kommen alles geordnet vor, wie verabredet; und da auch während des Erzählens keine Störung von außen eintrat, so konnte ich gut anderthalb Stunden in aller Ruhe erzählen. Es war dämmerig, als ich begann, und fast dunkel, als ich schloß. Als einziges weibliches Wesen hörte jene Lehrerin mit zu, die mir durch ihre Überredungskunst die Erzählerlaubnis bei der Direktion der Schule erwirkt hatte. Sie war den Internatschülern bekannt und sehr beliebt. Als ich wegging, brachte sie mich zur Pforte, flüsterte mir zu: „Ich saß ja im Hintergrund, in der letzten Reihe. Als Sie das Märchen von den ‚Drei Schlangenblättern' erzählt hatten, das letzte von den Grimmschen — noch *vor* dem Indianermärchen! —, da sprachen zwei in der Reihe vor mir sitzende junge Leute lebhaft miteinander. Ich beugte mich unauffällig etwas nach vorn. Der eine sagte zum anderen, lebhaft und mit unterstreichenden Handbewegungen: ‚Mensch, du! Wildwest — nix dagegen!'"

Acht Tage später erzählte ich wieder in zwei Mädchen-klassen der Kreisberufsschule. Geradezu rührend hingege-ben hörten die großen Mädel zu. Kaum eines kannte die Märchen, kaum eines hatte eine Großmutter oder Mutter gehabt, die ihm die Märchen erzählte, als es klein war. Die Lehrerin, die dabei war und das hörte, war ganz betroffen — das hätte sie nicht für möglich gehalten.

Ich begrüßte noch den Heimleiter des Internats. Ich bat ihn, mir offen und ohne Rückhalt zu berichten, wie seine Schüler auf den Märchenabend von neulich reagiert hätten; denn ihm gegenüber würden sie sich doch nicht gescheut haben, ihre ehrliche Meinung auszusprechen.

„Nur fünf haben geäußert, daß sie neulich nichts von den Märchen gehabt hätten. Sie erklärten mir, sie wollten lieber mit Dingen, die ihren Beruf angingen, unterhalten werden. Es hat sich also beim Zuhören nichts in ihnen gerührt. — Drei haben nicht recht gewußt, ob sie zustim-men oder ablehnen sollten. — Alle anderen aber haben gesagt, sie wollten sehr gerne wieder einen solchen Abend haben. — Das ist also ein ausgesprochen positives Ergebnis."

Nach meinem Eintreffen in einer zweiklassigen Dorf-schule bittet mich der Schulleiter, seiner Oberstufe das Grimmsche Märchen „Die Brautschau" zu erzählen. Seine großen Schulmädel hätten auf meinem Märchenpro-gramm, das ich zum Auswählen meinem Kommen vor-ausgeschickt hatte, diesen Märchentitel verzeichnet gefun-den, und nun glaubten sie, daß das doch gewiß „was Schickes" sein müßte — was mit Brautschau! Und hoffent-lich auch recht lang!

Ich willigte lachend ein und erzählte das lustige kleine Märchen vom unschlüssigen jungen Hirten, der sich nicht entscheiden kann, welche von drei gleichschönen Schwestern er heiraten soll. Er folgt dem Rat seiner Mutter, lädt alle drei ein, setzt ihnen Käse vor und hat acht, wie sie ihn anschneiden. Nur die jüngste besteht die heimliche Prüfung: Sie schneidet von der Rinde nicht zu viel ab und nicht zu wenig; er heiratet sie, und sie werden glücklich. Als ich schloß, lachten die Kinder fröhlich und verständnisinnig, wenn sie sich auch auf etwas anderes und jedenfalls auf ein längeres Märchen gespitzt hatten — dieses war nach zwei Minuten schon wieder zu Ende gewesen.

Ich wollte nun gleich weitererzählen. Ich weiß ja, wie schnell den Kindern eine Märchenstunde verfliegt und wie lange sie sich vorher darauf freuen. Da griff der Lehrer ein und sagte zu mir gewandt: „Moment mal bitte!" Dann zu den Kindern: „Kinder! *Warum* waren die beiden älteren Mädchen nichts für den jungen Hirten? Warum riet seine Mutter ihm ab, eine von ihnen zu heiraten? Die älteste hatte doch den Käse mitsamt der Rinde verschlungen. Wie war die also? Warum war es besser, er heiratete sie nicht?" Der Lehrer wollte offensichtlich darauf hinaus, daß dieses Mädchen gierig war. Da meldete sich ein Junge vom fünften Schuljahr, spritzte hoch aus seiner Bank und rief mit heller Stimme: „Die frißt ihm arm!"

Herbst 1954

In einer Dorfschule hatte ich den Vormittag über Märchen erzählt. Hinterher gab es ein gutes Gespräch über Märchenerzählen mit dem feingebildeten, sympathischen Schulleiter. Er war einer der Lehrer, die oft und in allen Schulklassen Märchen erzählen. Wir verstanden uns gut. Er sagte mir, daß er persönlich lieber mit eigenen Worten und plattdeutsch erzählte, daß er es aber für sehr gut und begrüßenswert hielte, wenn ich in regelmäßigen Abständen von ein oder zwei Jahren etwa in seine Schule käme, damit die Kinder die Märchen auch im Grimm‑schen Wortlaut erlebten: „Aber wenn ich als ihr Lehrer plötzlich in einer anderen Sprache als dem ihnen vertrau‑ten Plattdeutsch erzählte — das würde meine Gesellschaft komisch finden!"

Dann kamen wir noch auf etwas anderes Wichtiges, das ich von mir aus noch nie so gesehen hatte — noch nie so betrachtet wie dieser Lehrer. Er meinte: „Das Grimm‑sche Märchen vom ‚Alten Großvater und seinem Enkel' würde ich meinen Schulkindern nie bringen. Als Sie es vorhin erzählten, hat es ihnen ja sichtlich Eindruck gemacht. Das erstaunte mich, und — ehrlich gesagt — wunderte ich mich, daß Sie gerade diese kleine Geschichte für meine Großen ausgewählt hatten. Denken Sie, erst kürzlich habe ich sie in einer Arbeit als Musterbeispiel für abzulehnende, ‚moralinsaure' Geschichten angeführt." Ich mußte antworten: „Das habe ich nie so empfunden. Mir kommt das ‚Moralische' darin nicht als langweilige, pedantische Belehrung mit aufgehobenem Zeigefinger vor, sondern ich lese daraus eine von Grimm in wenigen Worten meisterhaft zusammengefaßte, erschütternde menschliche Erfahrung, eine Lebensweisheit, die auch in den Geschichten anderer Völker in ähnlicher Form erscheint. — Vor allem aber wirkt auf mich diese Erzäh‑lung in ihrer Schlichtheit und Geschlossenheit als kostba‑res kleines Kunstwerk."

Wie weit gehen doch Wirkung und Deutung der Märchen bei den einzelnen Menschen auseinander! Das aber gerade macht ja die Beschäftigung mit Märchen so außerordentlich interessant und vielseitig!

In einer kleinen Dorfschule, inmitten der schönen wald-
und seenreichen Hüttener Berge, zwischen Eckernförde
und Rendsburg am Wittensee gelegen, wurde ich besonders herzlich empfangen. Ein Junge holte mich vom Bus
ab. Der Schulleiter hatte ihn geschickt. Das ist aber riesig
nett von dem Lehrer, dachte ich bei mir. Als ich mich ein
paar Wochen zuvor bei ihm zum Erzählen in der Schule
persönlich anmelden wollte, hatte ich ihn beim Mittagsschlaf gestört. Zwar schärfte ich der kleinen Enkelin, die
mir die Haustür öffnete, dringend ein, den Großvater,
wenn er schliefe, nicht zu wecken. Das war aber doch
geschehen, und ich hatte angstvoll auf das Donnerwetter
gewartet, das an anderer Stelle, bei gleicher Lage der
Umstände, losgebrochen war. Völlig zu Recht — der
Mittagsschlaf eines Schulleiters ist unter allen Umständen
zu respektieren. Die ruhige Freundlichkeit, mit der mich
dieser alte Lehrer dann doch empfangen hatte und auf
mein Anliegen eingegangen war, habe ich bis heute in
dankbarer Erinnerung.

Zu dieser Schule gehörte noch eine Lagerschule, etwa
700 m von der Hauptschule entfernt. Nachdem ich zuerst
in der Oberstufe der Hauptschule erzählt hatte, machte
ich mich auf den Weg dorthin. Ich kam in einen Barackenraum, lang und schmal wie ein Handtuch, zu einer
Kindergruppe vom ersten bis vierten Schuljahr. Dieser
Altersunterschied ist zu groß bei so vielen Kindern, die
eng gedrängt sitzen müssen und sich kaum rühren können. — Ich war nicht recht zufrieden. Die Großen oder
die Kleinen kommen zu kurz bei solcher Zusammenstel-
lung. Aber einige hatten sicher doch etwas davon
gehabt.

Ein Junge aus dem vierten Schuljahr brachte mich zur
Hauptschule zurück. — „Das ist der Erwin, ein doller
Raudi!" hatte der Lehrer geseufzt. Der Junge lief barfuß
neben mir her und redete eifrig drauf los: „Ich kenn' so

wenig Märchen. Und dabei is das so schön! Ich kenn' das gar nich, Tante — so erzählt kriegen! Och, ich hab' schon so gewartet. Immer hab' ich gedacht: Wann is nu endlich der Zehnte! Warum is nu noch nich der Zehnte!"

In der Hauptschule wollte ich mich noch vom Schulleiter verabschieden. Da hörte ich, daß das vierte Schuljahr noch eine Singstunde haben sollte, aber der Lehrer bat, und die Kinder baten: „Erzählen Sie uns noch ein Märchen! Eins für uns Größere!" — „Also gut, ‚Der Trommler'!" — Diese nicht geplante Stunde wurde die beste. Glückselig waren die Kinder. Am meisten strahlte der dolle Erwin. Der Schulleiter saß schmunzelnd dabei, und seine kleine fünfjährige Enkelin, die mit den anderen Kindern hereingehuscht war, schmiegte sich an mich wie ein Kätzchen und hörte still und aufmerksam zu.

Winter 1954

Vorweihnachtliches Zusammensein mit Märchenerzählen im Landfrauenverein Kellinghusen. Der Name der Vorsitzenden ist mir entfallen. Nur ihren „Steckbrief" finde ich in meinem Tagebuch an den Rand gekritzelt. Mir will scheinen, daß diese Beschreibung mit geringen Abweichungen auf eine große Anzahl von Landfrauen paßt, die ich im Laufe der Jahre als Vorsitzende oder Schriftführerinnen der Vereine kennengelernt habe — „frisch, fest, rosig, hübsch, weißhaarig".

An diesem Nachmittag nun, der eigentlich nur für erwachsene Zuhörerinnen gedacht war, hatte eine Landfrau ihr fünfjähriges Töchterchen mitgebracht. Die Kleine wurde neben mich gesetzt. Lieb und nett sah sie aus — rundes, frisches Gesicht. Das Haar in Zöpfen eng um den Kopf gelegt.

Als ich sie anzusprechen versuchte, blieb sie stumm, war scheu und zurückhaltend. So drang ich nicht weiter in sie. Kinder, Landkinder besonders, brauchen Zeit, um aufzutauen. Ich hatte auch genug damit zu tun, im stillen und in aller Eile das Märchenprogramm, das ich mir für diese Veranstaltung vorgenommen hatte, in Hinblick auf diesen kleinen Gast zu ändern. Ich hatte mir gedacht, daß es schön sein müßte, diesem geschlossenen Kreis älterer Frauen die Schönheit und Ernsthaftigkeit solcher Märchen nahezubringen, die sich in alten Zeiten vornehmlich die Erwachsenen zu erzählen pflegten. Ich änderte also meinen Plan und entschloß mich zu einer Mittellinie, was Verständlichkeit anbelangt, hegte aber während des Erzählens doch die Befürchtung, daß auch diese Märchen für meine kleine Tischnachbarin noch zu schwer waren. Wenn mein Blick sie von der Seite streifte, sah ich sie kerzengerade und unbeweglich sitzen. Keine Miene verzog sie, sah mich auch nicht an, sondern fest geradeaus, mit undurchdringlichem Gesichtsausdruck.

Nachdem nun fast eine Stunde mit Erzählen vergangen war und die Kleine neben mir noch immer kein äußerlich wahrnehmbares Zeichen von Anteilnahme oder Verstehen von sich gegeben, aber auch keine Störung verursachte — was das Recht einer Fünfjährigen gewesen wäre! —, da erzählte ich, mich nun direkt der kleinen Marianne zuwendend, das kurze, lustige Märchen vom Mond, dessen Mutter sich lange vergeblich damit abquält, „beim Sternenschein" dem frierenden Kinde ein Röcklein zu nähen. Umsonst die ganze Mühe — einmal ist's zu eng, ein ander Mal zu weit, je nach dem ewig wechselnden Leibesumfang ihres Söhnchens.

Wo immer ich Kindern — auch noch jüngeren als dieser Fünfjährigen — das Märchen erzähle, wird es sofort verstanden; die Kinder lachen hellauf und überbieten sich in Vorschlägen, wie die Mutter des Mondes sich hätte aus der Affäre ziehen können: „. . . denn hätt' ich den Mond ein Gummikleid gemacht!" oder: „. . . ich hätt' zwei Kleider gemacht, eins für wenn der dick is und eins für wenn der dünn is!" oder: „. . . ich hätt' 'n ganz weites gemacht! Und wenn der dünn is, denn mit 'n Gürtel" oder: „. . . Wenn ich die Mondmutter gewesen wäre, hätt' ich gesagt, paß du selbst auf, daß du nich immer dicker und denn wieder dünner wirst. Denn mußt du eben nackicht rumlaufen!"

Aber mein Mariannchen ließ die Sache mit den vergeblichen Anproben völlig kalt — umsonst suchte ich auf ihrem Gesicht nach der Spur eines Lächelns. Hatte sie mich gar nicht verstanden? Sprach man sonst nur Plattdeutsch mir ihr? Oder war die wörtliche Wiedergabe des Grimmschen Textes (Jacob Grimm hat es aus dem Lateinischen übersetzt) zu schwer, zu altertümlich gewesen für die Fünfjährige? Ich wollte der Sache auf den Grund gehen, jetzt wollte ich es ganz genau wissen und fragte — etwas leutselig, fürchte ich: „Na, mein Kleines, was hättest du denn gemacht, wenn du dem Mond ein Kleid hättest machen sollen?" Da rührt sich Marianne zum ersten Mal, dreht den Kopf etwas zur Seite, aber nicht zu mir, sondern zur Mutter hin, und sagt ruhig und deutlich: „Ik harr de Schiet in de Eck schmäten!"

Märchenerzählen in einem Kindertagesheim in Hamburg. Ich hatte vorher darum gebeten, in einzelnen, altersmäßig getrennten Gruppen erzählen zu dürfen, und so begann ich morgens mit der Gruppe der Fünfjährigen. Sie saßen in kleinem Halbkreise auf ihren Stühlchen nah vor mir. Ich erzählte ganz langsam im Grimmschen Wortlaut. Natürlich hatte ich leicht faßliche Märchen ausgesucht, freute mich aber und war erleichtert, daß die Kleinen still dasaßen und ernsthaft zuhörten — beim letzten Märchen, beim „Eselein", sogar noch besser und gespannter als zu Anfang. Eigentlich waren vier Märchen nacheinander zuviel gewesen. Ich weiß wohl, daß ein Märchen genug ist für so kleine Leute. — Im Lauf des Tages erzählte ich dann noch in den anderen Gruppen. Zuletzt in der Gruppe der großen Schulkinder.

Als ich mittags eine Treppe im Heim hinaufstieg, da kam mir von oben her ein kleiner Junge entgegen — einer der Fünfjährigen aus der ersten Gruppe am Morgen. Ein oder zwei Stufen trennten uns noch; da plötzlich erkannte er mich. Sofort breitete er seine Arme aus und flog mir wie ein kleiner Vogel entgegen. Ich fing ihn auf und hatte Mühe, das Gleichgewicht zu bewahren. Er schlang seine Arme um meinen Hals, erdrückte mich fast vor ungestümer Zärtlichkeit und rief laut und so langsam, daß man merkte, er suchte nach Worten, um die Gefühle seines kleinen vollen Herzens recht zum Ausdruck zu bringen: „Ich danke Sie aber noch soviele hunderttausend Jahre für die schönen Geschichten!"

Frühjahr 1955

Nach Schenefeld war ich zum Märchenerzählen vor Erwachsenen von der dortigen Volkshochschule eingeladen.

Vor dem angesetzten Abend, den ich im Rückblick wohl als gut gelungen ansehen darf — ich höre noch den warmen Klang in der Stimme des Leiters der Volkshochschule, der mir nachher für die „wunderschöne Märchenstunde" dankte —, fanden noch zwei kleine, nicht vorgesehene Veranstaltungen statt. Ich war schon nachmittags eingetroffen; der nächste Zug oder Bus wäre zu spät gewesen. Naßkalt und ungemütlich war's. Über Schenefeld hingen tief die Regenwolken, und es goß in Strömen, den ganzen Tag schon. Die Straßen hatten sich in Moräste verwandelt.

Ganz allein bei solchem Wetter in einen fremden Ort zu kommen, das hat schon etwas Melancholisches an sich. Wer würde außerdem in dieser nassen Wüstenei — abends im Dunkeln auch noch — den Weg zur Volks· hochschule einschlagen! Ich seufze und denke, das kann ja heiter werden. Da kommt gewiß kein Mensch! Am mei· sten leid tut mir bei solchen Aussichten immer der mutige Veranstalter, denn es gehört sehr viel Mut dazu, „Märche· nerzählen" auf ein Volkshochschulprogramm zu setzen.

Da noch reichlich Zeit war, watete ich erst in die Schule und besichtigte den Raum für die Abendveranstaltung, besprach mit dem Hausmeister, wie er vielleicht noch etwas anheimelnder, freundlicher zu gestalten wäre, und freute mich, daß er bereitwillig auf meine Wünsche einging. Als ich fortging, kamen aus der Turnhalle sieben Mädchen, etwa 8 bis 10 Jahre alt, und zwei Jungen, der eine 12·, der andere 15jährig. Sie betrachteten mich interessiert, hatten wohl gehört, daß am Abend in der Schule den großen Leuten Märchen erzählt werden soll· ten. Ich sagte zu ihnen: „Was meint ihr, soll ich euch schnell mal ein paar Märchen erzählen? Habt ihr Zeit?" — Sie hatten Zeit und waren mit Wonne dabei.

In einer Ecke der Turnhalle kauerten sich die Mädel auf dort liegende Geräte. Ich saß auf einem Schemel vor ihnen. Hinter mir rumorte es, und als ich mich umsah, saßen die beiden Jungen, die ich bei meiner Aufforderung gar nicht gemeint hatte, auf zwei hohen Springböcken, die an der Wand standen. — „Sitzt ihr da denn bequem?!" — „Prima! Is ja grade schön!" Düster, fast dunkel war es in der großen leeren Halle. Von draußen tönte unablässig und gleichmäßig das Rauschen des Regens durch die offenstehende Tür. Eine halbe Stunde oder etwas länger erzählte ich — das deutsche „Löweneckerchen", das russi·

sche „Zwiebelpflänzchen", das, vielleicht altrömische, „Der Mond und seine Mutter" und den lustigen englischen „Katzenkönig".

Sie waren begeistert und zogen beglückt ab; ich, seelen-vergnügt und gar nicht mehr triste, zurück ins Gasthaus.

Nach dem Abendbrot saß ich in der Gaststube und erwartete den Leiter der Volkshochschule, der mich am Nachmittag schon freundlich begrüßt und versprochen hatte, mich am Abend abzuholen. Da kam die Wirtin an meinen Tisch, beugte sich zu mir und sagte leise und schnell, fast scheu: „Bitte, liebes Fräulein, erzählen Sie doch meinem Klaas, der Ostern zur Schule kommt, schnell noch ein paar Märchen! Er ist so aufgeweckt und ein so liebes Kind. Aber wir Eltern haben ja nie Zeit, uns mit ihm zu beschäftigen — das ist nun einmal so in einem großen Betrieb. Der Junge kommt dabei zu kurz. Das tut mir immer so leid. Niemand redet ihn mal so richtig an, und das braucht doch ein Kind. Tun Sie's mir zuliebe?"

Eine Ecke zum Erzählen zu finden, war nicht möglich, da die Zeit drängte, und ein Verschieben auf den nächsten Tag ließ sich auch nicht einrichten, da ich in aller Frühe abreisen mußte. So zog ich denn den kleinen Klaas, der schon gespannt wartend am Schanktisch stand, nahe zu mir an meinen Tisch. Wir streckten die Köpfe zusammen, flüsterten und schalteten den Lärm der vollen Gaststube einfach ab. Ich sah, daß er es konnte, und da kann ich es auch.

Drei kurze Märchen erzählte ich ihm und sagte dann: „Siehst du, Klaas, nun hast du noch drei Märchen gehört, das war doch fein, nicht wahr?" — Er schwieg und guckte mich an. Dann: „Wo wohnst du?" — „In Flensburg." — Ganz langsam: „Zieh' doch nach Schenefeld!"

Sommer 1955

Märchenerzählen vor Internatsschülern eines Gymnasiums. Nachmittags den jüngeren, abends den großen. Nach zwei Stunden Erzählen wenig bekannter Grimmscher Märchen bei den Jüngeren — Abendessen mit allen Heiminsassen. Der Heimleiter erzählte bei Tisch, die Jüngeren wären tief betrübt, daß er ihnen ihre Bitte, abends bei den Großen noch mal mit dabeisein zu dürfen, abgeschlagen habe.

Das abendliche Erzählen vor den Großen gelang gut. Es herrschte Aufmerksamkeit von Anfang bis zu Ende. Einige Primaner hatten vorgehabt, sich *ein* Märchen anzuhören und dann noch auszugehen. Sie blieben aber alle.

Als wir Erwachsenen hinterher noch etwas beisammensaßen, sagte ein Gruppenleiter: „Und so still, ohne zu reden, sind sie hinterher hinausgegangen!" Ich fragte: „Sind sie denn sonst anders?" — „Na, und ob! Die machen einen Spektakel sonst. Und vonwegen feinfühlig, taktvoll — da dürfen Sie nicht zuviel verlangen. Hätte es ihnen keinen Eindruck gemacht, sie wären nie im Leben so geräuschlos und wie abwesend hinterher hinausgegangen."

Man fragte mich, ob ich — im allgemeinen — lieber vor Ober- und Mittelschülern erzählte als vor Volksschülern. Ich zögerte, denn das ist wirklich schwer zu beantworten, und grade in diesem Punkt möchte ich nicht mißverstanden werden. „In gewisser Hinsicht", so sagte ich dann, „ist es leichter, vor Oberschülern zu erzählen als vor Volksschülern. Ich mache diese Erfahrung immer wieder und jedesmal zum Erstaunen der Lehrer in den Oberschulen. Das heißt natürlich nicht, daß mir das Erzählen vor den Oberschülern mehr Freude machte als vor den Volksschülern. Die Freude bleibt immer die gleiche. Es kann auch manchmal umgekehrt sein. Aber die Oberschüler sind meist doch fähiger, nicht nur den Inhalt schön oder spannend oder anhörenswert zu finden, sondern stark und bewußt auch die Schönheit von Form und Sprache dieser alten Geschichten zu erleben. Schon die Tatsache, daß es alte, echte Geschichten sind, interessiert Oberschüler. Der mythologische oder historische Hintergrund ist den Jungen und Mädchen vom Schulunterricht, oft auch vom Elternhaus her, vertraut. Mit einem Wort: Sie sind schneller im Bilde."

Man fragte mich: „Haben Sie nun gar keine Angst, wenn Sie so vor einer Klasse mit Oberschülern sitzen? Sie kennen die jungen Menschen doch nicht. Und dann Märchenerzählen!? Also, ich stelle mir das nicht so gemütlich vor!"

Ich habe zu oft erlebt, wie unangebracht Angst in solchem Falle ist. Eine große innere Spannung — natürlich, die ist jedesmal da; ebenso wie vor jeder anderen Märchenstunde, vor jedem Zuhörerkreis. Ohne diese Spannung geht es gar nicht. Eines glaube ich sagen zu dürfen: Oberschüler sind kritischer, empfindlicher gegen falsches Pathos als Volksschüler. Sie sind nahezu unfehlbare, erbarmungslose Richter, man kann ihnen nichts vormachen. Einen besseren Barometer für die Qualität meines Erzählens kann ich mir nicht wünschen. Sie haben mir schon oft, ohne es zu wollen oder zu wissen, eine heilsame Lehre erteilt. Sitzen da etwa zwei große Jungen vor mir, hören eine Weile gespannt und ernsthaft zu. Ich bemerke es und lasse mich dadurch, wie das leider vorgekommen ist, verleiten, die mir von Natur gesteckten Grenzen im Ausdruck zu überschreiten, um es besonders gut zu machen — schon präsentiert sich mir das Resultat. Die beiden großen Jungen vor mir rühren sich zwar nicht; aus den Augenwinkeln heraus aber blinzeln sie sich zu und ziehen die Mundwinkel grinsend herab. Mir genügt das,

160

um schnellstens wieder zurückzufinden zum einfachen Erzählen, das allein dem Märchen angemessen ist.

Schwierige Situationen können sich auch beim Erzählen vor Oberschülern ergeben — aber auch ebenso bei Volksschülern —, wenn ich nämlich 80 oder 100 oder mehr vor mir sitzen habe, Jungen und Mädchen, abends, in Ferienheimen. Da braucht denn nur in den hinteren, von meinem Platz aus nicht überschaubaren Reihen ein Junge in der Nähe seiner Flamme zu sitzen, den unbezwinglichen Wunsch im Herzen, seiner Dame auf alle und jede Weise zu imponieren. Ein Märchenabend, so hat er bei sich gedacht, ist die allerbeste Gelegenheit dazu. Und die nutzt er denn auch weidlich aus und zeigt seine Erhabenheit über eine so kindliche Angelegenheit durch dauerndes Dazwischenreden, abfällige Bemerkungen, hämisches Gelächter und dergleichen. Wenn dann keiner von den Erwachsenen mir zur Hilfe kommt, den Troubadour und Störenfried kurzerhand an die Luft setzt — Ermahnungen nützen in solchem Fall wenig, bewirken eher das Gegenteil, er genießt ja seine Heldenrolle! — so bin auch ich am Ende mit meinem Latein. Schlecht und recht bringe ich den Abend zu Ende, aber — schön ist's dann nicht gewesen. Ein Glück nur, daß so etwas selten vorkommt.

Märchenerzählen in einer Hilfsschule. Die Kleineren (nicht die Kleinsten der Schule) saßen dicht um mich herum. So richtig gemütlich. Hinter ihnen, auf einem Tisch, die Lehrerin, neben ihr ein Zigeunerjunge, die gefalteten Hände zwischen den Knien und den Oberkörper soweit wie möglich vorgebeugt. Eine Schönheit war er nicht, trotz der Fülle seiner schwarzen Haare, der schneeweißen Zähne im braunen Gesicht. Aber er hörte am ernstesten, gespanntesten von allen Kindern zu — war so glücklich, daß ich das schwedische Zigeunermärchen erzählte: „Von der Alten, die auf den lieben Gott wartete.“ Wie kam er zu Ehren! Das lustige, spannungsreiche Märchen vom „Erdmännchen“ gefiel ihm, wie allen anderen Kindern. Er aber war der einzige, der später, als ich fortging, mir nachgelaufen kam und versicherte: „Das Beste war ‚Die Alte mit die Taube‘.“ — Freut mich, Rudolph, das mag ich auch besonders gern. Dann also ‚Auf Wiedersehen‘ bis nächstes Jahr!“ — „Ach nee, denn sind wir schon längst wieder woanders mit unserm Wagen.“

Das Märchen, das ihm am besten gefallen hatte, war das Grimmsche Märchen von der „Alten im Wald“ — ein kleines Märchen von eigentümlich zauberischer Art. Als ich es vorhin in der Schule erzählt hatte und an die Stelle kam, wo der Baum sich verwandelt in den Königssohn, da strahlte das ernste Gesicht des kleinen Zigeuners plötzlich so auf, daß ich fast erschrak. Es war ein so liebes, glückliches Lächeln — selten sah ich etwas so Schönes, Reines. Ich dachte an Stifters Wort: „Freude ist das Erglänzen der Seele.“

Unzählige Male habe ich diese Verwandlung, diesen Schimmer von Schönheit, der von Märchen in einem Menschengesicht erweckt wird, erlebt; und besonders beglückt es mich, wenn außer mir auch andere Erwachsene das beobachten und mir ergriffen bestätigen: „Haben Sie das Gesicht des Jungen gesehen, der, während Sie erzählten, neben Ihnen saß? Geradezu verklärt war es!“

Jugendferienwerk, 14- bis 19jährige Mädchen. Die Betreuerinnen hatten es nicht leicht mit den Mädeln. Mit allem Idealismus waren sie an ihre Aufgabe herangegangen; aber es hatte, scheint's, arge Enttäuschungen gegeben. Der Versuch, den Mädchen einen Sonnenaufgang als großartiges Naturerlebnis zu vermitteln, war kläglich gescheitert. Die Sonne war strahlend schön am makellos reinen Himmel aufgegangen, aber die erhoffte „Ergriffenheit" war ausgeblieben. Kaum hingeschaut hätten die Mädchen, als die Sonne aufging. Schlager singend, gelangweilt und unberührt waren sie durch den Wald ins Lager heimgezogen. — Man darf junge Menschen wohl nicht allzu deutlich fühlen lassen, daß man Ergriffenheit, stummes Staunen oder Ähnliches von ihnen erwartet — und ein Frühspaziergang mit Großstadtmädchen kann nur gelingen, wenn er nicht auf dem vorgesetzten Tagesplan erscheint, sondern von den Mädchen selbst gewünscht wird. Außerdem kann in diesem Alter eine zur Schau getragene Ungerührtheit gerade ein Angerührtsein verbergen. Die Leiterinnen der Freizeit hätten vielleicht nicht so enttäuscht zu sein brauchen, wie sie es waren.

Aber abends beim Märchenerzählen — volle Aufmerksamkeit. Die Erwachsenen kamen aus dem Staunen über die Verwandlung ihrer frechen Hallodries gar nicht heraus. Kein einziges Grinsen, sondern gläubige, staunende Kleinmädchengesichter.

Elternabend in einem großstädtischen Industriebezirk. Schöner, harmonisch verlaufener Abend, guter Kontakt mit den Hörern. Aus dem benachbarten Flüchtlingslager war eine Frau mit ihren Töchtern, etwa 14- bis 15jährig, erschienen. Sie saßen in der ersten Reihe. Während der Raum sich langsam füllte, sagte die Heimleiterin leise zu mir: „Nun sehen Sie doch nur, wie entsetzlich diese Mädchen aussehen! Wie aufgemacht, wie frech und verlebt — mit allen Wassern gewaschen. Wir kennen sie ja; treiben sich hier herum. Was wollen die bloß hier?! Eingeladen sind sie nicht. Am liebsten setzte ich sie wieder an die Luft!" — Nach dem Erzählen: „Haben Sie die Mädchen beobachtet? Die beiden aus dem Lager? Wie die aussahen beim Anhören der Märchen? Rührend und erschütternd diese Verwandlung des Häßlichen in Schönes!"

Wie oft geschieht es, daß in den Märchen selbst Unscheinbares, Dunkles, ja Häßliches und Abstoßendes plötzlich in Schönheit erstrahlt! Das Märchen von der „Kristallkugel" erzählt vom Königssohn, der die Königstochter erlöst hatte, die durch einen bösen Zauber für Menschenaugen häßlich gewesen war: „. . . und als er in ihr Zimmer trat, so stand sie da in vollem Glanz ihrer Schönheit . . ." Ähnlich in „Schneeweißchen und Rosenrot": „. . . und als der Bär bei ihnen war, fiel plötzlich die Bärenhaut ab, und er stand da als ein schöner Mann und war ganz in Gold gekleidet."
Ein Wort von Conradine Lück zu diesem das Märchen wesentlich bestimmenden Motiv:[5]
„Entspringt dies Märchenmotiv, dies zauberhafte Märchengeschehen, unter den verschiedensten Gestalten dargestellt und immer wieder beglückt aufgenommen, nicht einer Ahnung, daß wir doch nicht ausweglos in die engen Schranken unserer augenblicklichen Erscheinungsform gebannt sind, nicht allen niederen Trieben hoffnungslos ausgeliefert — sondern daß es trotz allem doch Möglichkeiten der Befreiung und Wandlung gibt?"

Märchenerzählen in einem Zeltlager an der Ostsee. Glühendheißer Tag. Vorn am Strand ist jetzt zur Hochsaison kein Platz, wo wir uns niederlassen können. Wir

---

[5] Siehe auch Seite 216

Die 1959 verstorbene feinsinnige Kennerin der Märchen hat an dem Zustandekommen dieses Buches großen Anteil, wofür ich ihr mit dieser Anmerkung danken möchte. Sie formulierte diese Worte in einem Gespräch über diesen Abschnitt des Buches und gestattete mir, sie hier einzusetzen.

setzen uns also auf eine kleine Wiese in der Nähe des Lagers. Zwischen Wiese und Strand eine breite Autostraße, über die unaufhörlich Lastwagen, Motorräder und Autos rollen. Ich sitze auf einem Heuhaufen, was sich bequemer anhört, als es ist. Ich muß schreien, sonst können die 30 Kinder, Jungen und Mädchen von 10 bis 14 Jahren, mich nicht verstehen. Ich erzähle ein sehr lustiges Bauernmärchen, und wenn die Kinder auch nicht gerade laut lachen, wie ich es bei diesem Märchen oft erlebe, so merke ich doch, daß sie gefesselt sind.

Erstaunlich, wie die Kinder das infernalische Getöse von der nahegelegenen Autostraße her abschalten können, ebenso, wie die glühende Sommerhitze ertragen. Ich beobachte, während ich erzähle, einen großen kräftigen Jungen, der nah vor mir sitzt — beide Hände fest in den Sand gestemmt. Grimmig sitzt er da, mit gerunzelter Stirn, verzieht keine Miene und rührt sich nicht. Nachdem die Geschichte zu Ende ist, bleibt er noch einige Augenblicke in seiner starren Haltung sitzen. Dann hebt er plötzlich den Kopf, grinst, lacht mich offen und vergnügt an und sagt mit großem Nachdruck: „Das war 'ne *prima* Geschichte!" — Das sagt er mehrmals hintereinander. Er hatte sich die ganze Zeit über nach innen gefreut. Es war seine Art gewesen, zuzuhören.

Herbst 1955

Märchennachmittag in einem Frauenverein auf dem Lande. Freundliche, aber spürbar abwartende Zuhörerschaft. Herr und Frau Pastor, die zu dem Nachmittag eingeladen hatten, waren selber leicht besorgt darum, wie Märchen, alte Volksmärchen, in diesem Kreise wohl aufgenommen würden. Man war hier mitten im Bauernlande konservativ und ganz und gar nicht geneigt, etwas Neues sogleich anzuerkennen. Und Märchenerzählen vor Erwachsenen — das war etwas Neues, noch nicht Dagewesenes und beinahe Revolutionäres. Ich möchte an dieser Stelle erwähnen, daß ich eine direkt abweisende Haltung bei Landfrauen überhaupt nie erlebt habe; nur eben, wie hier, vorerst betont abwartend.

Während der Erzählstunde, die der Herr Pastor mit wenigen Worten hilfreich eingeleitet hatte, wurde es langsam dämmerig, fast dunkel. Ich spürte bei jedem Märchen, wie die anfänglich etwas steife, unbewegliche Haltung meiner Hörerinnen sich lockerte, wie man sich bequemer zurechtsetzte und sich schließlich ohne Vorbehalt dem Zauber der Stunde hingab, sich wie ein Kind an die Hand nehmen ließ von etwas Langvergessenem, aber doch Altvertrautem. Wie sollte es auch anders sein. Wie sollte der echte, grade Sinn dieser Frauen das Echte der alten Volksmärchen nicht spüren? Unter anderem erzählte ich „Das singende, springende Löweneckerchen", „Die kluge Bauerntochter" und die „Jungfrau Maleen".

In den Pausen berichtete ich, was ich selber auf meinen Märchenfahrten mit diesem oder jenem Märchen erlebt hatte, oder auch, weshalb gerade ein bestimmtes Märchen mir besonders lieb sei. Nach Schluß des Märchennachmittags kamen viele Frauen zu mir und dankten mir herzlich — alle Reserve war aus ihren Mienen verschwunden.

Zuletzt stand etwas abseits noch eine Frau. Sie hatte wohl gewartet, bis die anderen fortgegangen waren, weil sie mir noch etwas Besonders sagen wollte. Jetzt kam sie auf mich zu und schüttelte mir kräftig die Hand — so kräftig, wie wir Stadtleute das gar nicht mehr gewohnt sind und ich bald Angst bekam, daß sie mir den Arm auskugeln würde. Eine frische, nette Frau war sie — untersetzt, rotes, kräftiges Gesicht, blaue Augen, blondes, straff zurückgekämmtes Haar. So recht das Bild einer schleswig-holsteinischen Bäuerin. „Fräulein, ich muß noch etwas mit Ihnen reden. Das muß ich Ihnen nämlich sagen: Mein Vater, der hat immer zu meiner Mutter gesagt: ‚Vertell de Kinner keen Märchen! Da lehren se bloß dat Lögen vun!' — Tja, Fräulein, und so wie mein Vater, so hab' ich denn auch immer gedacht und hab' nix von Märchen gehalten und meinen Kindern auch keine erzählt. So 'ne Meinung hab' ich gehabt, das muß ich sagen. Aber nu, Fräulein, nach diesem Nachmittag — da bin ich da aber gründlich von kuriert!" — Bei diesen letzten Worten klopfte sie zur Bekräftigung mit dem Zeigefinger auf den Tisch, daß es nur so knallte, und fügte abschließend hinzu: „Das war ja ßo schön!"

Winter 1955

In einem kirchlichen Gemeindekreis hatte ich vor dem Kriege schon Märchen erzählt. Damals waren meine Zuhörerinnen junge Mütter gewesen. Jetzt, 15 Jahre später, hatte ich dort ein ganz anderes Auditorium vor mir, ältere und alte Männer und Frauen — ein besonders aufgeschlossener Kreis. Die alten Augen in den Runzelgesichtern strahlten. Eine Alte geriet in Erregung und Empörung geradezu, als ich erzählte, daß die Jungfrau Maleen, um ihren Hunger zu stillen, Brennesseln essen mußte! Sie stieß ihre Nachbarin an, schlug die Hände zusammen und machte ein Gesicht, als wollte sie sagen: nu hör' doch bloß — wie schrecklich! — Ich selber sah es nicht; die Frau Pastor hatte es beobachtet und erzählte es mir später. Sie war ganz glücklich über die Wirkung der Märchen auf ihren Altenkreis, und ich hörte sie hinterher zu ihrem Mann sagen: „Also so glücklich wie heute sind die Altchen noch niemals gewesen!" Freudig und dankbar nickten sie mir beim Fortgehen alle zu.

Ein Jahr später erzählte ich in demselben Gemeinde-
haus wieder Märchen vor einem Kreis junger und älterer
Frauen. Ich wagte es und mutete ihnen zu Anfang das
schöne, ernste Volksmärchen zu, das Wilhelm Wisser uns
im holsteinischen Platt überliefert hat — „Bei den Toten
im Himmel". Sein Sohn Ernst Wisser hat das Märchen in
hochdeutscher Sprache neu erzählt. Es wird da in dem
Märchen gleich zu Beginn von einem Totengräber ein
Schädel ausgegraben; der rollt immer wieder in die Grube
zurück, die der Totengräber grade ausschaufelt, und
spricht auch zu ihm.

Ich weiß, daß viele Erwachsene von einer Märchenstunde erwarten, etwas Zartes, Liebliches und Moralisches
vorgetragen zu bekommen. In der Vorweihnachtszeit und
bei Kranken, Hinfälligen, nervlich zartbesaiteten Menschen komme ich weitgehend dieser Erwartung entgegen.
In der Zeit um den Totensonntag herum aber, und auch
zu anderen Jahreszeiten, erzähle ich meinen Hörern auch
einmal eines der ernsten, schwermütigen, herben, ja
harten und zum Teil schaurigen Märchen. Natürlich ohne
diese Züge zu betonen, was die Wirkung eher herabsetzen
als steigern würde.

Als ich mit einem berühmten Rezitator und Märchenerzähler über meine Vorliebe für diese schwermütigen,
düster-schönen Märchen und Sagen sprach, verstand er
mich sofort: „Ja, nicht wahr: Dunkle Blumen können doch
auch schön sein!" — Das Wissersche Märchen „Bei den
Toten im Himmel" ist im weiteren Verlauf ganz und gar
nicht schrecklich, sondern gerade eines der trostreichsten,
die ich kenne. Als ich in dem Frauenkreis das Märchen
anfing zu erzählen, sah ich einige entsetzte, empörte
Gesichter. Ich mußte mich zusammennehmen und
unbeirrt weitererzählen. Ich ließ nichts aus. Später verlor
sich der abweisende Ausdruck aus den Gesichtern.

168

Zwischen den Frauen saß ein Junge. Es war ein Ober-schüler, Sextaner oder Quintaner, aus einem Gymnasium, in dem ich vor einem halben Jahr Märchen erzählt hatte. Seine Mutter sagte hinterher beinahe entschuldigend: „Ich wollte ihn nicht mitbringen, aber er war nicht zu halten. Er wußte, daß Sie erzählen würden, und wollte Sie durchaus wieder hören."

„Im Kino — da sitzen sie!" seufzte der Herr Hauptlehrer einer Landschule in Norderdithmarschen. Seine schulent-lassene Jugend war nicht, wie er gehofft hatte, zum Märchenabend der Volkshochschule erschienen, so drin-gend er auch dazu aufgefordert hatte. Ich war ihm bekannt vom Märchenerzählen in Norderstapel im Land-kreis Schleswig, als ich im Frühjahr 1950 von Schule zu Schule durch den Kreis gewandert war.

So bestand mein Auditorium aus etwa 20 Erwachse-nen, Männern und Frauen, und einigen 40 Kindern, siebtes bis neuntes Schuljahr. Ich erzählte fast zwei Stun-den. Sie wollten immer noch mehr hören, blieben einfach sitzen. Eine Frau hörte ich zu ihrer Nachbarin sagen: „Is doch zu schade, daß mein Mann nich mit is!"

Am nächsten Morgen reiste ich in aller Frühe über Rendsburg, Kiel, Neumünster nach Burg auf Fehmarn. In meinem Abteil war ein sympathischer Fürsorger mit einem Jungen, Manfred, den er in ein großes staatliches Kinderheim brachte. — Als der Junge einmal hinausge-gangen war, erzählte mir der Fürsorger seine traurige Geschichte. Er war ein uneheliches Kind. Seine Mutter wollte ihn nicht behalten. So wuchs er bei Pflegeeltern auf. Die Pflegemutter, die ihm ein Zuhause geschaffen hatte, starb vor einem Jahr. Der Mann heiratete wieder, und die Stiefpflegemutter wollte den Jungen los sein. Der Junge wurde so lieblos behandelt, daß er ganz verstört wurde, nach der Schule herumbummelte und nicht mehr nach Hause gehen mochte. Diese „schlechten Charaktereigenschaften" gaben die Pflegeeltern dann als Grund an, ihn nicht behalten zu können. Das Gutachten des Psychiaters, der den Jungen eingehend untersucht und längere Zeit beobachtet hatte: „Dieses Kind braucht nur Liebe, dann ist es völlig normal." Ich erzählte ihm „Das Eselein" und „Der arme Müllerbursch und sein Kätzchen" und steckte ihm eine Rolle Schokolade in seinen Ranzen. Erzählt hätte ihm noch niemand ein Märchen, so sagte er. Er hatte rotgeweinte, dickgeschwollene Augen und sah trostlos zum Fenster hinaus. — Er hatte sehr geweint, als der Fürsorger ihn abgeholt hatte, denn es war ja doch sein Zuhause gewesen.

Am Nachmittag des 1. Dezember hatte ich in einem schön geschmückten Gasthauszimmer vor Landfrauen bei ihrer Vorweihnachtsfeier Märchen erzählt. Während der Kaffeepause kam der erste Vorsitzende des Landjugendvereins zu mir mit der Bitte, in der Mädchengruppe seines Vereins zu erzählen; sie hätten gerade jetzt an diesem Abend ihre monatliche Zusammenkunft im selben Gasthaus. Ob sich das wohl einrichten ließe? — Ich war gern bereit und fragte, um schnell eine passende Auswahl zu überlegen: „Also nur junge Mädchen?" — „Ja, natürlich! Die Gruppe der jungen Männer wird auch kommen, aber die müssen dann eben etwas anderes unternehmen. Für 15- bis 20jährige junge Männer ist das doch nichts — Määrchen!" Er sagte das nicht unfreundlich, eher leicht verlegen und unsicher. Darauf ich: „Ich erzähle auch Indianergeschichten!" (Mit irgend etwas mußte ich ihn ja locken!) — „Sooo?" — Jetzt war er auf einmal interessiert und zog ab, um seine jungen Männer zusammenzusuchen. Er selbst war dann leider beim Erzählen nicht dabei. Ich erzählte fast zwei Stunden: ein Zigeunermärchen, zwei von Grimm, ein chinesisches und ein Indianermärchen, bei Tannengrün und Kerzen im großen Hinterzimmer. 40 junge Mädchen, 15 bis 20 junge Männer. Anfangs war es etwas unruhig. Später — so möchte ich glauben — waren alle dabei. Der zweite Vorsitzende des Landjugendvereins kam hinterher zu mir und bedankte sich herzlich: „Das war sehr schön. Es hat uns großartig gefallen. Kommen Sie bitte nächstes Jahr wieder. Ich muß Ihnen ehrlich sagen: Ich habe überhaupt nicht gewußt, daß es so etwas gibt, daß man so Geschichten erzählen kann. Wenn ich denke, was man sonst so hat an Vergnügungsabenden, wenn man ausgeht und so — dies war ganz etwas anderes! Dies war was, da hat man was von. Haben Sie nochmals vielen Dank!" — Ich freute mich. Die Aufmerksamkeit war ausgezeichnet gewesen. Ernst und Lachen auf den Gesichtern genau da, wo es hingehörte.

Am nächsten Tag erkundigte ich mich nach dem jungen Bauern, der mit mir gesprochen hatte. — „Ja, der! Das ist einer unserer Besten — hat schon ausgelernt und sich auch in der Welt umgesehen, war in Amerika und übernimmt jetzt den väterlichen Hof."

So befriedigt ich an diesem Abend auch war — ich bilde mir doch nicht ein, alle Zuhörer mit dem Erzählen erfaßt zu haben. Unbewegliches Dasitzen ist noch kein Beweis für Aufmerksamkeit und wirkliches Interesse; wenn ich mich auch der pessimistischen Anschauung jenes Lehrers nie und nimmer anschließen kann, der meine Freude über die absolute Ruhe seiner Klasse beim Anhören der Märchen mit den Worten dämpfte: „Ach — halten Sie nicht zu viel davon! Offen gesagt, ich glaube, die meisten, die so dasitzen, die dösen!"

Als ich einen anderen Jugendgruppenleiter gewinnen wollte, mir seine jungen Leute anzuvertrauen und ihm viele Beispiele von gelungenen Abenden erzählte, zuckte er mit den Achseln und meinte resigniert: „Na gut, aber das sind doch immer nur Ausnahmen, nur einzelne." — Es ist gerade umgekehrt. Einzelne langweilen sich und verharren bei ihrer vorgefaßten, ablehnenden Meinung; äußern sich hinterher etwa so, wie ich es mir in mein Tagebuch notiert habe als Bericht eines Lehrers nach einem Landjugendmärchenabend: „Die meisten waren begeistert. Aber einer hat gemeint: Dat weer woll mehr wat för Deerns."

In einer größeren Volksschule sollte ich an einem Vormittag der Unterstufe Märchen erzählen. Zwei Jahre zuvor hatte ich in dieser Schule nur der Oberstufe erzählt, und die Kleinen waren betrübt gewesen. Einige Kinder waren mir nachgerannt, als ich fortging: „Tante, warum kriegen wir denn nich Märchen?!" Um sie zu trösten, hatte ich versprochen, das nächste Mal nur zu ihnen, der Unterstufe zu kommen, und zwar würden sie dann das Märchen vom „Eisenofen" hören. Als ich nun wiederkam, waren die Großen nicht zufrieden, leer ausgehen zu sollen, die Kleinen dagegen in höchster Erwartung. Als ich mich dem Barackenraum näherte, in dem die beiden Parallelklassen vom vierten Schuljahr unterrichtet wurden, winkten die Kinder aus dem Fenster heraus und riefen: „Der Eisenofen! Jetzt kommt der Eisenofen!" Ich hatte vergessen, daß ich dieses Märchen versprochen hatte. Wir hatten eine besonders schöne Stunde miteinander; ich konnte die Kinder glücklich machen. Es war gerade große Pause, als ich meine Sachen packte und weiterzog. Der Rektor stand mit einigen Lehrern mitten im Kindergewühl, als ich mich verabschiedete. „Nächstes Jahr wieder!" sagte er herzlich. — Der Deutschlehrer der Oberstufe redet mich an und erzählt mir, einer seiner großen Jungen habe ausgerufen, als er mich heute morgen in die Schule kommen sah: „Ah, da kommt sie ja, die

— die Postillon von Longjumeau! Die soll auch zu uns kommen!"

Während ich noch bei den Lehrern auf dem Schulhof stand, trat einer der großen Jungen aus der Oberstufe an den Rektor heran und sagte höflich: „Wir wollten fragen, ob die Dame nicht noch zu uns kommen könnte. Das hat uns letztes Mal ganz prima gefallen." — Aber es ließ sich dieses Mal nicht mehr einrichten.

Der Deutschlehrer begleitete mich zur Gartenpforte und sagte: „Wissen Sie, was das heißt, daß ein so großer Junge um Märchen bittet? Das würde er nicht tun, wenn es ihm nicht wirklich gefallen hätte."

Vergnügt ging ich fort und lachte heimlich über den Postillon von Lonjumeau; ich erinnere mich eines anderen Jungen, der nach einer Märchenstunde seiner Mutter zu Hause berichtet hatte: „Oh, Mutti — die konnte Märchen erzählen! Das war aber auch eine Französin!"

Frühjahr 1956

Vor mir saß ein Kreis Hamburger Kinder, mehr Jungen als Mädchen, acht- bis zehnjährige, schwierige Kinder, unruhig, nervös. Der kleinste schien vier, höchstens fünf Jahre alt zu sein. Ich war etwas besorgt und fürchtete, er würde die anderen durch Späßchen und Dazwischenreden ablenken. Er sah mir ganz so aus wie die Sorte Hamburger Kinder, von der eine Großmutter mir einmal berichtete: „Nu denken Sie bloß! Hab' ich da neulich meinem kleinen Enkel Rotkäppchen erzählt, und mitten drin — gerade, wo's spannend wird, ruft der doch mit einmal dazwischen: ‚So Omi, nu's genug!'" — Ich winkte ihn mir nach vorn und legte meinen Arm um ihn, er schmiegte sich auch behaglich hinein. So hatte ich ihn sicher und gleichsam in der Zange. Ich wandte mich den größeren Kindern zu und erzählte ein Märchen nach dem anderen. Sie paßten schön auf. Der Kleine in meinem Arm rührte sich nicht, und ich hätte ihn über dem Erzählen gewiß vergessen, wenn er mich nicht durch gemurmelte Bemerkungen verblüfft hätte: „Ja, das habe ich mir nämlich auch gedacht." An anderer Stelle: „Das war ja auch nich grade nett von denen!" Die anderen Kinder schmunzelten. Ich schmunzelte auch.

Das letzte Märchen, das ich an diesem Nachmittag erzählte, war lang und eine ziemlich verwickelte Angelegenheit. Ich sprach deshalb sehr langsam und eindringlich, damit etwa zu rasch aufeinanderfolgende Bilder voll miterlebt werden konnten. In Grimms knapper und doch so ungemein lebendiger Fassung erzählte ich von zwei bösen und einem guten Bruder. Die beiden bösen spielen da dem guten, dem einfältigen, einen abscheulichen Streich. Als das nun vor sich geht und der hinterlistige Plan ausgeführt wird und alle Kinder den Atem anhalten vor Spannung und Empörung — da beugt sich mein Kleinster plötzlich vor, sieht mich schräg von unten herauf an, dreht dicht vor meiner Nase seinen kleinen schmutzigen Zeigefinger herum und piepst: „Raffiniert!" Wie er das herausbrachte, ist gedruckt gar nicht wiederzugeben. Man müßte Noten unterlegen und die letzte Silbe dieses „Raffiniert" zwei Oktaven höher als die ersten beiden Silben ansetzen. Nun mußten wir uns erst einmal gehörig auslachen. Wir waren wohl alle aus dem Märchen herausgefallen — aber eigentlich war es doch keine Störung. Wir fanden wieder hinein in die Geschichte — und zuletzt, wer wollte es bezweifeln, wurde der Dummling König, „. . . erhielt er die Krone und hat lange in Weisheit geherrscht."

Müde von langer Anreise traf ich an einem Sonntagnachmittag in einem großen städtischen Kinderheim ein, das draußen im Grünen weitab von der Weltstadt lag, zu der es gehörte. Es war ein Auffangheim für Kinder aus schwierigen, ungesunden häuslichen Verhältnissen. Einige Wochen nur bleiben die Kinder dort, um danach auf verschiedene Heime, die für sie geeignet scheinen, verteilt zu werden. Als ich im Heim eintraf, stellte sich heraus, daß ich durch ein Mißverständnis nicht erwartet worden war. Die Kinder waren nicht im Heim, alle Gruppen gingen spazieren. Also alles umsonst — die weite Reise, die Vorbereitung auf das Erzählen, die gerade bei diesen Kindern besonders sorgfältig hatte sein müssen. Niedergedrückt hockte ich auf einem Stuhl im Büro, aber die Oberschwester, die die verreiste Heimleitung vertrat, hieß mich warten. Ich blieb bis zum späten Abend in diesem Heim und erlebte noch etwas besonders Schönes. Ich war sehr dankbar, daß man mich nicht weggeschickt hatte, denn ich habe es bei solchen Zwischenfällen schon erlebt, daß man mir einfach sagte: „Es tut uns leid, aber Sie sehen ja selbst, daß es nicht geht. Vielleicht ein andermal!" — Die Wartezeit war für mich ein Glück und eine Wohltat. Als ich ankam, war ich im Grunde ja viel zu müde gewesen. Jetzt konnte ich tief und ausgiebig Atem holen, so wie es eigentlich immer sein müßte, vor jeder Erzählstunde.

Zuerst erzählte ich in der Gruppe der kleineren Mädchen. Danach Jungen und Mädchen, neun- bis zwölfjährige, und diesen u. a. auch das Grimmsche Märchen von der Kristallkugel. Später dann, nach dem Abendessen, den ganz Großen und ihren Erziehern. Ich war herzlich froh, daß es nun doch noch etwas geworden war mit dem Erzählen, und dankbar für das tatkräftige Handeln der Oberschwester, die die Mühe der Umstellung in einem großen Heim nicht gescheut hatte. Kein Wunder, daß ich in dieser beschwingten Stimmung im Handumdrehen Kontakt mit meinen kleinen und großen Hörern bekam.

Bis zum Fortgehen, bzw. bis zur Abfahrt meines Zuges, unterhielt ich mich noch ein Weilchen mit der Oberschwester. Dann begleitete sie mich die Stufen bis zur Haustür hinunter, um mir aufzuschließen und mir den Weg zum Bahnhof zu zeigen. Es war spät. Das große zweistöckige Treppenhaus dämmerig-dunkel und tiefe Stille im ganzen Hause — die Kinder schliefen gewiß schon längst, und wir sprachen leise, um sie nicht zu wecken. Als wir die letzten Stufen hinabgingen, tanzte plötzlich etwas vor uns die Stufen hinunter und blieb unten liegen. Die Oberschwester fragte: „Was war das eben? Ein Knopf von ihrem Mantel vielleicht?" Da bückte sie sich schon und hob etwas auf, was vor meinen Füßen lag — eine Glaskugel, eine durchsichtige Marmel. Wir wunderten uns. Dann meinte die Oberschwester nachdenklich: „Das muß ein Kind von oben herab Ihnen vor die Füße geworfen haben. Sollte es wohl ein Dank für die Märchen sein? Vielleicht für das von der Kristallkugel? Das bedeutete viel, wenn ein Kind sich davon getrennt haben sollte. Marmeln sind für unsere Kinder ein kostbarer Besitz. Sie sind ja so arm und besitzen buchstäblich nichts, und so sind die Marmeln ihr liebevoll behüteter und nach allen Seiten eifersüchtig verteidigter Schatz." — Ich trug der Oberschwester Grüße an das Kind auf, falls es sich wirklich so verhielte, und ließ ihm sagen, daß ich sein Geschenk in Ehren halten würde.

Nach ein paar Wochen, als ich wieder in derselben Stadt zu tun hatte, rief ich das Heim an, da ich doch gerne wissen wollte, wie es sich mit dieser Marmel verhielt. Es war tatsächlich so gewesen, wie die Oberschwester es vermutet hatte. Mir die Marmel selbst zu geben, hatte der Junge sich nicht getraut; deshalb hatte er oben am Treppengeländer im Nachthemd gewartet, bis ich fortging, um sie mir im letzten Augenblick vor die Füße fallen zu lassen.

Diese Glasmarmel trage ich in meiner Tasche bei mir und halte sie für meine Glückskugel, und ich wünschte mir, daß die hier erzählte kleine Geschichte dazu beitrüge, daß meine Leser das Märchenbuch der Brüder Grimm hervorholten und das so schöne und leider wenig bekannte Märchen von der Kristallkugel nachläsen. Das bedeutet mir auch ein „Glück".

Die Oberschwester erzählte mir noch, daß seit meinem Besuch unter den Kindern viel von den gehörten Märchen die Rede sei: „Gerade gestern habe ich heimlich eine Gruppe Kinder belauscht, die ‚Besuch von der Märchentante' spielten. Die Kinder haben Sie genau nachgeahmt, ganz ernsthaft — haben sich hingesetzt und wie Sie gesagt: und jetzt, Kinder, erzähle ich euch ein deutsches Märchen!"

Sommer 1956

Im „Fünfstädteheim" auf Sylt ist für 19 Uhr im sogenannten Schulzimmer eine Märchenstunde angesagt: „Zwei große Gruppen des Jugendferienwerks, Jungen und Mädchen aus Norderdithmarschen, fünftes bis siebtes Schuljahr" — so steht es auf meinem Märchenreiseplan.

Als ich den langgestreckten Raum betrete, ist er zu meinem Schrecken schon gestopft voll. Ich winde mich zwischen der vergnügt lachenden und lärmenden Kindermenge hindurch bis zu meinem Hochsitz, dem Tisch an der einen Schmalseite des Zimmers, der mir in diesem Heim seit Jahren als bester Platz zum Erzählen vertraut ist. Jetzt wird mir aber doch angst und bange: Immer und immer wieder geht die Tür auf, und neue Kinder drängen herein, auch etwas jüngere, die eigentlich nicht dazugehören — eine Sportjugendgruppe, wie man mir sagt. Da ich vormittags und nachmittags schon je zwei Stunden in einem anderen Heim erzählt hatte, brachte ich Schwung und Stimmkraft nicht mehr auf, diese Invasion abzustoppen. Ich saß auf meinem Tisch und dachte, nun laß es gehen, wie es will! Zu meiner Erleichterung stellte ich fest, daß genügend Erwachsene zugegen waren, die halfen, jedem Kind einen Sitzplatz zu verschaffen. So wurde es denn endlich still, und ich konnte mit dem Erzählen beginnen: „. . . Eines Abends ging ein junger Trommler ganz allein auf dem Feld und kam an einen See; da sah er an dem Ufer drei Stückchen weiße Leinewand liegen . . .“

In der Pause nach dem ersten Märchen holte ich mir ein kleines Mädel, auffallend blaß und elend, das auf der Bank vor mir eng und bedrängt saß, zu mir auf den Tisch, und so saß es nun im weiteren Verlauf des Abends neben mir. Es hörte die ganze Zeit aufmerksam zu, verzog aber keine Miene. Uralter Blick, als sähe es in die Zukunft wie in ein dunkles Loch. — Die Gruppentante erzählte mir später, einige Kinder hätten in den ersten Tagen etwas Heimweh gehabt. Dieses Mädchen aber hat zu ihr gesagt: „Oh nein, ich habe kein Heimweh. Ich freu' mich, daß ich von zu Hause weg bin!“ — „Sie ist nämlich“, fuhr die Betreuerin fort, „die Älteste einer großen Kinderschar. Kommt sie aus der Schule nach Hause, so erwartet sie nichts als Arbeit — sie muß für alle kleinen Geschwister sorgen.“ Man sah es dem Kind auch an. Es durfte gewiß nie spielen, niemand erzählte ihm zu Hause ein Märchen oder schenkte ihm ein Märchenbuch. Wie schön, daß das Jugendferienwerk Schleswig-Holstein solchen Kindern einmal die für ihr Alter viel zu schwere Last ihres Lebens abnimmt und sie für eine Weile wirklich unbeschwert Kinder sein läßt! — Aber ob dieses Kind seinen Erwachsenenblick je wieder verliert?

Daß ich an diesem Abend viel länger erzählte als vorgesehen war und es im allgemeinen der Auffassungsfähigkeit der Kinder angemessen ist, weiß ich. Es war verkehrt und doch richtig. Zuweilen kommt es eben vor, daß ich ein schlechtes Gewissen in Kauf nehme. Was hätte ich auch machen sollen? Die Kinder ließen keine Ruhe, und die Erwachsenen baten: Bitte, noch eins! — Trotz der weit offenen Fenster kam an diesem Abend keine Störung von außen — seltenes Glück in einem so riesengroßen Kindererholungsheim!

Als ich endlich mit der Kristallkugel den Abend beschloß, war es schummrig, fast dunkel im Raum geworden. Ohne Hast und Gedränge, sehr leise und mit glücklichen Gesichtern gingen die Kinder zu Bett.

Ein großer Berliner Junge, der vor Beginn gewaltig angegeben hatte mit überlegenen Blicken und Bemerkungen nach allen Seiten hin, kam jetzt beim Hinausgehen nahe an mir vorbei, blieb nach einigem Zögern stehen, vertraute mir an: „Det mach ick ooch viel lieba, so Erzältkriejn as Lesn!" — Ein anderer Junge setzte noch hinzu: „Ja, so kann ich das auch besser verstehen; aber wenn ich das les', denn kriech' da immer kein Sinn rein!"

Ein blasses, spitteliges Kerlchen drückte sich vorbei, erstes, höchstens zweites Schuljahr. Wo kommt der denn her, denke ich. Der ist ja viel zu klein! Er guckte mich vergnügt und befriedigt an: „War 'ne Wucht in Tüten, Tante!" Ich zog ihn heran: „Na nu! Wie kommst du denn hier zwischen die Großen? Ich habe dich ja gar nicht gesehen vorhin. War das für dich auch nicht zu gruselig?" Da war ich aber an den Verkehrten gekommen! — „Zu gruselig?", mit großer Überlegenheit: „Ha! Ich war ja schon mal im Kino: ‚Tarzan in Gefahr'!" — Ein großer Junge grinste breit, beehrte mich unter anerkennendem Kopfnicken mit: „Prima Unterhaltung, Tante!"; und dann wieder, wie oft, so oft, daß ich es fast vermisse, wenn es mal nicht kommt, ein Kind — in diesem Fall ein Mädel:

„Ich hab' das eben alles genau vor mir gesehen, wie 'n Film!" Mit der Hand fuhr sie vor ihrem Gesicht hin und her, um zu zeigen, wo sie das alles eben „gesehen" hat. Sie war ganz aufgeregt vor lauter Bemühung, mir verständlich zu machen, was sie meinte.

Am nächsten Tag mußte ich abreisen. Ein älterer Lehrer, der am Abend vorher nur am Anfang einen Augenblick dabeisein konnte, weil er abgerufen wurde, erzählte mir noch: „Denken Sie, heute morgen sind meine Jungens in aller Frühe zu mir ans Bett gekommen und haben mir alle Märchen von gestern abend erzählt. Ganz erfüllt waren sie davon und ungewöhnlich gesprächig — einer hat immer noch mehr und noch lauter und schneller erzählt als der andere! Sie hätten das sehen sollen! Ich mußte staunen: Meine sturen Dithmarscher Jungens, die sonst den ganzen Tag den Mund nicht auftun — wie waren sie plötzlich in Bewegung geraten! Es ist ein Jammer, daß nicht mehr erzählt wird. Denn das ist mir nun wieder ganz klargeworden, wie sehr ein erzähltes Märchen die Phantasie, das Gemüt, den ganzen Menschen anregt." — Ich freute mich über seine Worte. Ich hatte es ja selbst gesehen, wie hingebungsvoll die Kinder zuhörten, mit Haut und Haar gefangen.

In einem Ferienheim an der Nordsee. Große Oberschüler. Man sagte mir: Rotary-Jugend. Einige Ausländer dabei; ihretwegen sprach ich sehr langsam, damit sie besser folgen konnten. Im benachbarten großen Saal „Rheinischer Abend". Donnernde Lachsalven klangen von dort zu uns herüber. Schwer zu ertragen, denn ich konnte mir einfach nicht vorstellen, daß sich dabei gut zuhören ließ. Die Aufmerksamkeit meiner Märchenrunde hielt ich für gute Erziehung und Höflichkeit meiner Bemühung gegenüber.

Nach anderthalb Stunden wollte ich schließen und nicht noch, wie ich bei Beginn angekündigt hatte, ein irisches Märchen erzählen. Ich dachte, wenn ich jetzt Schluß mache, dann wandern die jungen Herren gewiß mit Freuden zum Rheinischen Abend hinüber, wären wohl schon lange gerne dabeigewesen. Aber ich hatte mich geirrt. Sie wollten gar nicht Schluß machen: „Können wir nicht im ,Fleetenkieker' weitererzählen, unten im Keller? Der ist so abgelegen, da stört uns niemand!" — Im Fleetenkieker war es wirklich ganz still. Selbst die Kegelbahnen nebenan, meine Anfechtung von vielen früheren Märchenstunden her, lag verödet — sämtliche Gäste des großen Hauses waren oben beim Rheinischen Abend versammelt. Nur eine kleine Lampe brannte. Es war völlig ruhig. Es war ein sehr schöner Abend, obwohl ich etwas heiser war — und das Rauchen der jungen Leute mich belästigte. Als ich aufstehen wollte, nachdem der Lehrer der Gruppe mir seinen Dank ausgesprochen hatte, sagte einer der jungen Leute: „Jetzt möchte ich aber auch noch etwas sagen! Ich muß Ihnen offen sagen, daß ich es nicht für möglich gehalten hätte, daß ich diesem Märchenabend bis zum Ende beiwohnen würde. Ich habe einfach nicht gewußt, wie so etwas ist. Aber nun muß ich sagen, wir sind Ihnen ganz furchtbar dankbar!"

Später im Fortgehen hörte ich noch, wie sie leise untereinander redeten. Einen Satz fing ich auf: „Da bin ich wahrhaftig mal wieder um ein Vorurteil ärmer geworden."

Herbst 1956

Im Rahmen einer Märchentagung sollte ich in einer mir bisher fremden westdeutschen Stadt Volksschulkindern Märchen erzählen, den Unter- und Mittelstufen. Beim

Eintreffen hörte ich, daß es aus schultechnischen Gründen leider nicht möglich gewesen war, meine vorher schriftlich geäußerte Bitte zu erfüllen und nicht mehr als jeweils 40 bis 50 Kinder zu den Erzählstunden zuzulassen. Ich mußte 80 Zuhörer annehmen, im großen Musikraum bei knarrendem Gestühl — eine unvermeidliche und unüberhörbare Störung, obwohl die Kinder mustergültig zuhörten. Ich war anfangs ganz verzagt. Wie anders hatte ich mir diese Märchenstunden vorgestellt, mich lange darauf vorbereitet und gefreut. Aber es kam jetzt darauf an, aus dem Gegebenen für die Kinder das Beste zu machen. Erwartungsvoll saßen sie da und freuten sich auf die Märchen. Sie sollten unter meinem Wissen, daß es viel schöner hätte werden können, nicht leiden. Es ging dann auch besser, als ich erwartet hatte. An einer der Stunden nahmen junge Presseberichter und Studentinnen teil, fragten hinterher, ob sie wohl noch eine weitere Stunde zuhören dürften: „Wir haben uns ganz hinten in die letzte Reihe gesetzt, damit die Kinder sich von uns nicht beobachtet fühlen. Am liebsten säßen wir ja neben ihnen, also vor den Kindern; aber wenn wir uns in die Kinder hineinversetzen — ob wir das an ihrer Stelle möchten?" Das war eine sehr einsichtsvolle Bemerkung. Dadurch, daß nur ich allein vor den Kindern saß, verloren sie jede Befangenheit, die verständlich gewesen wäre; denn sie waren sich untereinander nicht bekannt, und auch der große Rahmen war ihnen fremd. Es konnte sogar zu einem kleinen Zwiegespräch mit einem Jungen in der ersten Reihe kommen. Wir hatten vor Beginn eines neuen Märchens, weil es sich so ergab, über die reale Existenz von Hexen und Teufeln gesprochen. Ich, halb lachend: „Aber manchmal haben wir in uns selbst solch eine kleine Hexe oder so einen kleinen Teufel!" Da ruft der Junge vor mir, verschmitzt und doch verständnisinnig : „Ja, wenn ich die Wut krieg'!" — Allgemeines zustimmendes Kopfnicken. — Das hätte der Junge wohl nicht geäußert, wenn die fremden Erwachsenen neben mir gesessen hätten. Nicht alle Erwachsenen haben dafür Verständnis, wie ungern die meisten Kinder sich beim Märchenanhören beobachten lassen. Je älter die Kinder werden, desto empfindlicher sind sie dagegen. Kleine Kinder sind in dieser Hinsicht unbefangener. In der Pause erzählte ich den jungen Presseleuten, was mir von einem Schulrat berichtet wurde, der unvermutet in eine Klasse kam, mitten in eine Märchenstunde. Die Kinder kannten den Schulrat nicht. Der junge Lehrer aber wohl. Er wollte seine Erzählung unterbrechen, den Schulrat begrüßen, der aber winkte ab und setzte sich leise auf einen leeren Platz in den Schulbänken. Das Märchen ging weiter. Nach einer Weile stand ein Junge auf und sagte: „Herr Lehrer, was will der fremde Mann da? Der soll rausgehen!"

In der Pause vor der letzten Märchenstunde kam die Lehrerin einer Mädchenoberklasse und bat darum, mit ihrer Klasse zuhören zu dürfen: „Ich möchte so gerne, daß meine Mädel erleben, wie viel Freude man kleineren Kindern mit Märchenerzählen machen kann. Sie wissen gar nicht mehr, wie das ist und wie man erzählt. Wir wollen nicht stören und setzen uns auf Stühle entlang der Seitenwand. So werden die Kinder sich durch uns nicht beobachtet fühlen." Als ich diese feine und sympathische Lehrerin wenige Tage später wieder traf, erzählte sie: „Meine großen Mädel hatten erst gar keine rechte Lust; nachher waren sie begeistert! Ich habe im Anschluß an Ihre Märchenstunde noch lange mit ihnen über Märchen und Märchenerzählen gesprochen und fand sie nun in schönster Weise aufgeschlossen."

So war dann auch doch noch das eine oder andere Erfreuliche bei den Märchenstunden auf jener Tagung herausgekommen, und ich war heimlich froh, daß ich mir die große Enttäuschung am Anfang nicht hatte anmerken lassen — gewitzt durch die Erfahrung, daß man mit Protesten in letzter Minute gar nichts mehr ausrichtet und nur eine ungemütliche Atmosphäre schafft. In den ersten Jahren meiner Märchenerzählerei war mir einmal bei solcher Gelegenheit der Geduldsfaden gerissen. Gar nichts von dem, was ich an Vorbereitung erbeten hatte, war berücksichtigt worden. Als ich das heftig beklagte und hinzufügte, daß ich nun eine andere Märchenauswahl treffen müßte, als ich zunächst vorgesehen hatte — da platzte der Veranstalter heraus: „Ach, Sie mit Ihren ewigen Wenns und Abers! Es ist doch schließlich ganz egal, wie und womit die Kinder gepäppelt werden."

Als ich am letzten Tag in der fremden Stadt, wo die Tagung stattfand, durch die Straßen ging, begegneten mir zwei ärmlich gekleidete Kinder; sie stutzten und blieben stehen: „Oh, die Märchentante!" — Sie gaben mir fröhlich die Hand, als kennten wir uns schon lange. Den einen Jungen erkannte ich auch wieder: „Du saßest doch ganz hinten, in der vorletzten Reihe, der zweite oder dritte vom Fenster." Nun war er selig! Er war mir aufgefallen, weil er ziemlich herumgezappelt hatte. Ich hatte ihn auch einmal ermahnt. Dann merkte ich, daß er doch aufpaßte und nicht störte. So ließ ich ihn wühlen und dachte nur bei mir: Was für ein nervöses Kind! — Die glänzenden Augen dieser armen fremden Kinder, die sich der Märchenstunden erinnerten, waren für mich eigentlich das Schönste an der ganzen Tagung.

Winter 1958

Märchenabend vor einem Kreis von Primanerinnen, die in der Ostzone schon Abitur gemacht hatten und es jetzt im Westen wiederholen mußten. Dem Märchenabend war nachmittags der Vortrag einer Germanistin über

Herkunft, Wesen und Bedeutung der Volksmärchen vorausgegangen. Am Abend erzählte ich dann bei Kerzenlicht zuerst drei Grimmsche Märchen — „Allerleirauh", „Der treue Johannes" und „Das Totenhemdchen". Dann „Das Erdkühlein" und zum Schluß nach einer Pause das irische Märchen (oder richtiger die irische Sage mit märchenhaften Zügen) von den „Schwanenkindern des Lir".

Am nächsten Tag sollte eine Aussprache über den Märchenabend stattfinden. Die jungen Mädchen hatten ihren Lehrern gegenüber zwar geäußert, ihnen würde es lieber sein, sie brauchten nicht über den Eindruck zu sprechen, den ihnen die Märchen gemacht hätten. Das käme viel zu schnell, sie müßten das Erlebnis erst verarbeiten; sie wollten es sich nicht gerne zerpflücken lassen. Die Aussprache fand dann aber doch statt, sehr behutsam von den Lehrern gelenkt, so daß der Eindruck tatsächlich vertieft wurde.

Eines der Mädchen, das vielleicht nüchternste, am meisten kritisch gegen Märchen eingestellte, schilderte seinen Eindruck so: „Für mich waren die ersten, die Grimmschen Märchen, eigentlich nur eindrucksvoll insofern, als sie Kindheitserinnerungen weckten. Mir hat am besten das irische Märchen gefallen. Das fand ich wirklich schön." Ein anderes äußerte: „Bei mir war es gerade umgekehrt! Ich kannte die Grimmschen Märchen auch von früher her, vom Lesen. Aber daß sie *erzählt* so stark und ganz neu wirkten, das war für mich das größte Erlebnis; ich hätte das vorher einfach nicht für möglich gehalten. Die irische Sage war auch schön, aber der Haupteindruck waren die alten deutschen Märchen." Eines der Mädchen kam später noch zu mir und sagte, es müsse mir noch einmal danken. Der Märchenabend wäre so schön gewesen, hätte ihnen allen so gut gefallen, „und ich habe mir ganz fest vorgenommen, wenn ich später mal Kinder habe, dann erzähle ich ihnen bestimmt Märchen!" — Es klang so herzlich und ehrlich begeistert, daß ich es glauben muß.

Die Lehrerin der Mädchen, eine Studienrätin, schien tief beeindruckt vom „Totenhemdchen": „Das hat mich so aufgewühlt, besonders auch in Gedanken an all das Schwere, was ich erlebt habe, daß ich kaum schlafen konnte heute nacht." — Ich erschrak. — „Nein, nicht in ungutem Sinne aufgewühlt", beruhigte sie mich, „es löste ja gleichzeitig etwas in einem, und das kann dann nur gut und heilsam sein."

Ich dachte bei ihren Worten an ein anderes, ähnliches Erlebnis im Zusammenhang mit diesem kleinen Märchen vom „Totenhemdchen", das, dem Inhalt nach jedenfalls, vor vielen Jahrhunderten von einem belgischen Mönch schon einmal niedergeschrieben wurde, als Erzählung seiner Großmutter. Vor vielen Jahren, vor dem zweiten Weltkrieg noch, hatte ich dieses Märchen im Grimmschen Wortlaut einem großen Frauenkreis erzählt. Später berichtete mir die Leiterin dieses Frauenvereins, sie sei nach dem Märchenabend damals mit einer Freundin nach Hause gegangen; um diese Freundin wäre sie und ihre Familie in großer Sorge gewesen. Der Tod einer nahen Verwandten, mit der die Freundin jahrzehntelang zusammenlebte, habe diese früher lebensfrohe, kluge, tatkräftige Frau in erschreckender Weise verändert; sie sei in tiefe Melancholie versunken gewesen, aus der ihr trotz aller Bemühungen niemand habe heraushelfen können. Sie alle wären machtlos gewesen gegenüber dieser Lähmung jeden Lebenswillens. Auf dem Nachhauseweg nach dem Märchenabend nun habe die Freundin plötzlich gesagt: „Jetzt will ich wieder leben — jetzt glaube ich, den Anschluß an das Leben wiedergefunden zu haben. Das kleine Märchen vorhin vom Totenhemdchen — das war es, was ich nötig hatte, genau diese Worte." — Von der

Stunde an habe sich die unheimliche Verdüsterung ihres Gemütes verloren.

Wenn mir durch Zufall Kunde wird von solcher und ähnlich tiefer, nachhaltiger Wirkung eines von mir irgendwann erzählten Märchens, frage ich mich: Wie war das möglich? Ich komme bei solchen Fragen immer wieder zu dem Schluß, daß diese Wirkung nicht allein von dem Geschehen, dem Inhalt des Märchens ausgehen kann. Ich glaube, daß es ebenso die Fassung, Form und Sprache sind — daß die Menschen von dem Wunder des Kunstwerkes bewegt werden, von dem Anhauch aus jenem „Abgrund", von dem Stifter sagt, daß in ihm Gott und die Geister weben.

Ich verstehe die jungen Lehrer gut, die mir zuweilen sagen: „Im Grimmschen Wortlaut erzählen können wir nicht. Es fehlt uns die Zeit, mehrere Märchen zu lernen, und so lesen wir eben vor, um den Kindern den Grimmschen Text nicht vorzuenthalten, der unübertrefflich ist. Wir geben uns aber Mühe, daß unser Vorlesen auch wirklich Vorlesen und nicht Ablesen ist; daß wir die Kinder, soweit es möglich ist, dabei ansprechen und nicht mit der Nase im Buch steckenbleiben."

Bei Verwandten in Hamburg hatte ich in geselligem Kreis Märchen erzählt. Die tüchtige Morgenhilfe, eine nette frische Frau, half der Hausfrau bei Bedienung und Versorgung der Gäste. Während der Märchenerzählungen hörte sie mit zu. Am nächsten Morgen, als sie zum Saubermachen kam, war sie noch ganz erfüllt und begeistert von den Märchen. Zur Hausfrau sagte sie: „Das war ja zu schön! So was kenn' ich gar nicht — Märchen erzählt bekommen! Ich habe das eine Märchen, das von der Gänsemagd, gleich gestern abend meinem neunjährigen Jungen erzählt. Er war so glücklich! Jetzt will er jeden Abend Märchen hören, hat er gesagt."

Später sprach ich noch selber mit der Frau, drückte ihr meine Freude darüber aus, daß sie die Märchen gleich weitererzählt hätte. Da müßte sie doch sehr gut aufgepaßt haben. „Ja, und daß ich das konnte, darüber habe ich mich selbst gewundert. Ich habe noch zu meinem Mann gesagt: Guck mal, im Radio hör' ich mir doch auch immer die Märchen an und mag das auch gern; aber komisch, danach könnte ich keine wiedererzählen. Die kann ich nicht behalten. Da geht das immer viel zu schnell, oder was das sonst ist. Es ist doch ganz, ganz was anderes, wenn man das so richtig von Mensch zu Mensch erzählt kriegt!"

Sommer 1958

Eine Märchenstunde im Jugendferienwerk war auf 7 Uhr abends angesetzt. Aus irgendeinem Grunde konnten wir aber erst fünf Viertelstunden später anfangen. Die Kinder, Jungen und Mädchen, waren sämtlich über zehn Jahre alt; so mochte es nicht schaden, wenn sie ausnahmsweise etwas später ins Bett kamen. Da sie sich aber am Tage weidlich ausgetobt hatten und nun im Dämmerlicht des schönen Sommerabends im Zimmer saßen, in modernen, weichen und bequemen Sesseln noch dazu — kam über einige unvermutet doch die Müdigkeit. Ich wollte deshalb früher schließen, denn einige Kinder begannen zu gähnen. Ein Junge sagte: „Ja, ich bin zu müde. Ich will ins Bett." Ich machte Anstalten aufzustehen — allgemeiner, heftiger Protest! Ein anderer Junge, der sich offenbar zum Sprecher der übrigen Gesellschaft machte, drehte sich ärgerlich um und rief: „Ach Mensch, du Schaf du! Is doch ganz egal, ob du müde bist! Wir woll'n weiterhören! Verstehst das denn nich: So was kriegen wir doch so bald nich wieder!" — Dann zu mir gewandt, in klagendem Ton:

„Ja, is wahr — zu Hause da erzählt einem immer keiner was!" — Wer hätte sich davon nicht erweichen lassen! Mit einem kurzen Märchen von knapp drei Minuten Dauer, das ich dann noch erzählte, bin ich hoffentlich beiden Parteien gerecht geworden.

Auf einer Fahrt zwischen Neumünster und Heide traf ich die Leiterin eines Mädel-Jugendaufbauwerks. Wir freuten uns über die Gelegenheit, uns zu sprechen. Am entgegengesetzten Ende des nicht sehr vollen Triebwagenabteils saßen am Fenster zwei große Jungen, siebtes Schuljahr, Mittelschule Neumünster. Mir schien, sie spähten zu mir her und tuschelten dann zusammen. Ich dachte flüchtig: Die kennen mich wohl vom Märchen-erzählen und unterhielt mich weiter mit meiner Bekannten. Auf einmal stand der eine von den Jungen vor uns, grüßte höflich und sagte etwas zögernd: „Ach — entschuldigen Sie, aber haben Sie uns nicht mal Märchen erzählt, vor drei Jahren in Neumünster?" — „Ja, das wird wohl stimmen. Nett, daß ihr mich noch kennt." — „Ja, und nu — nu wollten wir Sie nämlich fragen, ob Sie uns ein Märchen erzählen würden?" — „Hier? Wo denn?" — „Och, da hinten, da, wo mein Freund sitzt, der kennt Sie nämlich auch. Tun Sie das?" — „Ja gerne, wollen wir machen. Denn man los!"

Meine Bekannte ging mit, was die Jungen nicht zu stören schien. Als Jugendleiterin fand sie ohne weiteres den rechten Ton, um in unsere improvisierte Märchen-stunde aufgenommen zu werden. Wir setzten uns nahe zusammen, und ich erzählte mit leiser Stimme das Grimmsche Märchen vom „Singenden Knochen". — „Das haben Sie uns damals nicht erzählt, aber das und das und das." Sie wußten noch alles ganz genau. Als der Zug einmal hielt, machte ich eine Pause. Ich wollte nicht, daß die anderen Leute im Abteil auf uns aufmerksam würden, eine Sorge, die von meinen Zuhörern offenbar nicht geteilt wurde. — Als der Zug wieder fuhr, fragte ich: „Ja, wo waren wir doch noch? Was hatte ich noch zuletzt erzählt?" — Beide Jungen eifrig, wie aus einem Munde: „. . . als sie aber in der Dunkelheit zu der Brücke über einen Bach kamen . . ."

Das Märchen war zu Ende. Einen Augenblick schwiegen wir, sahen zum Fenster hinaus. Als ich dann aufstand, um mit meiner Bekannten zu unserem Platz zurückzukehren, bedankten sich die beiden Jungen herzlich und ohne die geringste Befangenheit. Die Jugendleiterin, die sich in Gegenwart der Jungen nichts hatte anmerken lassen, war baß erstaunt: „Wenn ich das jetzt nicht selbst miterlebt hätte, würde ich es nicht glauben." Ich freute mich, wenn ich mich auch nicht wunderte; Ähnliches begegnet mir fast täglich.

Einzelne Kinder oder Grüppchen bleiben plötzlich im Straßengewühl stehen, drehen sich um, rufen, lachen, winken. Ich winke zurück, und schon hat der Verkehrsstrom uns wieder getrennt. Der „glänzende goldene Faden", den die Märchenspindel hinter sich herzieht — „. . . lustig in das Feld hineintanzend . . .", wie es im Märchen von „Spindel, Weberschiffchen und Nadel" heißt —, der reißt nicht ab, der hält.

Im Reisebüro bedient mich ein junges Mädchen, ein frisches, süßes Ding. Es lacht mich an und erzählt mir auf meinen fragenden Blick hin, daß sie mich kenne vom Märchenerzählen in der Mittelschule vor vier oder fünf Jahren und auch noch von früher her, als sie klein war und zur Volksschule ging: „Oh, das war immer so schön! Da haben wir uns immer so gefreut. Später habe ich bei unserem Rektor, der ja auch so sehr darauf achtete, daß die deutsche Sprache gepflegt wird, eine große Arbeit geschrieben über Märchen. Das vergesse ich nie, wie schön das war, als Sie uns Märchen erzählten."

In der Buchhandlung unterhalte ich mich mit der Buchhändlerin über Märchen. Da tritt zögernd und errötend die kleine blonde Verkäuferin heran: „Entschuldigen Sie, daß ich Sie unterbreche, aber ich möchte Ihnen so gern etwas sagen: Ihre Märchenstunden, das waren die schönsten Stunden in meiner ganzen Schulzeit. Unser Rektor hat damals, nachdem Sie bei uns in der Schule erzählt hatten, gesagt: ‚Von jetzt an soll aus der obersten Klasse kein Mädel mehr abgehen, ohne mindestens zwei Märchen im Kopf zu haben und richtig und frei erzählen zu können.' Und unsere Deutschlehrerin hat eine ‚Erzählstunde' eingerichtet, einmal in der Woche; da mußten wir immer nach vorn kommen und vor der Klasse ein Märchen erzählen. Zuerst mochten wir das nicht, aber nachher hat uns das richtig Spaß gemacht."

Hochsaison auf der Nordseeinsel Sylt, in den großen Badeorten wie in den vielen Ferienheimen und Zeltlagern. Am weiten Strand und in den Dünen verläuft sich's, aber in den Kindererholungsheimen und Zeltlagern wimmelt es wie in Ameisenhaufen; überall hat man den Eindruck, daß es voller nun nicht mehr werden kann. Einige randvolle Märchentage für Kinder und Jugendliche vom „Jugendferienwerk Schleswig-Holstein" liegen hinter mir. Dankbar und mit Erleichterung kann ich feststellen, daß fast überall, wo ich hinkomme, die mir nun schon seit Jahren bekannten Heim- und Freizeitleiter die angesetzten Märchenstunden nach meinem Sinne vorbereitet haben. Es ist nicht mehr nötig, wie in früheren Jahren, viel Zeit und Kraft darauf zu verwenden, um zu erklären, warum ich diese und jene Maßnahmen erbitte, die wichtig sind, um einer großen Menge von Kindern, die sich verständlicherweise meist in ausgelassener Ferienstimmung befinden, mit den Märchen etwas mehr zu geben als nur eine „nette Unterhaltung", und das von den Kindern erwartete

„Spannende" mit dem leiseren Guten und Wertvollen, das Märchen bieten, zu verbinden.

Wenn's nur das Spannende allein wäre, was die Kinder sich wünschen! Hundert große Jungen sitzen in einem Heidezeltlager vor mir. Ich will gerade mit dem ersten Satz eines Märchens beginnen und höre eben noch, wie ein Großer aus der ersten Reihe seinem Nebenmann mißmutig zuraunt: „Mensch, das sag' ich dir, wenn's nicht spannend wird — ich hau' ab nach'm ersten Stück!" — An anderer Stelle läuft man mir schon bei meinem Kommen mit vorgestrecktem Arm und Zeigefinger auf der Straße entgegen: „Tante, die neueste Mordgeschichte!" — Oder: „Tante, erzählst du von ‚Superspion'?" — oder: „Sagen Sie — kommt in Ihrer Geschichte auch 'n Marterpfahl vor?" und was dergleichen Publikumswünsche mehr sind. Zum guten Gelingen einer Märchenstunde trägt jedenfalls das bereitwillige, verständnisvolle Entgegenkommen der Erwachsenen in den Lagern bei. Das hat sich im Laufe der Jahre im Jugendferienwerk gut eingespielt. Man hat verstanden, daß nicht Pedanterie und Nervosität mich bestimmen, wenn ich um Anordnungen bitte, von denen ich weiß, daß sie Ablenkungen von außen verhindern. Ich halte eine Märchenstunde für gelungen, wenn die Kinder ihr oft beängstigendes Verlangen nach Spannendem, Grausigem, Gräßlichem beim Zuhören vergessen und wenn sie die dunklen Dinge, die vorkommen, als notwendige, aber nicht dominierende Teile des Märchens erfahren. Wo die Schönheit des Märchens die Kinder unversehens gefangennimmt, sind auch die lauten Kinder zufriedengestellt, und ich darf hoffen, daß das Erlebnis von etwas Schönem bei vielen, wenn auch nicht allen Kindern, das Bleibende sein wird.

Zwei Märchenveranstaltungen, die beide erfreulich und befriedigend verlaufen waren, hatte ich am 22. Juli schon hinter mir. Und doch saß ich sorgenvoll inmitten vergnügter Kurgäste in der Inselbahn, die mich vom Süden der Insel nach Norden, nach List, brachte. Das Wetter wurde, entgegen der Voraussage, statt schlechter von Stunde zu Stunde besser. Die Wolken verschwanden. Ein herrlicher Abend kündigte sich an. Auch das noch, dachte ich bedrückt. Wenn es jetzt wenigstens regnen wollte! — Der Grund für meine ketzerischen Wünsche war der Gedanke an die dritte Märchenveranstaltung dieses Tages, die für 19 Uhr im großen Dünenzeltlager angesetzt war. 90 Jungen, 14 bis 15 Jahre. An diesem schönen Abend, nach all dem schlechten Wetter der letzten Wochen, sollten sie Märchen anhören müssen! Konnte man ihnen das zumuten? War das denn nicht beinahe grotesk? Bei Regen — ja, da wären sie vielleicht noch ganz froh gewesen. Und es wurde dann so herrlich! Als ich hinkam, waren in der riesigen Sporthalle alle Zeltlagerin-sassen beim Abendessen. Die Freizeitleiter und Betreuer waren mir nicht bekannt, machten mir's aber leicht, obwohl ihnen durch ein Versehen mein Kommen nicht angekündigt worden war: „Sie haben Glück! Eigentlich waren für heute abend sogar zwei andere Veranstaltun-gen vorgesehen, ein Lichtbildervortrag und ein Fußball-spiel, beides in letzter Minute abgesagt. Das paßt also gut, daß Sie heute kommen. Wo wollen Sie erzählen?" — Ja, wo?! In einem Zelt, inmitten des großen Lagers? Das hatten wir früher schon einmal gemacht; aber draußen vorübergehende, ab und zu hereinschauende, sich auch einmal für Augenblicke am offenen Zelteingang hinhok-kende und flüsternde Mädchen hatten die Jungen abge-lenkt. — In der Sporthalle? Hatten wir auch schon zwei-mal gemacht. Es war aber zu unruhig gewesen bei dem nicht zu vermeidenden Durchgangsverkehr. Ich schlage vor: „Ein Dünental, nicht allzu nahe vielleicht beim Lager, das würde noch das beste sein. Das Wetter ist ja schön. Wenn die Jungen sich was Warmes anziehen oder Decken mitnehmen könnten — frieren ist ganz schlecht für eine Märchenstunde!" Der Freizeitleiter geht sofort darauf ein. Mit einem Blick auf meinen kranken Fuß sagt er freundlich: „Bleiben Sie ruhig hier sitzen, bis wir Sie holen. Wir suchen Ihnen derweil ein schönes abgelegenes Dünental aus."

So sitze ich allein an einem der langen Eßtische. Die Halle hat sich fast geleert. Ein paar Jungen sind noch mit dem Säubern der Tische beschäftigt; ein Betreuer beaufsichtigt sie, setzt sich dann zu mir, und wir kommen ins Gespräch. Er ist Student an einer pädagogischen Hochschule, sehr interessiert an Märchen, versteht auch etwas davon. Er freut sich wirklich darüber, daß ich gekommen bin. Das stärkt mein Selbstvertrauen. Das vertrackte Gefühl, ein lächerliches Ansinnen zu stellen, großen Jungen Märchen erzählen zu wollen, ist auf einmal wie weggeblasen. Dumm, daß ich mich so schwer davon freimachen kann. Ich müßte das endlich gelernt haben. Vorhin beim Betreten der Halle wäre ich am liebsten wieder davongelaufen. Der Student verläßt mich, um bei den Vorbereitungen zu helfen. Ein großer Junge, ein dünner, langer Laban — schon aus der Schule und in der Lehre, wie er mir später erzählte —, macht sich noch mit einem nassen Lappen an den Tischen zu schaffen und guckt ein paarmal zu mir hin: „Was wollen Sie uns nachher denn erzählen?" fragt er schließlich, bei mir stehenbleibend. — „Ich weiß noch nicht. Ich muß sehen, was da nachher alles vor mir sitzt, vielleicht ein chinesisches Märchen oder eine Indianersage, ein Märchen aus Island oder ein deutsches. Ich kann das vorher nie genau sagen." — Inzwischen hat sich der junge Mann bäuchlings quer über den Tisch gelegt. Er redet weiter, während er die Unterseite der Tischplatte eingehend beäugt — vielleicht gehört es zu seinem Amt, nach angeklebten Kaugummis zu fahnden. — „Das muß ich Ihnen sagen, nämlich: Wildwestfilme — da schwärme ich ja nun mal für, Tatsache! Tu' ich!" Plötzlich gibt er sich einen Ruck, schnellt hoch, sitzt auf dem Tisch nahe vor mir, guckt mich mit runden Augen an und stößt heraus: „Aber damals, vor paar Jahren — da ha'm Sie den ,Treuen Johannes' erzählt. Weiß ich noch genau. Mensch, das war 'n Ding! Wenn ich das nochmal hören könnte?!"

Die Dünenmulde war gefunden, so abgelegen, daß während des Erzählens wirklich keine Störungen auftra-ten, keine herumspringenden Katzen, keine bellenden Hunde, keine blökenden Schafe, die unweigerlich alles, mich selber eingeschlossen, zum Lachen reizen, und keine plötzlich auftauchenden Spaziergänger, die entweder laut reden, lachen oder, was noch schlimmer ist, als steinerne Gäste auf einem Dünenkamm stehenbleiben, herunter-starren und augenscheinlich fest und ehrlich davon über-zeugt sind, daß sie sich ungemein rücksichtsvoll beneh-men.

Ich saß fast unten im Tal, etwas ungemütlich. Ich mußte mich am Heidekraut festhalten, um nicht noch weiter abzurutschen. Aber die Anordnung des Ganzen konnte nicht besser sein. Die Zuhörer hatten einen wun-derbaren Blick auf das großartige Dünental hinter mir. Später kam auch noch der Mond. Ich mußte sehr laut sprechen. Viel lauter, als ich eigentlich kann. Viele Fliegen um meinen Kopf herum; Dünentäler in ihrer Tiefe haben das so an sich. Ich mußte sie während des Erzählens dauernd fortscheuchen.

Ich erzählte anderthalb Stunden lang, zuerst den „Treuen Johannes". — Es war wohl die beste Veranstal-tung dieses Sommers. — „Diesen Abend werden wir alle nie vergessen", so sprach man mir hinterher den Dank aus. Besonders freute mich, daß die Jungen nach dem lustigen Märchen, bei dem sie schallend lachten und in große Bewegung gerieten, hinterher wieder völlig still wurden und ich mit einem schönen ernsten Märchen von Grimm schließen konnte.

Ein lustiger Zwischenfall. Ich mußte einmal sagen: „Nun seid mal bitte still, damit ich nachdenken kann, wie das Märchen anfängt, mein Kopf ist doch kein Radioapparat, den man nur so — knips — andrehen kann, und dann geht's los." Ruft ein dicker Junge — dicke Jungen, das ist mir schon oft aufgefallen, sind witzig —: „Hach! *Der* muß aber auch erst warm werden!" (Der Apparat nämlich!) Das Gelächter trug sehr zur fröhlichen, gelockerten Stimmung bei.

Herbst 1959

Wie viele Kinder heutzutage noch Märchen erzählt bekommen — diese Frage ist wohl kaum zu beantworten. Jeder, der darüber mitredet, neigt dazu, anzunehmen, daß, was er in seinem oft nur kleinen Lebensumkreis beobachtet, Gültigkeit für das Ganze besitze. Ein freundlicher alter Herr versicherte mir im Gespräch, daß Märchen doch überall, auch heutzutage, noch erzählt würden; zufällig wisse er das ganz genau. Ich wagte vorsichtig, das zu bezweifeln, und fragte, wie er zu dieser Ansicht gekommen sei. Da sagte er: „Ja, ich bin neulich auf dem Lande gewesen, in der Nähe von Neumünster, und der junge Bauer da hat mir erzählt, da wäre im Nachbardorf eine alte Großmutter, die erzähle noch viele Märchen."

Frage ich in den Schulklassen und auch sonst vor Märchenstunden die Kinder: „Wer von euch hat noch eine Großmutter („Oma", setze ich vorsichtshalber noch hinzu!), die euch Märchen erzählt oder die euch früher, als ihr noch kleiner waret, Märchen erzählte?" — Dann melden sich zwei, drei, allerhöchstens fünf Kinder. Die meisten

Großmütter müssen heute tüchtig mitschaffen im Haushalt. Ich fürchte, das folgende Gespräch, das mir mitgeteilt wurde, ist heute leider vielerorts möglich. Zwei kleine Mädchen unterhalten sich; sagt das eine: „Oh, es ist schrecklich! Meine Mutter, die hat immer so viel zu tun, die muß so doll arbeiten!" — Fragt das andere höchst erstaunt: „Ja — aber habt ihr denn keine Omi?!"

Über Krieg und Nachkriegsjahre, Leid, Sorgen und Unruhe haben auch viele Großmütter, die früher erzählten, zu ihrem eigenen Kummer die Märchen vergessen. Ein kleines Mädel berichtete mir: „Meine Oma hat gesagt: ,Das ist gut, daß die Tante euch Märchen erzählt — is 'ne Schande', hat sie gesagt, ,ich kann nich mal mehr Schneewittchen richtig erzählen'!" — Eine Großmutter bittet mich: „Tun Sie mir doch den Gefallen und erzählen Sie mal Sterntaler. Ich muß das immer meinem kleinen Enkel erzählen. Aber ich glaub', das ist nicht mehr richtig, wie ich das erzähle. Ich zieh' dem Kind immer mehr aus, das kann bald nicht mehr stimmen." — Wieder eine andere: „Mein Enkel — das ist ein ganz Schlauer! Erzähle ich ihm Sterntaler, und da sagt der doch: ,Omi, wenn ich der liebe Gott gewesen wäre — ich hätt' dem Kind aber erstmal 'n Hemd geschenkt und denn hinterher das Geld'!" — Nun, schlau war der ohne Frage; aber die Sache war die, daß seine Großmutter vergaß zu erzählen, daß das Sterntalerkind ein neues Hemdlein anhatte: „. . . Da sammelte es sich die Taler hinein und war reich für sein Lebtag."

Es gibt auch Großmütter, die wirklich noch Märchen erzählen und die es nicht gelten lassen wollen, wenn ich Mangel an Zeit als Erklärung angebe für die Tatsache, daß das lebendige Erzählen der Märchen einschlafe.

In einem Landfrauenverein war der Besuch geringer gewesen, als man erwartet hatte. Eine der Frauen überlegte bedauernd: „Ob wohl nicht mehr gekommen sind, weil Märchen angekündigt waren? Manch eine mag gedacht haben: Och, das ist nichts Rechtes, da gehe ich nicht hin; und *ich* muß auch ehrlich sagen: So nett, wie das nun jetzt war, so habe ich mir das auch nicht vorgestellt; man kennt das ja nicht mehr!" — Eine liebe, feine Großmutter, etwas schwerhörig, dankte mir herzlich. Sie habe alles gut verstanden. Nun hätte sie doch wieder Geschichten, die sie ihren Enkeln erzählen könnte. Sie selber habe vierzehn Geschwister gehabt; sie sei das vorletzte Kind gewesen: „Aber bei all ihrer Arbeit mit fünfzehn Kindern hat meine Mutter Zeit gefunden und es sich nicht nehmen lassen, uns in der Dämmerstunde was zu erzählen — Märchen und Geschichten. Sie dachte sich auch selber welche aus, oder sie erzählte, wie es früher gewesen war. Ach — das war so schön! Das vergesse ich ja nie!" — Wie strahlten die alten Augen!

Nach einem Märchenabend für Mütter sagte eine Frau: „Gestern abend waren wir alle mal wieder ‚bei Mutti'! Wir waren zu Hause neun Kinder. Vater kam immer etwas unregelmäßig zum Abendbrot; wenn's dann dämmrig wurde, baten wir Mutter um ein Märchen; Petroleum mußte ja gespart werden. Da saß Mutter denn auf einem Stuhl und wir neun um sie herum auf der Erde. Ach — zu schön war das! Und gerade so wie damals war mir gestern abend zumute."

Leicht haben es die Großmütter heute gewiß nicht, die gern Märchen erzählen möchten und sie nicht mehr recht zusammenbringen können. Eine Großmutter sagte halb lachend, halb klagend: „Mein Enkel ist auch so furchtbar genau! Er will das immer partout so wiederhaben wie letztes Mal! Neulich hat er mich mitten im Märchen unterbrochen und vorwurfsvoll gerufen: „Nee, Omi! Nich ‚sagte' — ‚sprach'!" Wenn eine Großmutter da schließlich das Erzählen aufgibt, zum Märchenbuch greift und vorliest — wer wollte ihr das verdenken!

198

Aber selbst wenn Großmütter die Märchen erzählen
können, wenn sie Lust und Liebe dazu haben, die schöne
Aufgabe zu erfüllen — an die Enkel weiterzugeben, was
von dem Märchengut der Vorfahren überliefert wurde —,
selbst dann kann es geschehen, daß der gute Wille einer
Großmutter zunichte gemacht wird. Schon einige Male
waren mir in den letzten Jahren leise Klagen zu Ohren
gekommen. Ganz kraß aber und unüberhörbar war der
traurige Bericht einer Großmutter, jetzt im Herbst 1959.
Ich hatte einer großen Kinderschar Märchen erzählt und
stand hinterher noch ein Weilchen mit mehreren Erwachsenen vor der Tür der Jugendherberge. Wir freuten uns
alle, wie ruhig die Kinder während des Erzählens gewesen
waren. Die Helfer verabschiedeten sich, und nur noch
eine ältere Frau stand neben mir, die bei der Vorbereitung der Märchenstunde prachtvoll geholfen hatte.
Irgend etwas schien sie zu bedrücken. Dann sagte sie
plötzlich, als riefe sie jemand zum Zeugen an: „Ist das nun
etwa nicht schön für Kinder?! Ich hab' es doch gesehen.
Ich bin selber Großmutter und mag so gerne Märchen
erzählen. Ich weiß auch eine ganze Menge. Mein kleiner
Enkel kommt immer zu mir rauf — ich wohne oben,
meine Kinder unten. Seine größte Wonne ist es, wenn ich
ihm Märchen erzähle. Das ist richtig schön für uns alle
beide! Aber meine Kinder wollen nichts davon wissen.
Die sehen das nicht gerne. Mitten drin im Märchen
kommt meine Tochter rein, faßt den Jungen bei der Hand
und zieht ihn fort — zieht ihn mir regelrecht weg. Er muß
runtergehen mit ihr und muß fernsehen. ‚Da lernt er was
bei', sagen die Eltern, ‚das kann er später brauchen. Dabei
wächst er rein in seine Zeit!' — Er mag das gar nicht gerne
— er ist ja noch so klein, geht noch nicht zur Schule. Aber
wenn er mal wegsieht, dann nimmt meine Tochter seinen
Kopf in ihre Hände, dreht ihn zum Bildschirm — so richtig
mit 'nem Ruck! — und sagt streng: ‚Guck hin!'"

Ist diese Geschichte ein typisches Zeichen einer notwendigen Entwicklung? Ist es nicht mehr sinnvoll, dagegenzuhalten und für das Erzählen in das offene Kindergesicht zu werben? Ich jedenfalls muß es tun. Vielleicht hilft uns ein Märchenwort selbst, der Schluß des Grimmschen Märchens „Die Nelke": „... und ob sie noch leben, das steht bei Gott."

Die Verbreitungsmöglichkeit der Märchen war vielleicht noch nie so groß wie heute, das gebe ich zu. Die mechanischen Mittel der Technik bringen sicher mehr Kinder mit Märchen in Berührung als vor etwa zwanzig Jahren. Aber fehlt dabei nicht doch das Beste? Die lebendige Vermittlung durch den voll gegenwärtigen Menschen? Allerdings — gute Märchenplatten sind immer noch besser als schlechtes Märchentheater. Ein deutscher Arzt, der mit seiner Familie in Südamerika lebt, erzählte mir, für seine Kinder gäbe es nichts Schöneres, als von der Schallplatte das Grimmsche Märchen vom „Froschkönig" zu hören, wogegen es beim Besuch eines Märchenfilms — amerikanischer Zeichenfilm „Schneewittchen" — zu einer Katastrophe gekommen sei. Seine kleine Tochter habe geschluchzt und geklagt: „Aber das ist doch nicht Schneewittchen! Das ist doch nicht *unser* Schneewittchen!" Der große Sprechkünstler und Märchenerzähler, der die Schallplatte mit dem Froschkönig besprochen habe, sei vor ein paar Jahren, 1954 etwa, Gast in seinem Hause gewesen und hätte den Kindern, einem Jungen und einem Mädchen, das Froschkönigmärchen selbst erzählt. Wenn nun jetzt die Kinder aus dem Apparat die ihnen vertraute Stimme hören, so sitzt ihr geliebter Märchenerzähler genau wie damals und wie leibhaftig vor ihnen. Der persönliche Kontakt ist hier weitgehend gewahrt.

Elly Heuss-Knapp spricht in ihren Lebenserinnerungen davon, daß „die Kunst, besonders gut Geschichten zu erzählen", fast ganz verlorengegangen sei, und führt vielerlei Gründe an, die das bewirkt haben. Sie fährt dann fort: „Schade ist es aber doch. Denn das ist sicher: Ein Märchen, das wir als Kind gelesen haben, war schnell vergessen, aber dieselbe Geschichte, gut erzählt, hat uns so in Spannung gehalten, daß wir sie heut noch im Gedächtnis haben. Dazu tut die Person, die Stimme, das Auge des Erzählers das Allermeiste, manchmal auch die Hände."

Die treffendste, die schönste Bestätigung für diese Worte von Elly Heuss-Knapp sprach ein Kind, ein kleiner Junge aus im Winter 1958/59. Für diesen Jungen gibt es nichts Schöneres, als von seinem Vater Märchen erzählt zu bekommen. Eines Tages nun war ihm wieder ein Märchen versprochen worden. Als die verabredete Stunde kam, hatte der Vater keine Zeit, vertröstete das Kind auf den nächsten Tag; wieder dasselbe: „Vati, erzählst du mir jetzt das Märchen?" — „Ach Junge, ich hab' keine Zeit, ich bin in Eile, ich muß verreisen, aber weißt du was: Heute abend, wenn du schläfst, spreche ich dir das Märchen auf Band, dann kannst du dir's immer und sooft du willst erzählen lassen!" — Als der Vater von der Reise zurückkam, war die erste Frage: „Aber jetzt erzählst du mir doch das Märchen?" Der Vater, ganz erstaunt: „Ich habe dir das Märchen doch aufs Band gesprochen; das erzählt es dir doch so viele Male, wie du nur willst!" — Der Kleine: „Ja — ja; aber — das Band hat doch keinen Schoß!"

1960

In welchem Umfang der Fernsehapparat Konkurrent des lebendigen Erzählens geworden ist, zeigt folgende Geschichte, die mir die Leiterin eines Kinderheims in Hamburg berichtete. Sie stellte mit Hilfe einiger großer

Jungen die Stühle für die Märchenstunde zurecht. Plötzlich sagt ein Junge: „Was wird das hier eigentlich?" — „Das
weißt du doch, ich habe es euch ja erzählt — eine
Märchenerzählerin kommt aus Flensburg." „Wieso — die
kommt?" — „Nun ja, die soll doch da sitzen auf dem roten
Sessel, und ihr auf den Stühlen im Kreis." „Wie — sie
selbst? *Lebendig?*" — „Na natürlich, was hast du denn
gedacht?" — „Ich denk', aus 'm Kasten!" — „Aus dem
Kasten?" — „Ja, aus 'm Fernsehapparat!"

In einem Hamburger Heim erzählte ich vier Stunden
lang vor altersmäßig je anders zusammengesetzten Gruppen. Den drei älteren Gruppen erzählte ich auch, wie ich
es meistens tue, etwas von den Brüdern Grimm. — Mir
war aufgefallen, daß drei Jungen immer wieder im Hintergrund auftauchten; richtige kleine Schwarzhörer, hatten
sie sich jedes Mal wieder eingeschlichen. Nach vier Stunden müßten sie ja nun endlich mal genug haben, dachte
ich. Als ich dann aufbrach, kamen die drei nach vorn mit
strahlenden Gesichtern, und der eine, den Schelm im
Blick, schüttelte mir die Hand und schmetterte mir entgegen: „Tschüs — Frau Grimm!"

In einem Zeltlager an der Ostsee: Am letzten Tag
regnete es vom Morgen bis zum Abend, und man war
froh, die Märchenmamsell — in der Jungensprache: die
„M. M." — dazuhaben. Ich war von einem Zelt ins andere
gekrochen und hatte unentwegt erzählt. Schließlich war
der Himmel des Regens müde — aber ich auch des
Erzählens! Ich erzählte gerade das Märchen „Der Grabhügel" und beschloß, daß dies das endgültig letzte sein sollte.
Da störte mich ein Wispern und Rammeln außen an der
Zeltwand. Ich schlug leicht mit der Hand dagegen und
bat, mich nicht zu stören. — „Och Tante, wir hör'n doch
bloß zu! Aber der drängelt mir hier immer weg." — Es
war dann auch ruhig.

In diesem Märchen wird der Teufel an der Nase herumgeführt; er hat in einer Wette an einen Soldaten einen „Stiefel voll Gold" verloren und weiß nicht, daß der Stiefel, den zu füllen er sich bemüht, ohne Sohle am Rand einer halb überwachsenen Grube steht.

Als er fertig war, sagte ich: „Nun aber Schluß, Kinder, ich kann nicht mehr erzählen, und ihr könnt nicht mehr hören." Da ertönt eine Stimme von draußen: „O — nee, Tante — Stiefel is noch lang nich voll!"

Nein — der Stiefel ist noch lange nicht voll. Aber ich höre jetzt auf.

Anhang

DAS ERDKÜHLEIN

Ein guter armer Mann hatt ein Frau und von ihr zwei Töchterlein, und ehe die selbigen Kindlein, deren das kleinere Margaretlein und das größere Annelein hieß, erwachsen waren, starb ihm die Frau, und derhalb nahm er ein andere. Nun warf die selbig Frau einen Neid auf das Margaretlein und hätte gerne gewollt, daß es tot wäre gewesen, doch es selbst umzubringen däucht sie nicht gut, und so zohe sie mit Listen das älter Maidlein an sich, daß es ihr hold und der Schwester feind ward.

Und einmal begab sich, daß die Mutter und die älter Tochter beieinander saßen und beratschlagten, wie sie ihm doch tun wollten, daß sie des Maidleins abkämen, und beschlossen endlich, daß sie miteinander wollten in den Wald gehen und das Maidlein mitnehmen, und in dem Wald wollten sie das Maidlein verschicken, daß es nicht mehr zu ihnen kommen könnte.

Nun stand das Maidlein vor der Stubentüre und hörte alle die Wort, so sein Mutter und Schwester wider es redten und Ursach zu seinem Tod suchten; da war es sehr betrübt, ohn all Ursach so jämmerlich zu sterben und von den Wölfen zerrissen zu werden. Und also betrübt ging es zu seiner Dotten oder Göttel, die es aus der Tauf gehoben hatte, und klaget ihr die große Untreu und tödliche, mörderische Urteil, so über sie von der Schwester und Mutter geschehen.

Nun wohlan, sprach die gut alt Frau, mein liebs Kind, dieweil dein Sach ein solche Gestalt hat, so gang hin und nimm Sägmehl und, wenn du deiner Mutter nachgehst, streue es vor dir anhin! Laufen sie hernach schon von dir, so geh du der selbigen Spur nach, so kommst du wieder heim.

Die gut Tochter tat, als ihr die alt Frau befohlen hatt. Und wie sie hinaus in den Wald kam, setzt sich ihr Mutter nieder und sagt zum ältern Maidlein: Komm her, Anne-lein, und such mir ein Laus! So geht dieweil das Gretlein hin und klaubt uns drei Bürden Holz; so wollen wir an diesem Ort sein warten, darnach gehn wir miteinander heim.

Nun das gut arm Töchterlein zohe hin und streuet vor ihm anhin das Sägmehl (denn es wohl wußt, wie es ihm gehn würde) und sammelt drei Bürden Holz, und als es die gesammelt, nahm es sie auf den Kopf und trug sie an das End, da es sein Stiefmutter und Schwester gelassen hatt. Als es aber dar kam, fand es sie nicht; behielt doch seine drei Büschlein auf dem Kopf, zohe seinem gemach-ten Weg nach wieder heim und warf die drei Büschlein ab.

Und als es die Mutter ersahe, sprach sie zum Maidlein: Annelein, unser Tochter ist wieder kommen, und all unser Kunst hat uns gefehlet. Darum wollen wir morgen an ein ander Ort gehen und das Maidlein aber von uns schicken; so wird es nicht mehr mögen heimkommen, so sind wir hernach sein ledig.

Nun hatt das gut Margretlein diese Wort abermals gehört, lief wieder zu seiner Göttel und zeigt ihr die Handlung an. Wohlan, sprach die Frau, ich siehe wohl, daß sie dir nach deinem Leben stellen und nicht Ruhe haben werden, bis sie dich umbringen. Darum so geh jetzt hin und nimm Sprcu und streu die abermals vor dir hin, wie du mit dem Sägmehl getan hast! So kannst du wieder heim kommen.

Als nun das Maidlein wieder heim kam, sagt sein Mutter: Kommet her, Gretlein und Annelein! Wir wollen gehn in den Wald. Das älter Maidlein, als das um alle Sach gar wohl wußt, auch Hilf und Rat darzu getan hatte, zoge ganz fröhlich, Gretlein hergegen ganz traurig hinaus.

Und als sie in den Wald kamen, setzt sich die bös, arglistig, zernichtig Frau nieder und sagt zum Annelein: Komm her, Annelein, und fahe mir ein Laus! So geht das Gretlein hin und suchet dieweil jeglichem ein Bürde Holz; darnach gehn wir wieder heim.

Das arme Gretlein ging hin und suchet Holz, und ehe es wieder kam, war sein Mutter und Schwester hinweg. Nun ging das gut Gretlein mit seinem Holz der Spreu nach, bis es wieder heim kam. Und als es von seiner Mutter gesehen ward, sagt sie zum Annelein: Unser elend Maidlein kommt wieder. Nun wollen wir sehen, wie wir sein abkommen, und sollt es uns etwas Groß kosten. Und wir wollen morgen wieder in den Wald; da wollen wir sehen, daß es dahinten bleib.

Solche Red hatte das Maidlein abermals gehört und ging zum drittenmal zu seiner Basen, fraget die Rats, wie es ihm doch tun sollte. Nun wohlan, liebs Kind, sagt die Frau, so geh hin und nimm Hanfsamen, säe den vor dir anhin, darnach geh dem selbigen nach wieder heim!

Das gut Maidlein zohe abermals mit seiner Mutter und Schwester in den Wald und säet den Hanfsamen vorhin. Nun sagt die Mutter abermals, wie sie vor zweimal gesagt hatte: Annelein, such mir ein Laus! So muß das Gretlein Holz suchen.

Das arm Gretlein zohe hin und suchet Holz, gedacht dabei: bin ich vor zweimal wieder heim kommen, so will ich das drittemal auch wieder heim kommen. Und als es das Holz gesucht und wieder an das Ort kam, da es sein Mutter gelassen, waren sie aber hinweg. Und als das arm Maidlein seinem Weg nach wollte heim gehn, da hatten die Vögel den Samen allensammen aufgefressen. Ach Gott, wer war trauriger denn das arm Maidlein! Den ganzen Tag im Wald umlief zu weinen und schreien und Gott sein Leid zu klagen, konnt kein Weg finden, dadurch es möchte aus dem Wald kommen, war auch in den Wald so fern hinein kommen, da ohne Zweifel nie kein Mensch gewesen. Als nun der Abend herzu kam und das arm verlassen Maidlein an aller Hilf verzweifelt hatte, stieg es auf ein sehr hohen Baum, zu besichtigen, ob es doch irgendein Stadt, Dorf oder Haus ersehen möcht, darein es ginge, damit es nicht also jämmerlich den wilden Tieren zur Speis gegeben würde. In solchem Umsehen begab sich, daß es ein kleins Räuchlein ersahe; stiege behend ab dem Baum und ging demselbigen Rauch zu und kame in wenig Stunden an das Ort, da denn da der Rauch ausginge. Das war ein kleines Häuslein, darin niemand wohnet denn nur ein Erdkühlein.

Das Maidlein kam vors Türlein und klopfet an, begehrt, man sollte es einlassen. Das Erdkühlein antwortet: Ich laß dich wahrlich nicht herein, du verheißest mir denn, dein Lebtag bei mir zu bleiben und mich nimmermehr zu vermären und zu verraten! Das gelobt ihm das Maidlein, und alsbald ward es von dem Erdkühlein eingelassen. Und das Erdkühlein sagt: Wohlan, du darfst nichts tun, als mich des Abends und Morgens melken. Darnach issest du die selbig Milch von mir, so will ich dir Seiden und Sammet genug zutragen: darvon mach dir schöne Kleider, wie du sie begehrest! Gedenk aber und siehe, daß du mich nicht vermärest! Wann schon deine eigne Schwester zu dir kommt, so laß sie nicht herein, damit ich nicht verraten werd, daß ich an diesem End sei! Sonst hätt ich das Leben verloren. — Ging nach solchen Worten an sein Weide und brachte dem Maidlein des Abends, wann es heim kam, Seiden und Sammet, darvon sich das gut Gretlein so schön kleidet, daß es sich wohl einer Fürstin hätt vergleichen mögen.

Als sie nun bis in das ander Jahr also beieinander gewest waren, begab sich, daß dem größern Maidlein, so daheim blieben war und das jung Gretlein, sein Schwesterlein, ohn alle Schuld hatt helfen in das Elend verjagen, in Gedanken kam und gedenken warde, wie es doch seinem Schwesterlein gehen möchte, das sie hatt helfen ins Elend verjagen; kläglich anhub zu weinen und die große Untreu zu bedenken, die sie ihr ohn alle Schuld bewiesen hatt, in summa in ein solchen Reuen kam, daß sie nicht mehr bleiben konnt oder mocht, sondern sehen wollt, ob sie doch irgendein Beinlein von ihrem Schwe· sterlein finden möcht, damit sie das selbige heim trüge und es in Ehren hielte.

Und eines Tags ging sie morgens früh hinaus in den Wald und suchte und trieb solch Suchen mit kläglichem Weinen so lang, bis sie sich im Wald ganz und gar vergangen und verirret hatt und nun die finster Nacht ihr auf dem Hals lag. Wer war da trauriger denn das Annelein? Da ward es gedenken, daß es solches wohl an seiner Schwester verdient hatte, kläglich weinet, Gott um Gnad und Verzeihung anrufet und bate. Doch war da nicht lang zu warten oder zu klagen, sondern stieg zunächst auf ein sehr hohen Baum, zu besichtigen, ob es doch irgendein Haus sehen möcht, darin es über Nacht bliebe, damit es nicht also jämmerlich von den wilden Tieren zerrissen würde. Und in solchem Umsehen ersahe es ein Rauch aus dem Häuslein gehn, darin sein Schwester war; von Stund an dem Haus zu nahet, nicht anders meinet, denn daß es eines Hirten oder Waldbruders Häuslein wäre.

Und als es zu dem Haus kam, klopfet es an; da es bald von seiner Schwester, wer da wäre, gefragt ward. Ei, sprach das Annelein, ich bin ein armes Maidlein und in dem Wald verirret und bitte, daß man mich durch Gottes Willen über Nacht behalte. Das Gretlein sahe durch ein Spältlein hinaus und erkannte, daß es sein untreue Schwe· ster war; bald anhub und sprach: Wahrlich, liebs Maid· lein, ich darf dich nicht herein lassen; denn es mir verboten ist. Wann sonst mein Herr käm und ich jemand

Fremdes hätte einher gelassen, so würd er mich schlagen. Darum ziehe fort! Das arm Maidlein wollt sich nicht lassen abreden noch vertreiben, sondern mit Bitten seinem unerkannten Schwesterlein anlag, daß es ihm die Tür auftät und es hinein ließ.

Und als es hinein kam, erkannt es sein Schwester, fing an heiß zu weinen und Gott zu loben, daß es sie noch lebendig gefunden hatt, nieder auf seine Knie fiel und sie bat, daß sie ihm verzeihen sollt alles das, so es wider sie getan. Darnach sie freundlich bat, daß sie ihr doch sagen wollt, wer bei ihr wär, daß sie so schön und wohlgekleidet ginge. Das gut Gretlein, dem verboten war, zu sagen, bei wem es wäre, mancherlei Ausred erfand und hervor zohe; denn einmal sagt es, es wär bei einem Wolf, das andermal bei einem Bären. Welches alles das Annelein nicht glauben wollt, dem Gretlein, seinem Schwesterlein, süß zuredet, ihr die Wahrheit zu sagen. Und das Maidlein auch (wie denn aller Weiber Brauch und Gewohnheit ist, daß sie mehr schwätzen, als ihnen befohlen ist) sehr kläffig war und zu seinem Schwesterlein sagt: Ich bin bei einem Erdkühlein. Aber lug, verrat mich nicht!

Als solches Annelein höret, welches seiner Untreu an der Schwester noch kein Genügen getan hatt, bald sagt: Wohlan, führ mich wieder auf den rechten Weg, damit ich heim komme! Das tat das Gretlein bald. Und da mein guts Annelein heim kame, sagt es seiner Mutter, wie sie ihr Schwester bei einem Erdkühlein funden hätte und wie die so köstlich gekleidet ginge. Wohlan sprach die Mutter, so wollen wir die zukünftig Wochen hinaus ziehen und das Erdkühlein samt dem Gretlein heim führen; so wollen wir das Kühlein metzgen und essen.

Solches alles das Erdkühlein wohl wußt, und als es des Abends spät heim kam, sagt es weinend zum Maidlein: Ach, ach, mein allerliebsts Gretlein, was hast du getan, daß du dein falsche Schwester hast eingelassen und ihr gesagt, bei wem du bist? Und nun siehe, dein zernichte Mutter und Schwester werden die zukünftig Woche heraus kommen und mich und dich heimführen. Mich werden sie metzgen und essen, dich aber bei ihnen behalten, da du übler gehalten werden wirst denn vor nie.

Nach solchen Reden stellt sich das Erdkühlein so kläglich, daß das arm Maidlein anfing zu weinen und vor Traurigkeit vermeint zu sterben, sehr gereuen ward, daß es sein Schwester hatt eingelassen. Doch tröstet es das Erdkühlein und sprach: Nun wohlan, liebs Maidlein, dieweil es je geschehen ist, so kann es nicht wieder zurück getrieben werden. Darum tu ihm also: Wann mich der Metzger jetzt geschlagen hat, so stand und weine! Wann er dich dann fragt, was du willst, so sprich: Ich wollt gern meins Kühleins Schwanz. Den wird er dir geben. Wann du den hast, so fahe aber an zu weinen und begehr das ein Horn von mir! Wann du das selbig auch hast, so weine aber! Wann man dich dann fragt, was du willst, so sprich: Ich wollt gern meins Kühleins Schühlein. Wann du das hast, so geh hin und setz den Schwanz in die Erden, auf den Schwanz das Horn, und auf das Horn setz das Schühlein und geh nicht darzu bis an den dritten Tag! Und am dritten Tag wird ein Baum daraus worden sein; der selbig wird Sommer und Winter die schönsten Äpfel tragen, die ein Mann je gesehen hat. Und niemand wird sie können abbrechen denn du allein, und durch den selbigen Baum wirst du zu einer großen mächtigen Frauen werden.

Als man nun das Kühlein schlachtet, stund das Margaretlein und begehret die Ding alle, wie ihm sein Kühlein befohlen hatt, und die warden ihm auch geben. Und es ging hin, steckets in die Erden, und am dritten Tag war ein schöner Baum daraus gewachsen.

Nun begab sich, daß ein gewaltiger Herr vorbei ritte; der selbige führte sein Sohn mit ihm, der das Fieber oder kalt Wehe hatte. Und als der Sohn die schönen Äpfel sahe, sprach er: Mein Herr Vater, lassen mir Äpfel bringen von diesem Baum; mir ist, ich würde gesund darvon werden. Von Stund an rufet der Herr, man sollt ihm Äpfel bringen, er wollt sie teuer genug bezahlen.

Die älter Tochter ging zunächst zum Baum und wollt Äpfel darvon brechen. Da zogen sich die Äst allesammen in die Höhe, also daß sie keinen erlangen mocht. Da ruft sie der Mutter und sprach: sie sollte Äpfel abbrechen und sie dem Herrn geben; als aber die arge Frau Äpfel abbrechen wollt, zogen sich die Äst noch viel höher auf. Der Herr hat das alles wohl gesehen und verwundert sich heftig.

Und zuletzt kam das Margretlein zum Baum, Äpfel zu brechen, zu dem sich die Äst neigten und es willig Äpfel abbrechen ließen; das verwundert den Herrn noch viel mehr, und er meinet, sie wäre vielleicht eine heilige Frau, beruft sie und fraget sie des Wunders. Dem die gut Tochter die ganze Handlung, was sich ihrer Mutter, Schwester und des Erdkühleins halber verlaufen hatt, von Anfang bis zu End anzeigt.

Der Herr, als er die Sach vernommen hatt, fraget die Jungfrau, ob sie mit ihm darvon wollt. Das war die gut Tochter wohl zufrieden, grub ihren Baum aus und setzt sich samt ihrem Vater auf den Wagen zu dem Herren; von dem wurden sie freundlich und ehrlich empfangen, fuhren hin und ließen ihre schalkhaftige Mutter und Schwester sitzen.

Albert Wesselski: Deutsche Märchen vor Grimm, S. VII:

„. . . und nun Erdkulin für ewig." So hat Goethe an dem Morgen eines Maisonntags an die geliebte Frau geschrieben, nachdem er die erste Nacht in seinem Gartenhäuschen, wo die Ruhe unendlich war, verbracht hatte, und mit diesem Märchen von dem Erdkühlein heben wir unser Märchenbuch an, um es gleichsam unter den Schutz des Mannes zu stellen, der seiner Glückseligkeit für die, deren Teilnahme er daran wünschte, keinen bessern Ausdruck geben zu können glaubte, als durch die Erinne·rung an die stille und über das Leben hinaus gütige Gestalt einer schlichten Volkserzählung, die ansonsten als das älteste Märchen gelten darf, das in unserer Sprache gedruckt worden ist.

DAS ZAUBERFASS

Es war einmal ein Mann, der grub auf seinem Acker ein großes irdenes Faß aus. Er nahm es mit nach Hause und sagte zu seiner Frau, sie solle es reinemachen. Wie nun die Frau mit der Bürste in das Faß fuhr, da war auf einmal das ganze Faß voll Bürsten. Soviel man auch herausnahm, es kamen immer neue nach. Der Mann verkaufte nun die Bürsten, und die Familie hatte ganz gut zu leben.

Einmal fiel aus Versehen ein Geldstück in das Faß. Sofort verschwanden die Bürsten, und das Faß füllte sich mit Geld. Nun wurde die Familie reich; denn sie konnten Geld aus dem Faß holen, soviel sie wollten.

Der Mann hatte einen alten Großvater im Haus, der war schwach und zittrig. Da er sonst nichts mehr tun konnte, stellte er ihn an, Geldstücke aus dem Faß zu schaufeln, und wenn der alte Großvater müde war und nicht mehr konnte, ward er böse und schrie ihn zornig an, er sei nur faul und wolle nicht. Eines Tages aber verließen den Alten die Kräfte. Er fiel in das Faß und starb. Schon war das Geld verschwunden, und das ganze Faß füllte sich mit toten Großvätern. Die mußte der Mann nun alle herausziehen und begraben lassen, und dafür brauchte er das ganze Geld, das er bekommen hatte, wieder auf. Und als er fertig war, zerbrach das Faß, und er war wieder arm wie zuvor.

Aus dem Chinesischen übertragen von Richard Wilhelm

DER MOND UND SEINE MUTTER

Der Mond sprach einmal zu seiner Mutter, sie möchte ihm doch ein warmes Kleid machen, weil die Nächte so kalt wären. Sie nahm ihm das Maas u. er lief davon, wie er aber über ein Kleines wiederkam, so war er so groß geworden, daß das Röcklein nirgend paßen wollte. Die Mutter fing daher an die Nahten zu trennen, um es auszulaßen, allein da dies dem Mond zu lang dauerte, so ging er wieder fort seines Weges. Die Mutter nähete emsig am Kleid u. saß manche Nacht auf beim Sternenschein.

Als nun der Mond zurückkam u. viel gelaufen hatte, so hatte er sehr abgenommen, war dünn u. bleich geworden, daher ihm das Kleid viel zu weit war u. die Ermel schlotterten bis auf die Knie. Da wurde die Mutter gar sehr verdroßen, daß er ihr solche Poßen spiele u. verbot ihm je wieder in ihr Haus zu kommen. Deswegen muß nun der arme Schelm nackt u. blos am Himmel laufen, bis jemand kömmt der ihm ein Röcklein thut kaufen.

(Aus Menanders Fragmenten oder Plutarchs kleinen Abhandl.
in Falks Grotesken u. Naiv. 1806. p. 104–107.)
Von Jacob Grimm aus dem Lateinischen ins Deutsche übersetzt.

„Mit der Frage der Grausamkeit in den Märchen haben sich besonders in der Zeit nach den beiden Weltkriegen die Erzieher eingehend befaßt. Man fragte sich, ob nicht vielleicht die vielen im Kriege verübten Grausamkeiten in irgendeiner Weise auch auf die grausamen Kindermärchen zurückzuführen seien. Der weitaus größte Teil der Pädagogen, Psychologen und Ärzte kam dabei zu dem Ergebnis, daß das Erzählen der alten Volksmärchen gesunden Kindern nichts schadet, sondern im Gegenteil für die geistige und seelische Entwicklung der Kinder von nicht geringer Bedeutung ist.

Eine Erziehung, die ängstlich darauf bedacht ist, alles Furchterregende und Schlechte von dem Kinde fernzuhalten, führt nur zur Verdrängung, aber nicht zur Überwindung der Furcht und des Bösen und kann leicht seelische Hemmungen zur Folge haben. Man erzieht das Kind damit auf der einen Seite zu einer großen Illusion von der Welt und vom Leben, auf der anderen Seite aber zur sittlichen Schwäche, weil das Kind keine Gelegenheit hat, gesunde Gegenkräfte zu entwickeln. — Es gilt, das Furchterregende und Böse von vornherein in das Leben des Kindes miteinzubeziehen. Und das tut das Märchen in einer dem Kinde angemessenen Weise, indem es nicht realistische Begebenheiten schildert, sondern davon in symbolischen Bildern redet, etwa im Bilde vom Drachenkampf, dem Lieblingsmotiv des europäischen Märchens.

Die Märchengestalten sind ja keine individuellen Charaktere, sondern Verkörperungen typischer Mächte und Seelenkräfte, die entweder gut oder böse sind. Darum erlebt auch ein Kind beispielsweise in der Verbrennung der Hexe oder in dem Tod der bösen Stiefmutter nicht die Tötung eines individuellen Menschen, sondern die Vernichtung des Bösen schlechthin. Die Märchen bereiten darum, wie eine moderne Kinderpsychologie sagt, in dem Kinde ein Verständnis für die Wertwelt vor. Es lernt durch sie das Gute lieben und das Schlechte mit gleicher Leidenschaft verabscheuen.

Natürlich wird man bei sensiblen Kindern besonders grausame Märchen nicht erzählen. Im übrigen aber gilt: Wenn Kinder nach dem Märchenerzählen einmal böse Träume haben, so ist das nicht ernster zu nehmen als eine leichte Erkrankung des Kindes nach dem Impfen."

Pastor Uwe Steffen: Märchenerzählen — mit Bedenken?
in: Holsteiner Courier Nr. 119, 24. 5. 1955

„Und die Grausamkeit im Märchen?

Sie ist zweifellos vorhanden, wenn sie auch in der Stilisierung des Märchens nicht so kraß wirkt wie in einer realen Erzählung. Und dann: In jedem Kinde lebt, wie in jedem Menschen, neben allen guten Strebungen auch die Freude am Schrecklichen, der Hang zur Grausamkeit, den es irgendwie zu befriedigen trachtet! Da ist es von entscheidender Bedeutung, daß ihm hier im Märchen die Möglichkeit einer solchen Befriedigung geboten wird, die Möglichkeit eines Abreagierens — aber nicht roh und direkt, sondern auf einer höheren Ebene, in einer künstlerisch literarischen Formel. Da erlebt es nun schon etwas vom rein Persönlichen abstrahiert, wenn es sich auch weitgehend mit den Märchengestalten identifiziert. Und es erlebt dieses Grausame in ganz bestimmten Zusammenhängen: nicht als Hauptmacht im Leben, sondern als dunklen Hintergrund, gegen den das Gute und Hilfreiche um so heller aufleuchtet als das, gegen das man kämpfen, das man immer wieder überwinden muß. Es erfährt, daß die Überwindung des Bösen eine Lebensaufgabe ist, hinter die man allen Ernst und alle Mühe setzen muß. ‚Habe ich dich *endlich?* Ich habe dich doch schon so lange gesucht!' sagt der Jäger zum Wolf. All das erfährt das Kind im Märchen bildhaft, zumeist unbewußt, aber eben deshalb um so nachhaltiger wirkend."

Conradine Lück: Märchen und kindliche Wirklichkeit
in: Jugendliteratur 1955, Heft 12

„Regen und Tau fällt als Wohltat auf alles herab, was auf der Erde steht, wer seine Pflanzen nicht hineinzustellen getraut, weil sie zu empfindlich dagegen sind und Schaden nehmen könnten, sondern lieber in der Stube begießt, wird doch nicht verlangen, daß jene darum ausbleiben sollen.

Gedeihlich aber kann alles werden, was natürlich ist, und danach sollen wir trachten. Übrigens wissen wir kein gesundes und kräftiges Buch, welches das Volk erbaut hat, wo solche Bedenklichkeiten nicht in ungleich größerem Maße einträten; der rechte Gebrauch aber findet nichts Böses heraus, sondern nur, wie ein schönes Wort sagt: Ein Zeugnis unseres Herzens. Kinder deuten ohne Furcht in die Sterne, während andere nach dem Volksglauben Engel damit beleidigen.

Wir übergeben dies Buch wohlwollenden Händen; dabei denken wir überhaupt an die segnende Kraft, die in ihnen liegt, und wünschen, daß denen, welche diese Brosamen der Poesie Armen und Genügsamen nicht gönnen, es gänzlich verborgen bleiben möge."

Brüder Grimm: Vorrede zum zweiten Teil der Kinder-
und Hausmärchen, Cassel 30. Sept. 1814

Die im Buch erwähnten Märchen aus „Kinder- und Hausmärchen der Brüder Grimm"

(Endgültige Ausgabe von 1857)
Hinter dem Titel jeweils in Klammern die Nummer des Märchens

218

219

Die im Buch erwähnten
Nicht-Grimmschen Märchen